환경재난 이후의 어촌공동체

- 허베이 스피리트호 유류유출사고이후, 10년의 기록

환경재난 이후의 어촌공동체

- 허베이 스피리트호 유류유출사고이후, 10년의 기록

지은이 김도균 · 이정림
발행일 2021년 12월 31일 **발행인** 이진숙
펴낸곳 충남대학교출판문화원 **주소** 대전광역시 유성구 대학로 99
전화 042-821-6045 **홈페이지** http://www.cnupress.co.kr **E-mail** cnupress@cnu.ac.kr

ISBN 979-11-6503-144-2 93330
정가 15,000원

환경재난 이후의 어촌공동체

- 허베이 스피리트호 유류유출사고이후, 10년의 기록

김도균 · 이정림

충남대학교출판문화원

머리말

이 책은 14년 전 태안반도 앞바다에서 발생했던 대규모 기름유출사고(2007년 12월 7일)에 관한 장기적 연구의 성과물이다. 저자들은 사고 직후부터 태안지역 곳곳을 누비며 바다생태계의 파괴로 인한 어민들의 고통의 현장을 조사하고 관련 논문들을 지속적으로 발표해 왔다. 이 책은 그동안 발표한 7편의 학술논문의 내용을 독자들에게 보다 쉽게 전달하기 위해서 단행본의 형태로 재구성하고 수정한 것이다.

학술논문을 단행본으로 바꾸면서 이론적 논의 및 연구방법은 상당 부분 삭제했으며, 가독성을 위해서 문장 또한 큰 폭으로 수정했다. 그리고 동일한 연구대상을 시간의 변화에 따라 추적한 연구는 일부 내용이 중복됨에도, 전체적인 이해를 위한 부분은 살려 두었다. 그리고 익명성을 보장하기 위해 지명 및 면접대상자들의 인적 사항은 모두 삭제했다. 따라서 연구의 자세한 내용이 궁금한 독자는 관련 논문을 찾아서 볼 것을 권한다.

시기적으로 보면 사고 발생 직후부터 10년까지의 변화과정을 담고 있으며, 공간적으로 보면 어촌공동체에 집중하고 있다. 따라서 독자들은 책의 내용을 순서대로 읽다 보면 환경재난으로 인한 어촌주민들의 피해 경험과 공동체의 장기적 변동과정을 확인할 수 있을 것이다.

저자들은 이 연구가 단일한 환경재난에 대한 장기적인 인문·사회과학적 연구라는 점에서 학술적으로 드문 연구라고 자부한다. 따라서 많은 사람들이 책을 읽고 자연생태계의 오염은 인간사회에도 부정적인 파급력이 있다는 점 그리고 피해자들의 고통에 대해 공감해주었으면 하는 마음이다.

태안반도 앞바다에서 기름유출사고가 발생한 지 14년이라는 긴 시간이 흘렀다. 하지만 피해 지역의 주민들은 아직도 혼란과 고통의 여진 속에서 살아가고 있다. 자연생태계가 파괴되는 환경재난은 곧 회복되기 어려운 인간사회의 재난임이 분명해 보인다.

2021년 12월 31일

김도균, 이정림

목차

환경재난 이후의 어촌공동체

제1장

섬 주민의 삶의 변화

1. 들어가며
2. 허베이 스프리트호 유류유출사고의 사회영향의 발생 경로
3. 가의도 섬마을 개관과 생업활동
4. 가의도 주민들의 사회영향
5. 나가며

제1장

섬 주민의 삶의 변화

1. 들어가며

2007년 12월 7일, 태안 앞바다에서 발생한 유류유출사고는 단기간 내에 이 일대의 핵심 산업인 어업과 관광업을 붕괴시켰다. 태안 반도의 천혜 자연조건에서 나고자란 굴, 바지락, 해삼, 전복 등 다양한 해양 동식물이 유류로 오염되었다. 바다의 오염은 곧 관광객의 감소로 이어졌고 해수욕장 인근 식당과 숙박시설이 줄이어 휴업하게 됐다. 태안의 가장 큰 전통시장인 조석시장은 하루아침에 활기를 잃었고 택시들은 찾는 손님이 없어 하염없이 길가에 대기중이었다.[1]

1 태안의 대표 관광지인 만리포해수욕장은 겨울철에도 꾸준하게 사람들이 찾는 명소이다. 하지만 필자들이 방문했을 당시(2008년 1월 3일, 2월 27일) 인근 노동자들이 이용하는 식당을 제외하고는 모든 횟집과 민박집이 문을 닫은 황량한 상태였다. 택시기사들의 진술에 따르면 관광객의 감소로 택시 손님이 사고 이전의 1/3수준으로 감소했다고 한다.

주요 수입원이 상실된 상황 속에서 정부의 생계비 지급 지연, 근거자료가 부족할 경우 제대로 배상을 받을 수 없다는 불안감, 사고책임자인 삼성중공업의 회피와 검찰의 모호한 태도는 주민들의 분노와 고통을 가중시켰다. 결국 피해주민은 자살이라는 극단적인 방법으로 자신의 고통을 표현했다.[2] 주민들의 잇따른 자살은 당시 태안주민들이 얼마나 큰 절망 속에 빠져 있었는지를 분명하게 보여준다. 자연환경에 의존성이 높은 사회일수록 자연환경의 변화는 사회변화로 이어진다. 어업은 바다를 생산 공간으로 한다는 점에서 해양오염은 필연적으로 어촌사회에 강한 사회적 충격을 불러올 수밖에 없다.

이 글은 환경재난이 발생하면서 불러온 사회재난의 모습과 결과를 분석하는데 초점이 있다. 특히 인간과 자연사이의 관계가 공생관계를 넘어서 기생관계로 유지되었던 태안군 연안의 섬마을인 가의도를 중심으로 사회재난의 형태를 확인해보고자 한다. 즉 환경변화에 가장 취약한 섬마을을 통해서 해양오염으로 인한 주민들의 다양한 피해경험을 살펴본다. 사회재난은 경제적 영향, 사회관계 영향 그리고 건강 영향으로 파악할 수 있다. 유류유출사고에 의한 바다의 오염은 생산기반의 붕괴를 사고의 대응과정에서 투입된 새로운 자원은 경제영역을 넘어서 사회관계의 변화까지 영향을 미친다. 또한 인체에 유해한 화학물질이 함유된 유류에 장기간 노출된 주민들의 건강영향 역시 중요하게 살펴봐야 한다. 가의도는 섬이라는 지리적 고립으로 인해 피해의 심각성에도 불구하고 육지 지역과 비교해서 상대적으로 적은 관심을 받았

2 사고발생 3개월만에 태안주민 3명이 생계를 비관하여 자살했다. 이들은 모두 바다와 연계된 경제활동을 통해 삶을 영위해왔다. 소원면 의항리에서 굴양식을 하던 이모씨(66세, 2008년 1월 15일), 근흥면 마금리에서 맨손어업으로 생계를 유지하던 김모씨(73세, 2008년 1월 18일), 태안읍에서 횟집을 운영하던 지모씨(56세 2008년 1월 19일)다.

다. 가의도 섬 주민들은 전적으로 바다생태계를 활용해서 삶을 지속해 왔다. 따라서 허베이 스피리트호 유류유출 사고로 인한 바다의 변화는 섬 주민들에게 견디기 힘든 고통의 시간이었다.

2. 허베이 스프리트호 유류유출사고의 사회영향의 발생 경로

가의도를 포함한 태안 지역의 사회영향의 출발점이자 가장 근본적 원인은 해양생태계 오염에 따른 생산기반의 붕괴에 있다(〈그림1-1〉 참조). 일반적으로 우리나라의 어촌사회는 토지(농업)와 바다(어업)를 상호보완적으로 활용하여 자신들의 경제적 재생산을 유지해왔다. 그런데 유류유출사고로 인한 환경오염은 태안의 어업활동과 관광업을 중단시키거나 크게 위축시켰다. 이것은 간척사업이나 연안오염으로 인한 인위적인 바다환경의 변화가 그 지역의 어업활동 및 수산물 생산량을 위축시킨 것과 궤를 같이한다(김준, 2007; 박재묵, 2002; 함한희, 2004a; 2004b; 한경구 외, 1998; 국립민속박물관, 1996; 2001). 태안에서는 이러한 경향이 극적인 형태로 나타난 것이다.

<그림1-1> 사회영향의 발생 경로

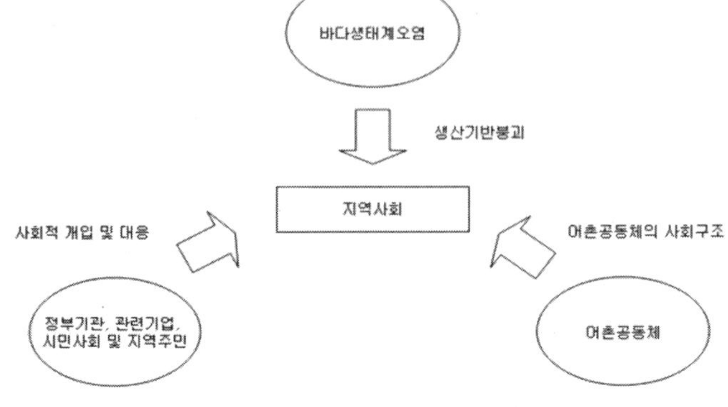

생산기반의 붕괴에 따른 영향은 경제영역에만 국한되지 않고 지역주민들의 건강 및 사회관계의 변화로까지 확장된다. 일상적 대처 능력을 압도하는 급격한 변화는 태안주민들에게 강력한 심리적 스트레스를 유발 시켰다(김교헌 · 권선중, 2008). 그리고 어업과 관광업을 대체할 만한 소득원이 없는 상황 속에서 주민들은 불가피하게 과도한 방제노동에 참여해야 했다. 이로 인해 인체에 해로운 성분을 함유한 유류에 장시간 노출되었고 고단한 방제작업으로 인한 과로는 건강에 악영향이 줄 수 있다. 관련된 역학조사에서도 방제작업에 참여한 일수가 많아질 수록 각종 신체적 증상을 더 많이 호소하는 것으로 나타났다(하미나, 2008). 사고이후 어업노동을 대신한 방제노동이 일정기간 주민들의 중심적인 노동형태로 자리 잡으면서, 노동과정에 대한 주민들의 자율성이 상실되었다. 어업노동은 자연적 제약을 받지만 상대적으로 주민 스스로 노동과정에 대한 통제권을 행사한다. 하지만 방제노동은 방제회사가 노동과정을 관리함으로써 일정 시간 정해진 장소에서 노동을 해야만 한다. 이로 인해 이전의 노동 관행 속에서 형성된 주민들 간의 노동관계 및 일상적인 사회관계에 변화가 나타날 수 있다.

사회영향의 또 다른 발생경로는 국가기관, 관련기업, 시민사회 및 지역주민의 사회적 대응이다. 크게 환경복원을 위한 방제활동과 사회재난으로부터 지역공동체를 복원하기 위한 대응으로 나누어 볼 수 있다. 사회영향은 주로 후자의 대응과 연결된다. 정부와 지자체의 긴급생계비 지급이 대표적인 사례다. 긴급생계비는 1월 말에서 2월 초 그리고 4월 중순에 2차례에 걸쳐 지급되었는데, 특히 1차 생계비 지급 시에는 모든 읍·면에 적용된 공통의 배분기준이 없어 주민간, 마을간 그리고 주민과 행정기관 사이에 크고 작은 갈등을 유발했다. 주민과 주민, 마을과 마을 간의 관계악화는 그 특성상 외부사람에게 잘 드러나지 않지만 주민들의 진술을 통해서 명확하게 확인할 수 있다. 주민들 또한 자신들이 속한 집단의 이익을 위해 새로운 정체성과 연결망을 형성하기도 하고 기존의 것을 변화시키기도 한다. 실제로 안면도 민박협회의 경우 사고이전 150여 개 회원에서 사고이후 450여 개의 회원으로 크게 증가하여 안면도 핵심 이익집단으로 성장했다. 다른 지역주민들 또한 각종 지역 및 업종별 대책위원회가 만들어져 활동하고 있다.

또한 사회영향의 발생경로는 개별 어촌공동체(마을)의 사회구조를 반영한다. 겉으로 보기에는 어업을 생산기반으로 하는 유사한 구조를 지닌 공동체처럼 보이지만 서로 구별되는 차이점이 있다. 우선 어업의존도에 따라 반농반어지역, 어업중심지역, 농업중심지역으로 구분해 볼 수 있다. 이때 어업중심지역이 어업부분의 피해를 완충시켜 줄 수 있는 농업기반을 갖고 있는 공동체 보다 더 강한 경제피해를 받을 수 있다. 그러나 주민관계에 있어서는 직업적 동질성이 높은 어업중심지역보다는 상대적으로 농민과 어민으로 구분 가능한 반농반어지역에서 갈등 정도가 더 높을 수도 있다.

그리고 어촌공동체는 어업공동체의 전개형태에 따라 존립형태(제1형태), 변질형태(제2형태), 분해형태(제3형태)로 구분되기도 한다(박광순, 1998: 98-104; 김준, 2004: 58). 제1형태에서 제3형태로 갈수록 공동체적 성격이 약화되고, 자본력에 따른 계층 간의 차이 및 임노동이 등장한다. 제1형태가 자연적으로 번식하고 성장하는 해조류 및 패류의 단순한 채취 및 포획어업인 반면에 제2형태는 양식업, 제3형태는 그물어업 지역에서 나타난다. 마을어업과 해조류 및 패류 양식업이 발달한 1형태와 2형태는 비교적 마을공동체적 질서가 강한 반면에 그물어업이 발달한 3형태의 경우 공동체적 유대관계가 약하다. 개별 어촌마을의 생산구조 및 어장의 이용방식과 그로부터 파생된 사회조직 및 주민관계에 따라 유류유출사고의 사회영향이 서로 다르게 나타나게 하는 또 다른 경로가 될 수 있다. 유류유출사고로 인한 사회영향의 발생경로는 바다생태계 오염으로 인한 생산기반 붕괴에서 출발하지만 그것만으로 환원될 수 없다. 즉 지역사회를 복원하기 위한 다양한 세력들의 개입과 대응 그리고 어촌공동체 내부의 사회구조를 함께 고려하는 다차원적 접근이 필요하다.

3. 가의도 섬마을 개관과 생업활동

1) 개관

가의도(총면적,2.19㎢, 해안선10km)는 신진도 안흥 외항에서 서쪽으로 5km해상에 위치한 연안도서로 행정구역상 근흥면 가의도리(里) 속한다. 가의도리는 23개의 크고 작은 섬으로 이루어져 있으며, 이전에는 가의도뿐 아니라 궁시도와 흑도에도 어민들이 거주했지만 현재는 모두 퇴거하여 무인도가 되었다. 따라서 가의도리 섬 중에서 가의도가 유일한 유인도이다.[3] 가의도는 총면적에서 임야가 90%를 차지하며 산자락을 따라 개간한 밭이 있지만 논은 전혀 없다. 해안에는 갯벌은 없고 대부분 암석으로 이루어져 있다. 가의도는 큰말과 작은말(또는 구뚜말)이라는 두 개의 자연마을이 있는데 마을의 규모는 이름과 달리 큰말보다 작은말이 더 크다. 섬은 규모가 작을 뿐만 아니라 섬 내부의 도로는 좁고 경사가 심해서 주민들은 사륜오토바이를 이동 및 운반수단으로 이용하고 있으며 차량통행은 불가능하다.

[그림1-2] 가의도 상세도

자료: 한상복 · 전경수(1978)

---

3 태안군내에는 119개의 도서가 있는데 이중 41개가 근흥면에 속한다. 근흥면는 신진도, 마도, 부엉도, 가의도, 옹도 5개의 유인도를 보유하고 있다. 그러나 이중에 신진도, 마도, 부엉도는 방조제 축조와 매립으로 한 개의 섬처럼 연결되어 있으며, 주 섬인 신진도가 연육(신진대교, 1993)되면서 차량통행이 가능해졌다. 또한 옹도의 경우 유인등대를 관리하는 직원들만 근무하고 있을 뿐 실제 주민들이 거주하지는 않는다(근흥면지 편찬위원원회, 2002: 75). 따라서 실질적 의미에서 유인도는 가의도뿐이며, 이런 측면에서 가의도는 태안군내의 119개의 도서 중 유일한 유인도이다.

서남해안 도서지역 인구는 1970년을 기점으로 감소하기 시작했는데(이수애, 1999), 가의도리 또한 70년도를 전후하여 줄어들기 시작하여 70년대 중후반과 80년대 전반에 빠르게 감소한 것으로 보인다. 1990년대 들어와서는 다소 안정세를 보이고 있는데 이는 인구 유출요인이 해소된 것이 아니라 유출 가능한 노동력의 소진에 따른 것으로 보인다(〈표 1-1〉 참고). 구체적으로 1960년에 세대 당 가구원수가 6.4명이었던 것이 2005년에는 1.8명으로 줄어들었다. 그러나 이것도 주민등록상의 기록일 뿐, 실제로는 35세대에 52여 명의 소수 주민만이 거주하고 있다. 주민들의 연령은 65세 이상의 노령인구들이 주민의 다수를 차지하고 있어, 인구의 외부 유입이 없을 경우 가까운 미래에는 공동체 유지가 어려울 것으로 전망된다. 또한 섬내 유일한 교육시설인 안흥초등학교 가의도 분교가 폐교(1999년)되면서, 향후 젊은층의 인구 유입은 더욱 불투명한 상태이다.

<표1-1> 1960-2005 가의도리 인구변화
(단위, 명)

년도	가구수	증감	인구수	증감	가구원수
1960	85	95.6	544	92.4	6.4
1965	88	100	589	100	6.7
1970	83	94.3	551	93.5	6.6
1975	-	-	498	84.6	-
1980	57	64.5	260	44.1	4.6
1985	55	62.5	187	37.8	3.4
1990	49	55.7	125	21.2	2.6

<표1-2> 연령(5세 계급) 및 성별인구 현황
(단위, 명)

구분	남(11)	여(22)	전체(33)
25~29	1		1
40~44	2	1	3
50~54	1	1	2
55~59		1	1
60~64	1	2	3
65~69	1	7	8
70~74	3	4	7

1995	45	51.1	94	16	2.1	75~79	1	1	2
2000	38	43.2	75	12.7	2.0	80~84		5	5
2005	46	52.3	84	14.3	1.8	85이상	1		1

자료: 1960-90『근흥면지』, 2008년 11월 현지조사, 2000-05 태안군『통계연보』 각 년도
설명: 증감은 1965년의 인구를 100으로 하여 계산함

2) 생업활동

섬 주민들의 생업활동은 농업, 어업, 관광업으로 구성된다. [그림1-3]에서 보듯이 이러한 생업활동은 계절을 주기로 연속적으로 배치되어 사고 이전에 주민들은 연중 바쁜 나날을 보내고 있었다. 가의도 주민의 생업활동에서는 농업이 차지하는 비중이 상대적으로 가장 적다. 섬 면적의 90%가 임야기 때문에 경작지로 이용할 만한 땅이 부족할 뿐만 아니라, 하천도 없고 물을 담수할 만한 저수 공간도 없어 논농사를 짓기에 적합하지 않다. 밭도 규모 있는 경작을 할 만큼 넓지 않다. 일반적으로 농어촌 지역에서는 환금작물과 함께 자가소비를 위한 식량 작물을 재배하는데 가의도는 자연환경의 제약 때문에 외부로부터 식량을 전량 구입하여 생활하고 있다. 그러나 섬의 주요 농산물인 육쪽마늘은 품질이 우수하여 서산과 태안 등지에서 전량 종자용으로 판매되며 마늘 가격도 일반 마늘에 비하면 비싼 편이다. 현재는 총31세대(가구의 89%)가 마늘농사를 짓고 있다.

[그림1-3] 가의도 주민들의 연중 생업활동

구분		1월	2월	3월	4월	5월	6월	7월	8월	9월	10월	11월	12월
농업	육쪽마늘		----	----	----	----	----					----	----
관광업	민박, 낚시배					----	----	----	----	----			
어업	미역,세모						---						
	톳								---				
	홍합	----	----	----								----	----
	광어, 우럭, 놀래미 등					----	----	----	----	----	----		

주민들의 주요 현금소득원은 어업과 관광업이다. 어업은 주로 자연산 해조류 및 패류의 채취어업이 주를 이룬다. 주로 홍합 · 돌미역 · 돌다시마 · 톳 · 굴 · 세모 · 전복 등을 채취하는데, 특히 홍합과 미역은 가의도의 주산물이다, 홍합은 10월에서 다음 해 3월까지 수확하여 겨울철 별다른 소득이 없는 주민들의 가장 중요한 현금소득원이다. 전복의 경우에는 어촌계가 관리하는 마을어장을 해녀들에게 임대하여 운영하며 채취 수익금은 서로 반씩 나눈다. 어촌계 몫은 어촌계 운영경비를 제외하고 남은 금액을 어촌계원들끼리 공동분배 한다. 가의도 주민들 전원이 어촌계원으로 마을어장의 전복채취는 고령으로 생업활동이 축소된 주민에게 일정한 사회보장적 기능을 제공한다.

<표1-3> 어선규모

규모	0.5톤 미만	3~5톤 미만	5~7톤 미만	7톤 이상	합계
어선 수	12	4	4	3	23

자료: 3톤 이상은 해양경찰청 신진도리 출장소. 0.5톤 미만은 현지조사(2008년 11월)

어선규모를 보면 6, 7톤 규모의 어선을 보유한 가구도 있지만 일반적으로 소형어선이 주를 이룬다. 0.5톤 미만의 '뗏마'라 불리는 소형어선은 갯바위 채취어업과 낚시어업에 이용된다. 규모 있는 어선어업은 해양자원의 이용 가능성을 증대하지만 상대적으로 많은 자본과 노동력을 필요로 하기 때문에 고령의 가의도 주민들이 선호하는 생업활동은 아니다.

가의도는 태안의 유일한 유인도라는 희소성과 주변 바다에 솟아 있는 기이한 바위들로 인해 안흥에서 출항하는 관광유람선이 운항되고 있어 겨울철을 제외하고 많은 관광객들이 방문한다. 여름철 성수기에는 1일 2회 운항하는 50명 정원의 정기여객선을 다 채우고도 모자라 유람선을 타고 사람들이 들어온다. 또한 가의도 주변 바다가 바다낚시터로 유명하여 낚시꾼들도 꾸준하게 찾아온다. 주민들은 이들을 상대로 자신들이 잡은 해산물을 판매하거나 민박을 운영하여 소득을 올렸다. 민박집은 농가주택을 개량한 수준으로 15~17가구가 민박을 운영하고 있다. 주민들이 섬이라는 척박한 환경 속에서도 일정한 생활 수준을 유지할 수 있었던 것은 바다환경에 기반을 둔 다양한 생업활동이 이처럼 연중 가능했기 때문이다.

4. 가의도 주민들의 사회영향

1) 사회 영향의 출발: 바다생태계 붕괴

[그림1-4] 초기 유류확산 현황

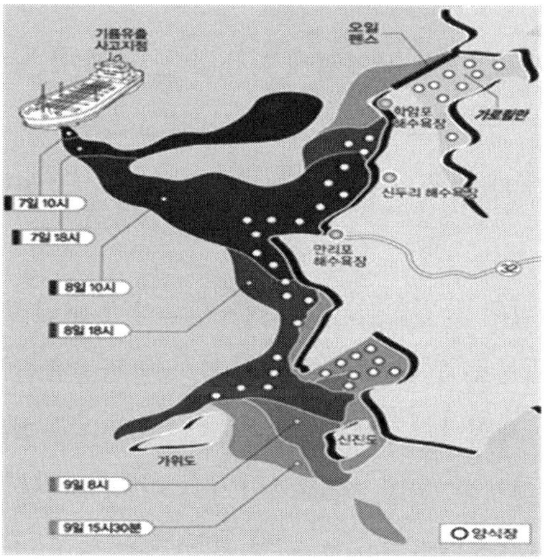

자료, 서울신문(2008년 1월 14일)

사고 발생 하루 후인 8일 저녁시간에 가의도 연안을 시커먼 유류띠가 덮쳤다. 바다로 유출된 유류는 섬을 빙 둘러쌓고 암석해안과 연안 바다를 오염시켰다. 가의도 주민들이 받은 사회영향은 바로 삶의 터전인 바다생태계의 붕괴로부터 출발한다.

물적 기반이 약한 섬 주민들의 경우 생계유지를 위해 토지생태계와 해양생태계를 상호보완적으로 활용한다(한상복, 1976; 이수애, 1999). 그러나 가의도 경우 토지생태계로부터 얻을 수 있는 농업생산물이 극히 제한적이며, 섬이라는 지리적 고립으로 인해 외부 노동시장과도 완전히 단절되어 있다.

그럼에도 불구하고 가의도 주민들이 생활을 유지할 수 있었던 것은 "밥만 먹으면", "눈만 뜨면" 나가서 생업활동을 할 수 있는 바다가 있었기 때문에 가능했다. 주민들 또한 자신들의 노동능력과 삶이 바다생태계에 의존하고 있음을 잘 알고 있을 뿐 아니라 사고이후 바다생태계와 자신들이 하나의 운명공동체임을 인식했다.

> "섬사람들의 터전이 바다 아닙니까. 여기는 바다가 풍부해요. 자연산 홍합, 돌미역, 돌다시마, 톳, 굴, 세모 그런 것들을 바다에서 1년 내내 뜯고, 봄부터 겨울 될 때까지 낚시질해서 우럭도 잡고 광어도 잡고, 놀래미도 잡고, 노인네들이 그걸 잡아서 팔아서 살았어요. 여기가 전부(섬을 빙 둘러) 양식장이예요. 거기에 대한 수입이 있고, 여유 있는 생활을 했죠. 그런데 기름피해로 바다가 망가진 거 아니에요. 겨울동안 굴하고 홍합을 따는데, 일절 하나도 못 한 거죠. 그러니 생계가 막막하죠…생활의 터전을 잃었기 때문에. 섬사람들의 생명이 바다 아닙니까. 바다에 못나가니 막막하죠. 앞으로 큰 문제가 뭐냐면, 기름 유출피해로 인해 생태계가 언제 살아날지 모른다는 거죠. 1년 뒤에 살아날지, 5년 뒤, 10년 뒤가 될지. 바다가 살아나지 않는다면 여기 사람들은 그냥 죽는 거죠. 아무것도 못하니까."

주민들은 사고 이전의 바다를 "풍요", "청청해역", "돈", "생명", "수정같이 맑은 물"로 표현했다. 그러나 사고 이후에는 "부지런만 하면 먹고사는 걱정"을 해결해 주던 생활터전인 바다가 사라지면서 자신들의 미래에 대한 불안한 전망을 갖게 됐다.

2) 경제적 영향

유류유출사고로 인해 주민들의 주요 생업활동인 어업과 관광업이 완전히 중단됐다. 가의도의 경우 자연산 해조류 및 패류 채취어업과 인근연안에서 이루어지는 낚시어업 대한 의존도가 높다. 이러한 어업 형태는 양식업과 어선어업에 비해 자본과 노동투자가 낮기 때문에 노인인구로 구성된 가의도의 주요 생업활동이었다. '사회적 부담', '의존성'이라는 노인에 대한 정형화된 표상(박경숙, 2004)과 달리 어촌마을 노인들은 자신들의 생계를 스스로 책임지는 독립적인 경제활동의 주체인 경우가 많다.

유류유출로 인해 겨울철 가의도 주민들의 주 소득원인 홍합에서부터 굴, 미역, 다시마, 톳 등의 채취는 물론, 인근 전복 양식장이 오염되고 낚시어업도 전면 붕괴됐다. 일부 주민은 6 · 7톤급의 배를 운영하는 경우도 있지만, 다수의 주민이 소유한 배는 규모가 작아 오염되지 않는 바다로 나가서 어업활동을 할 만한 형편이 되지 못한다. 그리고 어선어업을 한다 하더라도 유류값 상승으로 인해 수지타산이 맞지 않아서 채취어업을 통해 소득을 보존해 왔다. 그 뿐만 아니라 사고 이후에는 겨울철을 제외하고 줄 곧 찾아오던 낚시꾼과 관광객들의 방문이 중단되면서 낚시배 조업 및 민박이 휴업하고 가의도 해산물의 주요 고객도 상실 됐다.

> "홍합 따면 괜찮게 벌고요. 여름 되면 가시리 뜯고, 한 백오십만원 어치 저 혼자 했어요. 그리고 톳, 김, 미역도 하고. 여기는 미역이 크잖아요. 돌미역이라 비싸고. 여기는 홍합하고 미역이 최고죠, 그다음 마늘 농사예요. 대충 미역하고 고기 잡고 한다고 하면, 한 삼사천 벌지요… 사고 전에 낚시는 우럭하고 농어를 잡았죠. 가격은 팔아 먹을만 했어요. 그런데 지금은 먹는 사람도 없고요…. 사고 전에는 사람들이 많이 왔죠. 옛날 같으면 지금도 사람 많이 왔겠어요. 휴가 때도 애들 데리고 수영도 오고, 민박하는 사람들은 겨울이고 여름이고 손님이 끊이지 않

았어요. 사시사철 오는 사람이 많았지요. 토요일이라고 하면 사람들이 하얗게 많았죠. 민박하는 사람들 손해가 많죠. 민박하면 그것만 하고 가는 게 아니라, 그 집 배로 낚시 나가고, 하루에 십만원 정도 받고요. 손님 태우고 가서 갯바위에 풀어주고 그랬어요. 그래서 민박하는 사람들 방도 많이 늘리고 그래도 방이 적어 다른 집 소개도 해주고 그랬지요. 그러고 학교에서, 교회 같은 데서 단체로 많이 왔어요. 그런데 지금은 사람이 없잖아요. 오늘도 한 사람이나 왔나."

"맨손어업도 하고. 어촌계원이고. 민박업도하고. 사고 전까지 고기잡이는 계속했죠. 민박손님이 단골사람이 많기 때문에 겨울이고 여름이고 계속 꾸준했거든요. 기름사고 나서 친한 사람이 위로삼아 한 번씩 오고. 완전히 줄었지."

"지금(4월) 갯바위 낚시꾼들이 올 때예요. 그런데 한 사람도 안 왔고, 전화도 없어요. 민박도 하나도 못 치고, 바다에서 생산하는 것도 하나도 없고, 이런 절박한 상태에 임박 했죠…신진도로 낚시 오는 사람들이 배 타고 다 가의도 근해로 와요. 갯바위 낚시꾼들 올 때는 하루에 굉장히 많이 와요. 여긴 전부다 민박집 해요. 펜션 같은 것은 없고, 여름에는 관광객도 하루에 200명씩 들어 왔어요. 민박을 했는데 방이 없을 정도로 들어와요. 옛날 집 고쳐서 방 2~3개 하니까. 주민들이 민박을 다 한다고 보면 되죠. 방 하나에 4만원 정도 받아요. 여름 성수기에는 5만원 받기도하고. (주민)소득이 얼마인지 모르지만 농촌 보다는 높은 편이예요. 밥만 먹으면 바다에서 사는 거죠. 바쁘기는 하지만 돈이 되니까 여유는 있죠…총체적으로 미역 따고, 고기 잡고, 홍합 따고, 해산물 재취하고, 여기 살기가 괜찮았어요. 아들딸들 다 보태줘 가며 살았거든요. 근데 지금은 아들딸한테 받으러 가야할 판이 되었어."

가의도 주민들중에서 사고 이전 자신들의 소득수준을 정확히 파악하고 있는 경우는 드물었다. 이는 어업생산물이 시장상황에 따른 가격변화에 민감하고 생산물의 비정기적인 판매방식에서 기인한 것 같다. 또한 자식들이 장성하여 분가하면서 소비생활 단위가 부부 또는 개인수준으로 축소되면서 계획적인 가계경제 운영의 필요성이 감소한 측면도 반영됐다. 사고 이전의 수치화된 주민소득은 파악할 수 없지만, "자신들이 자식들을 도와주고 살았다", "도시노인들은 우리 나이에 이 돈 벌기 힘들다"는 주민들의 진술과 이들의 낮은 학력을 고려해 볼 때 소득에 대한 주관적인 만족도는 높았던 것으로 보인다.

가의도는 다른 농어촌 마을과 달리 자급할 만한 식량자원을 생산하지 못하기 때문에 각종 세금과 생활비를 제외하더라도, 지속적인 현금 지출이 필요하다. 유류유출사고로 인해 기존의 생업활동이 완전히 중단된 상태에서 주민들의 생활은 긴급생계비와 방제인건비에 의존할 수밖에 없었다. 가의도 경우 1차 긴급생계비는 가구당 350만원이 분배됐다. 그리고 국민기초생활보장 수급권자의 경우 국가에서 매달 보조금이 지급된다는 이유로 가구당 80만원을 배분했다. 2차 생계비의 경우에는 모든 가구가 동일하게 270만원을 지급받았다. 이를 합해 보면 기초생활수급자의 경우 350만원, 일반 주민의 경우에는 620만원의 생활 자금을 지원 받았다. 이러한 생계비는 행정구역상 근흥면에 속하기 때문에 B급으로 분류된데 따른 것으로 A급인 소원면과 원북면과 비교해서 적은 금액이었다.[4] 즉 가의도는 섬이라는 특수성으로 인한 피해의 심각성이 반영되지 않았다.

더 큰 문제는 방제인건비가 신속하게 제대로 지급되지 않았다는 점이다. 주민들은 사고 이후 계속해서 방제작업에 참여하고 있지만, 초기 20일치 인건비(5월 기준, 일당, 남성 7만원, 여성 6만원)만 지급됐다. 바다생태계가 파괴되고, 육지의 노동시장에 참여할 수 없는 상황 속에서 주민들의 유일한 소득원은 방제인건비밖에 없었다. 고령의 나이에도 육

---

4 태안군은 긴급생계비 지원과 관련하여 피해등급을 행정구역에 따라 A(소원면, 원북면), B(이원면, 근흥면), C(고남면, 남면), D(태안읍)으로 구분하였다. 근흥면에 속한 가의도는 B등급으로 분류되었다.

체적 고통과 위험을 감수하면서 주민들이 방제작업에 참여할 수밖에 없는 이유도 여기에 있었다. 5월까지 지급된 생계비와 방제인건비를 단순 계산해 보면 2인 부부가구 880만원, 1인 남성가구 760만원, 1인 여성가구 740만원이다. 이 금액은 그동안 주민들이 생업활동을 하지 않은 상태에서 들어간 생활비와 앞으로 추가적으로 지출해야할 생활비를 고려하면 부족한 금액이다. 주민들은 사고 이전에는 경험하지 못했던 생활고를 겪고 있을 뿐만 아니라 일부 주민들은 수협에서 어업자금으로 빚을 내어 생활하고 있었다.

> "사고 이후에는 아무것도 못했죠. 생계비 나온 거 다예요. 여기는 아직도 그렇게 기름이 끔찍한데, 생계비도 쬐끔 나와 가지고, 간신히 준 거 가지고 살고 있는데, 일만 시키고 돈도 안주고. 생활 유지 해나가는 게 제일 어렵지요. 자녀는 셋인데 둘은 결혼하고 하나는 안했어요. 살기 힘들어요. 쌀도 다 사먹고 그러는데. 항시 바다만 바라보고 살았는데…일당 좀 준다고 하는데, 근데 한번 주고 몇 개월씩 안주고 있잖아. 세금, 전기세도 내고 해야 하는데. 힘들죠. 대책이 없다닌까. 마음이 불안하죠. (방제작업)다니면서도 해야 되나 말아야 되나. 언제까지 준다 그런 이야기라도 있어야 되는데. 맨날 일만하고. 현재 조금이라도 줘야 쓰지….기름 때문에 겨울 내내 힘들었지…기름값도 안주고 이십만원씩인데요. 계속 안줘요. 남편배로 사람들 실어서 방제작업 다니는데 배 값은 나중에 주더라도 기름 값이라도 줘야하는데. 안 준다닌까요. 그래서 우리 돈으로 기름내고 다녀요. 빚진 사람 많아요. 돈은 안 주지…살기 너무 힘들어요."

> "우리들은 배 못 부리니까. 홍합 따먹고 살거든. 하루가면 오만원 벌 때도 있고, 십만원 벌 때도 있고. 그것도 만만치 않어. 도시 같은데서 장사하는 사람도 우리 나이에 오만원 벌기가 힘들잖어. 그런데 여기서는 그거 쉽게 벌어. 그런데 기름유출로 못 허잖아… 사고 이후로 방제작업만 하고 있는데. 이제 캄캄해. 우리는 (방제인건비)이거라도 받아서 써야 할 텐데 하는디. 이제나 줄라나 저제나 줄라나 기대하고 있는데, 아무 소식이 없잖아"

3) 사회관계 영향

주민들은 긴급생계비 지원과정에서 가의도가 피해가 큼에도 불구하고, 근흥면에 속한다는 이유로만으로 B급으로 분류된 것에 대한 강한 불만이 있었다. 그리고 이 불만은 육지 사람에 비해 섬사람인 자신들이 차별받고 있다는 소외의식과 결합됐다. 삼성에 대해서도 강한 불만을 토로했다. 8월에는 마을회의를 통해 기자 및 외부사람들과 인터뷰를 하지 않기로 결정하기도 했는데 이는 인터뷰 내용이 삼성에게 전달된다고 생각했기 때문이라고 한다.

> "가의도가 제일 심한데도 면단위로 했더라고. A, B, C로. 여기가 B야 근흥면으로 들어가니까. 소원, 원북이 A, 이원, 근흥이 B, 안면, 남면이 C. 그래서 우리가 군수한테 쫓아가서 쑈 한 번 했지. 군수가 안다고 하더라고. 그럼 가의도는 특으로 해서 줘야 하지 않겠느냐. 피해도 심하고. 섬이니까, 인구도 많지도 않구. 세대가 35세대 밖에 안돼요. 우리는 더 달라고 안한다. A와 똑같이만 다오. 그랬더니, 조정위원회에서 조정해서 나왔는데 이걸 다시 더 준다고 하면은 문제가 생긴다고. 딴 데도 가만 잇겠느냐 그거야…우리는 B지역이 되어가지고 70만원 정도 덜 받는다고 하더라고. 너무 속상했지. 그래서 다 배 대절해서 갔어. 다해서 뭐 몇 사람 되겠어. 한가구당 한명씩 해서 한40명 갔나. 가서 집기 던지고. 때려 부순다고 막. 그러니까 방제과장 불러다가 시인하더라고"

> "취재하는 사람들이 오잖어. 그럼 우리들이 우리 실정대로 이야기를 하는 거여. 이걸 텔레비전해서 나가게 해달라고. 우리들이 울어가면서 애원을 했어요. 그런데 텔레비전에 안 비치는거여…그때 만리포 같은 데는 계속 나오는 거여…생활자금이 나왔거든요. 근데 여기는 최하벌로 나왔어. 여기 사람들 너무 무능하다고 할까. 못났다고 할까…너무 분해서 군청에 쳐들어가서, 이럴 수가 있느냐…여기 사람들은 사람으로 인정을 안 한거여."

"모항이나 만리포 이쪽은 뭐 백이십만명 왔다잖아. 그러면 백이십만 명의 자원봉사자는 다 어디로 갔겠어요…(여기는)안 왔어요. 대책본부에서 가의도는 자원봉사자 명단이 없어. 왜 없느냐 했더니. 위험지역이라 아무나 갈 수 없다 해서. 가서 사고 나면 책임질 사람이 없기 때문에…동네사람들하고 해라. 피해는 많은데. 자원봉사도 없지. 인구도 얼마 없지. 방제작업이 늦을 수밖에."

촌락민들은 친밀하고 인격적인 이웃관계를 도시와 구별되는 자신들의 미덕으로 생각하는 경향이 있다. 따라서 촌락사회에서 주민갈등은 사회관계의 훼손의 주요한 사례로 간주된다. 새만금이나 시화호 사례에서도 환경변화로 인한 이용가능한 자원의 축소와 새로운 자원의 유입은 기존의 주민관계를 훼손시키는 변수로 작동했다. 태안지역에서 1차 긴급생계비 분배를 둘러싼 주민갈등도 이러한 사례라 할 수 있다. 그러나 가의도 경우 이를 둘러싼 주민갈등이 발생하지 않았다. 사고 이후에도 여전히 주민들 사이의 관계가 좋다는 진술들을 쉽게 들을 수 있었다.

이러한 이유는 육지와 고립된 섬마을 공동체의 특성이 반영된 것으로 보인다. 우선 대다수 주민들이 동질적인 생업활동에 종사하고 있어 생계비 분배 시 가구당 균등분배가 이루어졌다. 그리고 일상적인 상호지원과 교류, 섬주민들 간의 높은 혼인율이 외부충격에 대응할 수 있는 사회적 연대를 강화시킨 것으로 보인다. 섬 주민 전체의 통혼권을 조사할 수 없었지만 가의도 주민들의 진술과 면접대상자 9명 중 7명이 섬내 혼을 한 것을 고려할 때 주민들 간의 관계가 혼맥으로 얽혀 있음을 알 수 있다. 그리고 "돕고 살지 않으면 섬 생활하기 힘들다"는 주민 진술처럼 고립된 환경 속에서 살아가기 위해 공동체 내의 일상적인 상호지원과 교류를 강화시킨 것으로 보인다. 다른 사례연구에서도 도시와 농촌에 비해 도서노인들이 이웃과 주변 친구들로부터 더 강한 사회적 지지를 받는 것으로 나타났다(오승환 · 윤동성, 2006).

"주민들 사이야 좋지 뭐. 사돈의 팔촌까지 따지면 다 친척이야. 동네에서 다 결혼했으니까. 나도 여기 외갓집이 있어. 외육촌, 외사촌, 사돈의 사돈 되고. 다들 방제작업만 하고 있어."

"여기는 섬이라서. 단체가 좋아요. 노인이라 해서 아주 노는 것이 아니고. 홍합을 따면 여기 조그만 배가 많잖아요. 같이 노인들을 실고 가요. 가서 내려드리고 싣고 오고. 젊은 사람들은 물건 팔고. 여객선에 실어서 노인들 것도 같이 팔아주고. 그렇게 안하면 섬생활 못해요. 그런 걸로 돕고 살지요. 그렇게 안하면 노인들 살기 어렵죠. 여기는 60대가 제일 젊은 사람이예요."

하지만 특별한 주민갈등이 발생하지는 않았지만 노동형태가 방제노동으로 전환되면서 오랜 시간 유지되어 오던 이웃 간의 일상적 교류가 위축되고 있었다.

〈방제작업 참여관찰기록: 2008년 5월 30일〉

오전 8시경부터 배를 타기 위해 마을 입구 선착장으로 모여드는 주민들을 만날 수 있다. 지금 방제작업을 하고있는 곳은, 해안가에 움푹 패인 골짜기다. 자원봉사자들의 손이 닿을 수 없고 방제작업이 어려운 곳이라, 기름오염이 심각하다고 한다. 주민들은 8시 20분에 배를 타고 방제장소로 이동한다.

주민들은 두 팀으로 나뉘어 각각 다른 해안에 내려진다. 점심 도시락과 생수, 방제작업 때 사용할 천조각, 꽃술 등을 담은 큰 자루 몇 개를 이고 해안에서 작업 장소로 올라간다. 작업 장소에 도착하기 위해서는 먼저 절벽 위로 올라가야 한다. 다음은 곳곳에 설치된 굵은 밧줄을 타고 골짜기 아래로 이동한다. 경사 70도 이상 되는 가파른 절벽을 내려가는 길은 몹시 위험하다. 조심해서 내려가도 돌들과 흙이 부숴지기

> 쉬워 노인들이 내려가는 모습이 위태롭다.
>
> 줄을 타고 내려가니, 시커멓게 기름에 둘러쌓인 골짜기가 보인다. 모든 바위에 들러붙은 까만 기름은 그 층도 두껍다. 기름 냄새도 역하게 난다. 바닷물이 골짜기 쪽으로 들어왔다 나가니, 해안은 기름기로 번들거린다.
>
> 방제작업은 8시 30분부터 시작된다. 주민들은 돌 위에 헌 옷가지들을 올려놓고 그 위에 앉아 바위의 기름기를 닦아 낸다. 옷을 두껍게 입지 않으면, 기름이 피부까지 스며든다고 한다. 두꺼운 옷 위에 하얀 방제복까지 입으니 몹시 더워 땀이 난다. 시간이 지날수록 날이 더워져 기름 냄새가 심해진다. 머리위로는 바위들에서 녹아내리는 기름 때문에 모자를 벗을 수도 없다. 주민들은 기름 냄새가 심해도 마스크를 착용하지 않는다. 좁은 골짜기라 마스크까지 사용하면 숨쉬가 곤란하기 때문이다.
>
> 12시 30분경부터 점심 식사는 시작된다. 점심을 먹기 위에 다시 골짜기에서 밧줄을 타고 절벽 위로 올라가야 한다. 식사는 절벽위 1미터도 안되는 좁은 공간에서 이루어진다. 모든 작업관리는 방제회사에서 나오는 1인의 방제노동자에 의해서 관리된다. 점심식사가 끝나고 1시 30분부터 다시 밧줄을 타고 내려가 작업이 계속된다. 모기들이 기승이라 작업은 더 어렵다. 오후 4시 경, 작업은 마무리되고 배를 타고 주민들은 집으로 이동한다.

기존의 소득원이 완전히 사라진 상황 속에서 주민들은 불가피하게 과도한 방제노동에 참여하게 되었다. 노동과정에 대한 통제권이 방제회사로 넘어가면서 주민들은 일정시간 정해진 장소에서 일정한 노동강도를 유지해야 한다. 이전의 어업과 농업노동은 자연의 제약을 받지만 주민들은 노동과정에 대한 높은 자율권을 갖고 있었다. 따라서 노동시간 사이에 주민들 간의 일상적인 교류가 가능했다. 노동과정에 대한 통제권의 상실 그리고 과중한 노동에서 오는 육체적 · 정신적 피로가 겹쳐서 이웃 간의 활발했던 일상적인 교류를 저해하고 있었다.

"옛날에는 저녁이면 모여서 오순도순 놀기도 하고. 지금은 그런 게 없어요. 방제작업하고 오면 기진맥진하고…마을 사람들은 현장에 가서 일만하고. 일터지고는요, 사람 만나는 시간이 없어요. 현장에 나가서 일하고 나면 피곤하고. 지금도 마을회관에 사람이 하나도 없잖아요. 요새 날씨가 좋아 지닌까 기름 냄새가 많이 나요. 방제작업 오후 세시나 네시에 끝나면 다들 밭일 하고, 저녁먹고 나선 피곤하니 자고. 한마디로 낙이 하나도 없다고 할까요. 그전에는 재밌게 놀았지요. 저거 없으면요(방제작업) 다 밭일 하다가도 그늘 있으면 모여서 각자 음료수 같은 거 과일 같은 거 먹고(놀았어요). 지금은 과일 사다먹는 사람도 없어요. 지금은 있어도 먹을 시간도 없지만. 그런게 없어요. 그전 같으면 일하다가도 점심 먹으로 집에 가잖아요. 가다가도 그늘에 앉아서 저기 빨간집 보이잖아요. 거기가 중앙지예요. 거기 앉으면 밭에 갔던 사람들 한 두 사람 모여서 너 뭐 갖고 오너라 저거 갖고 오너라 모여서 먹고. 지금은 사람이 있어야 그런게 있지. 올해 들어서는 그런게 없어요…사람이 살면서 일하는 거, 돈 버는 게 재미잖아요. 여럿이 앉아서 노는 게 재미죠. 그 세 가지가 없으니까 재미가 없죠"

이웃 간에 일상적인 교류의 단절은 도시민의 관점에서 본다면 새로울 것이 없다. 그러나 오랜 시간동안 일과 놀이를 함께 공유한 섬 주민들의 입장에서 본다면 이러한 현상은 사고 이전에는 경험해 보지 못했던 이웃관계의 훼손으로 이해될 수 있다. 하지만 사회관계의 또 다른 영역인 가족관계의 변화는 크게 나타나지 않았다. 다만 가족관계가 사고 이후 주민들의 경제적 지원의 통로로써의 역할은 미약한 것으로 보인다. 그러나 조사대상자들은 자녀들로부터 경제적 지원이 없다는 점을 크게 원망하지 않았다. 오히려 "부모 잘못 만나서 많이 배우지 못한" 자녀에 대한 측은한 심정을 드러냈다. 사고 이전이나 이후에도 자녀들로부터의 경제적 지원이 활발하지 않았다.

4) 건강영향

가의도 주민들의 건강 영향은 육체적 고통과 정신적 고통으로 나누어 살펴본다. 우선 육체적 고통은 고된 방제작업과 장시간 유류노출에서 비롯됐다. 방제작업은 오전 8시 30분에 시작해서 오후 4시까지 진행됐다. 방제작업 초기에는 비교적 접근이 쉬운 선착장 주변과 해안가를 중심으로 진행했지만 이후에는 해안가 골짜기로 이동했다. 방제작업 이외에 대안적인 소득활동이 없는 상황 속에서 주민들은 육체적 고통을 인내하면서 참여할 수밖에 없는 실정이었다. 특히 가의도는 60대 중후반이 젊은 사람으로 취급될 정도로 고령인구가 많아서 노인성질환을 안고 고된 방제노동을 해야 하는 이중의 고통을 겪고 있었다. 91세의 고령자에서부터 위암수술은 받은 주민들도 선택의 여지가 없이 방제작업에 참여했으며 이로 인해 건강이 더욱 악화됐다. 민박을 운영하던 40대의 한 주민은 간경화를 앓고 있는 상태에서 방제작업에 참여했으며 방제작업이 끝나고 돌아온 후 사망했다.

주민들은 고된 방제작업으로 인한 극도의 육체적 피로와 함께 심한 두통. 메스꺼움, 구토, 어지럼증, 눈따가움, 피부가려움, 불면 등의 증상을 호소했다.[5]

> "한때 다니다 이제 아주 지쳤어. 작년 12월달부터 얼마 전 까지 다녔

5 현지조사 과정에서 만난 한 방제노동자(30년간 방제노동에 종사)는 주민들의 노동 강도와 장시간 유류노출에 대해 우려를 드러냈다. "위험한 일이예요. 그거 알면 저렇게 하지 못해요…하루에 계속 이렇게 하면 지쳐가지고 다음날 골이 삥 하던지 속이 메스껍죠. 잠도 잘 안와요, 긴 잠이 안와요. 시력도 나빠지고, 먹길 잘 먹어야 해요…일하는 시간도 그렇고 냄새도 계속 맡으시니까(2008년 4월 12일)."

지. 일요일도 없고 계속 혀. 기름 닦는 거 주로 했지. 그것 다녀서 건강이 안 좋아. 어지러워. 계속 그놈의 기름만 하니까. 냄새를 맡아서 그러는지 어지러워서 며칠 빠졌다니까. 그전에는 건강했지…어지러워서 못해. 눈도 아파. 맨날 눈물이 나와. 왜 이렇게 섬을 만들어놔서 섬사람들을 못살게 만드는가 그런 생각이 들어요."

"눈이 막 따갑고 가렵고 어지럽고, 코에 항상 기름(냄새가)이 배여 가지고 음식을 해도 기름 냄새만 나고, 물도 그 냄새, 밥도 그 냄새, 지금은 좀 나아졌지만 아직도 그렇지요. 여기 분들 거의 다 그래요. 어지럽고 몸이 따갑고 두드러기처럼 일어나 병원 다니고. 그런데 병원에서는 우리가 아픈 만큼 시원한 뭐가 없어요."

"사고 이전에는 건강했죠. 방제작업하면서 메스껍고 해가지고, 의료원에서 의료진들이 와가지고 약을 조제해주더라고요. 그거 먹으니까 좋아졌어요. 토하고 막 소화도 안 되고, 배도 아프고 그래서 한참 고생했어요."

"잠도 안 오고, 피곤하고, 머리 아프고. 기름이 오래되서 썩어서 냄새가 나요. 날 뜨겁고. 그래서 마스크 해도 머리 아프고, 밥맛도 없고. 기운이 하나도 없어. 병원 많이 다녔지. 동네사람들 주사 맞고. 여기가 피해가 제일 많은데 여기는 돈도 조금주고. 여기는 그게 아주 최악이야."

"바람 불고 비 오는 날 (방제작업)못 나가고, 그러니까 바람 불고 비오기를 기다려. 너무 지치고 힘들어서 이제 그만했으면 하는 바람이예요."

방제작업이 접근하기 힘든 해안가 골짜기로 이동하면서 주민들이 또 다른 위험에 노출되었다. 경사가 심한 골짜기 비탈길을 외줄을 타고 내려 가서 작업을 해야 한다. 한번 들어가면 다시 나오기 곤란하기 때문에 점심시간을 제외하고는 불편한 자세로 오랜 시간을 유류를 닦아내야 한다. 골짜기라 습하고 기온이 높기 때문에 마스크를 착용하지 않는 경우도 있어 유류 냄새에 무방비 상태로 노출된다.

주민들의 정신적 고통은 유류유출사고의 충격, 예측할 수 없는 미래에 대한 불안감에서 기인하고 있었다. 선행연구에서도 유류유출사고가 태안지역의 주민들의 심리적 건강에 심대한 영향을 미친 것으로 나타났다. 그리고 심리적 건강의 손상 정도가 피해 노출 정도와 비례하는 것으로 드러났다(김교헌 · 권선중, 2008). 가의도의 경우 섬이라는 자연적 조건과 바다에 대한 높은 생업 의존도를 고려할 때 피해 노출정도가 높다고 할 수 있다. 사고 이후 주민들은 슬픔, 절망, 우울, 불안, 분노, 무기력, 회피 등의 감정을 경험하고 있었다. 우선 사고의 충격은 주민들에게 크게 각인됐다.

> "사고 난 거 생각하면, 어이고 처음에는 울기도 많이 했지. 기름이 밀려올 때, 살기가 막막하니까 울었지. 지금은 자갈도 삶고, 보기에 깨끗해졌으니까 그렇지. 처음에는 울었지. 그때는 바다가 새까맣지, 날도 춥고. 바닷물이 차건 어쩌건 막 들어가서 기름 건지고 그랬어. 일하다 보면 우울 할 때가 있어. 겨울에 한 번도 쉬지도 못하고 몇 개월 동안 이렇게 일하고만 있으니."

> "기름 사고에 자식까지 죽었으니 힘들죠. 바다만 봐도 생각나고. 생각 안하려고 피하는 편이예요. 섬밖에 나가서 살다가 다시 들어올까 하는 생각도 하고 있어요"[6]

> "기름사고 꿈도 많이 꿨어요. 어느 때는 손바닥을 치며 통곡을 하고 기름이 밀려 오는 거 보면서 어떻게 할 수 없어서 막 두드리면서 우니까 남편이 깨우면서 왜 그러냐고 그러고 그랬어요. 말도 못해요. 분노는 지금 조금 지났으니까 가라 앉았지. 여기 사람들 분노가요.…봉사단이 얼마 왔네, 기름이 어떻게 되었네 그것만 나오지. 정부에서는 이

6 이 주민의 아들은 가의도에서 민박을 운영하였는데, 간경화를 앓고 있는 상태에서 방제작업에 참여했고 사망했다. 유류사고에 자식의 죽음까지 겹치면서 상당한 정신적 고통을 호소했다.

건희는 그런 말은 전혀 없잖아요. 한마디로 진짜 괘씸하죠…많이 울었죠. 여기 주민들 기름사고 때문에 안 운사람 없죠.…그전에는 오늘 가면 얼마 벌겠다. 의욕도 있고. 밥도 빨리빨리 해먹고. 바다 나가면 얼마 벌겠다 하는 의욕. 이걸로 뭘 해야지 하는 생각. 아들네도 가고. 그런데 그게 전혀 없잖아요. 이젠 아주 흐리멍텅해요. 희망도 없어요.…내가 왜 이러지 그래요. 생각하면 (심장이)뛰고 긴장되고, 그래서 가서 풀이라도 뜯어야지 안정이 돼요… 먼저는 안 그랬는데 왜 그런지 모르겠어요. 짜증내고 이런 것은 내가 짜증 안내도 되는데 왜 그랬지 하고 뉘우치고 그래요."

주민들은 미래에 대한 극심한 불안감에 시달리고 있었다. 살아생전에 다시 깨끗한 바다에 나갈 수 있을지에 확신이 없었다. 이런 상황 속에서 주민들이 기대할 수 있는 것은 방제인건비와 배상이다. 그러나 배상의 경우 근거자료가 부족하여 제대로 받을 수 없다는 불안감을 갖고 있었다.[7] 가의도 주민들의 경우 생산물을 관행적으로 중간상인이나 섬을 방문하는 관광객들을 대상으로 판매하고 민박을 운영하였기 때문에 영수증 확보하기 곤란한 면이 있다. 여기에 방제인건비도 언제 지급된다는 정보도 제공되지 않고 있었다. 현재 주민들은 자신의 미래를 전혀 예측할 수 없는 상황에 놓여 있었다.

"이게 몇 년이나 갈지. 우리 평생은 회복 안 될 것 같고. 왜냐면요, 여기 자갈들 다 삶아서 깨끗하게 해놨거든요. 그런데 저번에 바람 한번 불고 나서 좁쌀 같은 타르가 떠가지고 바다가 새까매요. 밀려들어 가

7 2008년 9월 24일 국제유류오염보상기금(이하, IOPC)의 첫 보상 판결은 이러한 불안감이 현실이 되고 있음을 보여준다. 태안연포해수욕장에서 펜션을 운영하는 김씨는 12월 7일에서 5월 10일 까지 5개월 동안 1억 800만원의 피해를 입었다고 주장하면서 3년치 숙박대장, 금전출납부, 예약대장, 인터넷 데이터를 근거자료로 제출하였으나, IOPC는 현금투숙 금액을 제외한 5,700만원을 확정하였다. IOPC는 피해를 입증할 만한 구체적인 증거자료를 중심으로 보상한다는 원칙을 고수하고 있어, 소명자료가 부실한 관행어업과 민박피해 등은 보상금이 기대에 크게 못 미칠 것으로 보인다(한겨레 인터넷 신문 2008년 9월 24일).

지고. 그래가지고 물이 이만큼 찼잖아요. 나가고 나니까. 돌에도 새까맣게 붙어가지고 날이 뜨거우니까 흘러가지고 말도 못해요. 그런걸 보면 막막하지요. 우리 평생은 깨끗한 바다 못 볼 것 같아요. 옛날에는 수정 같은 맑은 물이었는데. 여기는요. 뻘이 없고 자갈이라 물이 그렇게 맑고 좋잖아요…우리는 봤거든요. 기름이 온 바다를 덮은 거, 그걸 수십 배가(약품으로) 가라앉히는 걸, 그걸 봤기 때문에, 계속 떠오르잖아요. 바다에 가라앉은 게. 그러니까 우리 평생에는 못 본다고 생각하지요. 그러니까 앞을 내다보면 막막하지요"

"여자는 육만원, 남자는 칠만원 이거든요. 그런데 그 액수에 희망을 갖고 일 다니잖아요. 그런데 그것도 안 나오면 어쩌나 걱정. 생계비는 언제까지 줄려나 그것도 걱정. 보상 당연히 받아야 되는데. 어떤 사람은 나온다. 어떤 사람들은 꿈도 꾸지 마라 여론이 많더라구요. 뉴스도 들어보면 말 한마디 시원하게 해주는 데가 없잖아요. 그게 제일 답답해요. 어떻게 해준다는 거짓말이라도 들었으면 좋겠어요."

5. 나가며

유류유출사고의 사회영향의 발생경로는 바다생태계의 오염으로 인한 생산기반의 붕괴에서 출발하지만, 지역사회 복원을 위한 다양한 세력들의 대응 및 개입과정과 지역공동체의 사회구조를 반영한다. 특히 지역사회 또는 어촌공동체의 사회구조는 외부충격을 완화 또는 증폭시킨다. 가의도처럼 해양생태계에 대한 의존도가 높을 경우 바다생태계의 붕괴는 섬 공동체의 생존을 위협하게 된다. 유류유출사고는 경제활동에서부터 주민관계와 건강에 이르기까지 사고이전에는 경험하지 못했던 부정적인 사회변화를 가져왔다. 주요 소득활동인 어업과 관광업이 완전히 중단되었을 뿐 아니라 방제인건비의 미지급과 부족한 긴급생계비 지원으로 인해 극심한 생활고를 호소했다. 여기에 사고의 충격과 과도한 방제작업, 미래에 대한 불안감으로 인해 육체적 · 정신적 고통을 겪고 있었다. 그러나 높은 직업적 동질성과 공동체적 유대감으로 인해 주민들 사이에 특별한 갈등이 발생하지 않았다. 하지만 과도한 방제작업에서 오는 육체적 피로는 이웃 간의 일상적 교류를 방해하고 있었다.

또한 사회 영향의 각 영역들은 서로 간에 상호작용 효과를 보였다. 기존 생업활동의 중단으로 인해 주민들은 방제인건비에 의존할 수밖에 없게 됐다. 각종 노인성질환과 질병이 있는 주민들도 과도하게 방제작업에 참여한 이유가 여기에 있다. 과로는 주민들의 건강을 더욱 악화시켰을 뿐만 아니라 일상적인 이웃 간의 교류를 방해하고 있다.

섬 공동체가 받은 사회 영향을 밝혀보는 것은 바다환경에 기반한 어촌마을의 사회영향을 파악하는데 도움이 될 뿐만 아니라 향후 환경복원만큼이나 중요한 공동체 회복을 위한 정책수립에도 유용하다. 가의도 연구에서 보듯이 유류유출사고의 사회영향은 외부충격 뿐 아니라 충격을 받은 공동체의 사회구조를 반영한다. 태안군이 가의도를 피해등급에 있어 B등급으로 분류한 것도 섬이라는 생태적 조건과 주민들의 생산구조를 반영하지 않았기 때문이다. 또한 주민들의 피해는 단순한 경제적 보상으로 계산할 수 없는 사회관계 및 건강 악화까지를 포함한다. 따라서 유류유출사고의 사회영향과 완화정책을 수립하는데 있어 각 공동체의 사회구조를 중요한 변수로 고려해야 하며, 경제적 보상으로 환원할 수 없는 영역에 대한 세심한 배려가 필요하다.

마을은 지역사회와 그 구성원들의 변화를 가장 자세하게 관찰할 수 있는 삶의 공간이다. 그리고 어촌마을들은 겉으로 보기에는 서로 유사해 보이지만, 서로 구별되는 생태적 조건과 사회구조를 갖는다. 즉 가의도를 통해 공동체의 사회구조가 어떻게 사회영향에 반영되는지를 살펴봤다. 하지만 마을공동체의 구조와 사회적 영향과의 상관관계를 보다 명확하게 규명하기 위해서는 다양한 구조를 갖는 마을 간의 비교 연구를 통해서 보완될 필요가 있다.

환경재난 이후의 어촌공동체

제2장

마을공동체의 갈등과 사회자본

1. 들어가며
2. 사회자본과 어촌마을
3. 마을의 사회자본
4. 마을별 주민갈등의 정도와 양상
5. 주민갈등에 있어 사회자본의 효과
6. 나가며

제2장

마을공동체의 갈등과 사회자본

1. 들어가며

유류유출사고이후 피해주민들은 자신들이 받은 가장 큰 피해를 경제적 피해와 함께 주민갈등으로 훼손된 이웃관계라고 말한다. 주민들은 "검찰에 고발해야 한다", "인심이 박해졌다", "개인주의다", "사람들이 악해졌다", "예전과 달리 우애정신이 없다", "만나서 대화를 나눌 수가 없다", "사람들이 무섭다"고 표현하며 사고이후 주민들 사이에 멀어진 심리적 거리감을 드러냈다. 이와같이 주민들은 이웃관계의 훼손을 환경복원 및 금전적 배·보상의 영역에서 벗어나 있음에도 불구하고 직접적인 재난피해로 인식했다.

오랜 시간 동안 일과 놀이를 공유해 오면서 친밀한 이웃관계를 형성해온 어촌마을의 주민 입장에서 보면 급격한 사회관계의 해체 및 붕괴는 그동안 경험해 본 적이 없는 재난피해다. 이번 사고이후 나타난 주민갈등은 해양생태계 오염, 재난발생의 책임자인 기업 및 재난관리의 책임자인 정부의 대응과 같이 외부요인 그리고 재난상황에 놓은 공동체의 내부요인을 반영하고 있다. 즉, 공동체의 내부요인을 파악하면 마을별로 다르게 나타나고 있는 주민갈등의 정도와 양상을 설명할 수 있을 것이다.

이러한 맥락에서 이 연구는 갈등의 차별성을 가져온 내부요인을 설명하는데 초점을 맞추고자 한다. 특히 갈등의 차별성을 가져온 내부요인으로 공동체 내부의 사회자본의 역할에 주목했다. 사회자본은 조직과 집단 성원들 사이의 연결망, 신뢰 및 호혜성의 형태로 존재하여 성원들 간의 자발적 협력을 촉진시킨다는 측면에서 마을별로 서로 다르게 나타나고 있는 갈등의 내부요인으로 작동할 수 있다. 바꿔 말하면 사회자본을 높게 축적한 공동체가 그렇지 못한 공동체에 비해 재난이후 성원들 사이에 이기적 행동을 억제시켜 갈등을 완화시켰을 가능성이 높다.

어촌 마을공동체의 사회자본이 재난의 복원력 변수로 작동했는지, 작동했다면 실제로 어떻게 작동했으며 어떠한 효과를 낳았는지를 확인해 보고자 한다. 즉 이 연구의 핵심적인 연구목적은 재난으로 인해 발생한 주민갈등의 복원력 변수로서 사회자본의 기능 혹은 효과를 검증하는 것이다. 좀 더 세부적으로 연구목적을 서술해 보면 첫째, 연구대상이 되는 어촌마을들의 사회자본 축적 수준을 확인해 본다. 둘째, 마을별 주민갈등의 정도와 양상을 밝혀본다. 마지막으로는 마을의 사회자본이 갈등을 조정하는데 실제로 어떻게 작동하고 어떠한 효과가 있는지를 분석할 것이다.

이를 위해 유류유출사고로 인해 가장 큰 피해를 입은 태안군 관내에 위치한 도산도, 하전2리, 월산1리라는 3개의 어촌마을을 비교 연구의 대상으로 선정했다. 세 마을 모두 해안선 깊숙한 곳까지 유류띠가 강하게 부착되는 심각한 수준의 오염피해를 입었다. 물론 지형적 차이로 인해 정확하게 동일한 수준의 오염피해를 입었다고는 할 수는 없다. 하전2리의 해안은 유류를 제거하기에 상대적으로 까다로운 갯벌이 넓게 분포한 반면에 도산도, 월산1리 해안은 갯벌이 없고 갯바위로 이루어져 있어 유류제거가 상대적으로 더 수월했다. 하지만 이러한 차이에도 불구하고 본 연구에서는 동일한 오염피해를 입은 것으로 간주했다. 그러한 이유는 하전2리와 월산1리가 사고지점에서 가까운 곳에 위치하여 태안군의 다른 연안마을보다 유류띠가 마을의 해안선과 선착장 깊숙한 곳까지 부착되었기 때문이다. 도산도 또한 유류가 남하하는 지점에 위치하고 있었을 뿐 아니라 섬이라는 지형적 특징으로 인해 해안선 깊숙한 곳까지 기름이 밀려들어왔다. 따라서 서로 다른 지형적 차이에도 불구하고 일정부분 환경오염이라는 외부변수를 통제할 수 있는 비슷한 수준의 오염피해를 입었다고 볼 수 있다.

위 세 마을을 선택한 또 다른 중요한 이유는 이 마을들이 어업을 가장 중요한 생산기반으로 하면서도 서로 다른 사회경제적 구조를 갖고 있기 때문이다. 도산도는 채취(맨손)어업, 하전2리는 양식어업 그리고 월산1리는 어선어업지대로 서로 확연하게 구별된다. 그뿐만 아니라 어촌마을의 주민관계에 결정적인 영향을 미치는 어촌계가 마을 내에서 차지하는 경제적 · 사회적 위상 또한 서로 확연하게 구분됐다. 본 연구의 목적이 사고이후 마을별 주민갈등의 차별성과 그 차별성을 불러온 사회자본의 효과를 밝혀 본다는 점에서 서로 다른 사회경제 구조를 갖고 있는 위 세 마을이 비교 연구의 대상으로 적합하다고 볼 수 있다.

2. 사회자본과 어촌마을

1) 사회자본의 기능과 형성

사회자본의 논의와 관련된 대표적인 학자로는 부르디외(Bourdieu), 콜만(Coleman) 그리고 퍼트남(Putnam) 등을 들 수 있다. 부르디외에 따르면 사회자본은 "지속적인 연결망 혹은 상호면식이나 인정이 제도화된 관계 즉 특정한 집단의 구성원이 됨으로서 획득되는 실제적인 혹은 잠재적인 자원의 총합"이다(부르디외, 2003). 그는 사회자본이 최종분석에서 경제자본으로 환원된다고 보고 사회자본을 위장된 경제자본으로 인식했다(부르디외, 2003). 콜만은 모든 행위 유형이 행위자의 이해실현을 증가시키는 단일한 목적 안에 있다는 합리적 선택이론의 맥락에서 사회자본을 바라보고 있다(콜먼, 2003: 32; 김상준, 2004). 그에 따르면 사회자본은 "주어진 구조에 속하는 개인이나 집단으로 하여금 특정한 행위를 하도록 유도하고 촉진한다. 사회자본은 다른 형태의 자본과 마찬가지로 생산적"이다(콜먼, 2003). 따라서 사회자본은 사회자본이 없으면 성취하기 어려운 목적을 성취할 수 있도록 해준다.

부르디외와 콜만의 사회자본은 출발한 이론적 맥락은 다르지만 행위자가 목적지향적 행위의 성공가능성을 높이기를 희망할 때 동원 할 수 있는 사회관계 및 사회구조 안에 배태된 자원이라는 점에서 일치한다(린, 2008: 32). 사회자본을 목적을 달성하기 위한 기능적 관점 즉 사회자본의 효과를 중심으로 이해하고 있다는 점에서 퍼트남(1993)도 앞의 두 학자와 크게 다르지 않다. 그는 사회자본을 "연결망, 규범, 그리고 신뢰와 같이 상호이익을 위한 협력과 조정을 용이하게 하는 사회조직의 특성"으로 보았다. 그에 따르면 사회자본은 집합행동의 딜레마 즉 개인의 사적이익과 공동체의 공적 목표 간에 갈등이 발생했을 경우 이를 조정해줄 수 있는 사회적 자원이다(퍼트넘, 2001: 281). 따라서 사회자본을 높게 축적한 공동체는 그렇지 못한 공동체에 비해 자발적 협력의 수준이 더 높다. 특히 일반화된 호혜성(generalized reciprocity)의 규범은 개별이익과 연대성의 갈등을 해소함으로써 집합행동의 딜레마를 극복하는데 있어 중요한 역할을 한다(퍼트넘, 2001: 289).

이상의 내용을 보면 사회자본은 어떤 문제를 해결하는 긍정적 자원으로 이해될 수 있다. 하지만 포르테스(2003)는 사회자본이 부정적 기능 또한 갖고 있음을 강조한다. 첫째, 구성원들에게 혜택을 주는 강한 유대는 외부인들의 접근을 방해한다. 즉 집단이나 조직 밖의 사람들에게 강한 배타성을 보인다. 둘째, 공동체나 집단의 규범을 따를 것을 강요하여 사회적 통제 수준이 높아지고 개인의 자유를 침해한다. 특히 공동체성이 높은 소규모 마을주민들의 경우 중첩된 연결망으로 인해 공동체적 삶과 고유의 규범을 강요받게 되어 사생활과 개인의 자율성이 위축된다. 셋째, 구성원 개인의 성공이 집단의 응집력을 잠식할 경우 하향평준화의 규범을 만들어 내어 집단성원들의 이탈을 막거나 역으로 이탈을 부추긴다.

사회자본의 축적 혹은 형성과 관련하여 콜만(1988)은 집단의 경계가 명확한 폐쇄형 연결망의 중요성을 강조한다([그림2-1] 참조). (a)의 개방된 연결망 안에 존재하는 행위자A는 B와 C와 관계를 맺고 있기때문에, A는 이 두 행위자 모두에게 부정적인 행위를 할 수 있지만 B와 C는 서로 아무런 관계없이 단지 다른 행위자 D와 E와 연결하고 있기 때문에 A의 부정적 행동을 억제할 수 없다. 반면 (b)의 폐쇄형 연결망 안에서는 B와 C가 연합하여 A에게 집단적인 제재를 가할 수 있고 제제에 대한 보상도 받을 수 있다. 다시 말해서 집단의 경계가 모호한 개방형 연결망 안에서는 성원들 간의 의무이행과 기대감, 상호감시가 형성되지 않지만 폐쇄형 연결망 안에서는 이러한 것들이 원활하게 수행되어 강한 신뢰를 형성한다는 것이다. 즉 성원들 간의 강한 연대(strong tie)가 약한 연대(weak tie)에 비해 사회자본의 축적에 유리하다. 콜만은 사회자본의 축적에 있어 '강한 연대의 힘(the strength of strong tie)'을 강조한다(Portes, 1998).

[그림2-1] 콜만의 폐쇄적 연결망와 개방적 연결망

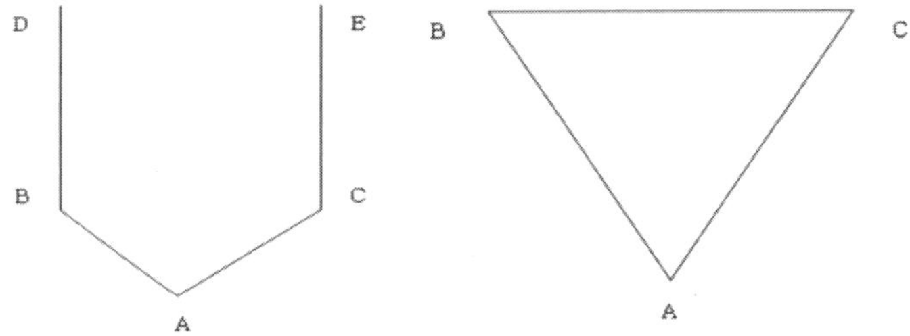

(a)개방형 연결망 (b)폐쇄형 연결망

출처: 콜먼(2003)

2) 어촌마을의 사회자본 형성

전통적인 마을공동체는 대동회, 두레, 품앗이, 계, 종친회 등의 다양한 마을자치조직을 운영해 오면서 상대적으로 풍부한 사회자본을 축적해 왔다. 그러나 산업화로 인한 이촌 현상과 농업의 기계화 과정을 거치면서 이러한 마을조직들이 급격하게 해체 혹은 쇠퇴했다.[1] 어촌마을이 촌락공동체의 한 유형이라는 측면에서 농촌마을과 유사하게 사회자본의 존재 형태인 마을자치조직들이 쇠퇴했을 것으로 예상된다. 하지만 어촌마을의 경제적 기반인 마을어장이 공동체적 총유(總有)[2]를 바탕으로 성립되어 있다는 측면에서 경제활동이 사적 생산수단에 기반을 두고 있는 농촌마을보다 더 강한 생산적·소유적 관계의 공동체를 형성하고 있다(김준, 2004; 박광순, 1998). 즉 어촌마을의 경우 농촌마을에서는 존재가 드문 공유자원이 주민들의 주요한 경제적 기반이라는 것이다. 공유자원이 공유지의 비극(Hardin, 1968)만을 낳는 것은 아니다. 오히려 공동의 목표를 위해 협력적 방식으로 이용될 경우 공유자원은 공동체 성원들에게 경제적 기회를 제공할 뿐만 아니라 집단의 신뢰 및 결속력을 강화시켜 사회자본을 형성하는데 결정적 역할을 한다(최종렬·황보명화·정병은, 2004; 서정호, 2002; 박정석, 2001).

농촌마을의 사회자본에 관한 연구를 보면, 과거나 현재 할 것 없이 주민들 사이에 구체적인 협력이 이루어지고, 도구적 성향의 조직 혹은 활동 등을 통해서 사회자본이 높게 축적되는 경향을 보였다(김기홍, 2006; 정기환 2003; 이금옥, 2001; 송정기·박재규, 2001; 김형곤·고성태, 2008; 권병욱, 2008; 박병덕·윤유식·이민수, 2007). 따라서 어촌마을의 사회자본 축적 및 활성화 정

1 4개의 농촌마을에 대한 장기시계열적 조사(1986~2002)에 따르면 조사를 시작한지 15년 만에 마을 내의 사회집단이 46.1%나 줄어든 것으로 나타났다(정기환, 2002: 59-60).

2 총유란 어느 집단이 소유대상물(토지·어장)을 집단으로 점취(占取)·관리하여 그 집단의 구성원들로 하여금 균등하게 이용하게 하지만 개별 구성원들의 지분권(持分權)은 인정하지 않는다. 따라서 개인은 그 이용권을 양도하거나 처분할 수 없고 성원의 자격이 상실하면 자동적으로 집단으로 귀속되는 소유형태를 의미한다(박광순, 1998: 93).

도를 밝히는데 있어서 생산적 · 소유적 관계의 공동체인 어촌계를 주요한 변수로 상정해 볼 수 있다. 어촌마을의 기층조직인 어촌계는 공유자원인 마을어장을 생산 기반으로 하여 공동의 경제적 이익을 추구한다는 점에서 여타의 마을자치조직과는 뚜렷하게 구별된다. 공유자원인 마을어장을 운영하는 어촌계는 어촌계 성원들에게 실질적인 경제적 혜택을 제공한다. 이런 측면에서 보면 부르디외의 주장처럼 사회자본은 최종분석에서 경제자본으로 환원될 수 있다. 하지만 어촌계의 경제자본이 불평등한 분배체계를 따르지 않는다는 점에서 계급불평등의 재생산과는 구분된다.

일반적으로 어촌계에 가입하기 위해서는 독립된 호(戶)를 구성해야 하며 외지인들의 경우에는 마을에 일정기간 거주해야만 가입자격을 얻을 수 있다. 그리고 마을어장의 경제적 가치에 따라 상당 수준의 입호금을 요구하는 경우도 있다.[3] 하지만 위의 조건을 충족시키고도 어촌계 정원을 고정해두고 결원이 발생한 경우에만 신입계원을 받거나 외지인들에게는 원천적으로 가입 자격을 주지 않는 경우도 있다. 따라서 어촌계는 외부와의 경계가 명확한 폐쇄형 연결망을 구축하고 있으며 어촌계에서 발생한 이익 또한 철저하게 어촌계원 내부로 돌아간다.

폐쇄형 연결망이 사회자본의 축적에 유리한 조건을 제공한다는 콜

---

3 이를 입호제도(立戶制度)라고 한다. 어촌마을의 성원으로 인정받기 위해서는 입호권을 가져야 한다. 입호권은 지역에 따라 조금씩 차이가 있지만 가장 중요한 것은 독립적 호(戶)의 구성여부와 거주기간 이다. 즉 입호를 신청하기 해서는 결혼을 통해 독립된 호를 구성해야 한다. 이러한 조건을 갖추고 입호를 신청하면 마을정기 총회의 심사를 통해서 입호를 인정받고 일정한 액수의 입호금을 납입하고 마을 성원이 된다. 입호권을 인정받아야 공동어장을 이용할 수 있는 입어권(入漁權)이 얻을 수 있으며 입호금은 양식작목의 경제성, 어장의 규모와 비옥도, 공동체 성원의 수 등에 의해 결정된다. 그리고 외지인들에게는 일정한 거주기간을 요구하거나 원주민들 보다 더 높은 입호금을 요구하는 경우도 있다. 즉 외지인들에게 보다 엄격하게 적용한다. 그러나 어촌인구가 감소하면서 과거에 비해 입호조건을 완화되었으며 형식적 의미만을 갖는 지역도 있다(김준, 2004: 225-227).

만(2003)의 주장을 받아들인다면, 어촌계의 높은 폐쇄성이 어촌마을의 사회자본을 형성하는데 유리한 조건을 제공한다고 볼 수 있다. 폐쇄성이 높다는 것은 외부자의 시선에서 보면 그만큼 배타성이 높다는 것을 의미하지만, 내부자의 시선에서 보면 그만큼 성원들 간의 신뢰 및 응집력이 강하다는 것을 의미한다. 따라서 성원들 간의 의무이행과 상호감시가 가능하여 어촌계의 규제가 성원들에게 관철되고 이를 위반한 경우에는 제재를 가할 수 있다. 또한 어촌계는 공동의 규제 장치를 통하여 공유자산인 마을어장에 대한 접근과 분배에 있어 평등성과 호혜성도 강조한다(박정석, 2001).

어촌계는 구성원 모두가 마을어장을 평등하게 이용하는 동시에 생산력을 보전하고 공동의 이익을 최대화하려는 협력적 방식으로 운영된다. 하지만 협력 방식이 등가성에만 기초하는 것은 아니다. 오히려 계원들에게 분배되는 경제적 보상인 배당금의 경우 등가성 원리가 배제된다. 즉 공동의 이익을 올리는데 직접 기여하지 않았다 하더라도 구성원 모두에게 공평하게 분배된다. 개인이 수익창출에 기여한 몫에 관계없이 똑같은 몫을 분배하는 평등규범(norm of equality) 원리를 따른다. 등가성을 배제한 평등규범에 따른 분배방식은 어촌계 내부에 일반화된 호혜성의 규범에 작동하고 있다는 증거이다. 일반화된 호혜성의 규범에 기초한 교환이 받은 사람이 준 당사자에게 돌려주는 것이 아니라 연결망에 속한 제3자에게 돌려주는 것이라는 의미에서(김용학, 2004: 309), 집단의 과실이 특별한 조건 없이 성원 모두에게 평등하게 분배된다는 것과 일맥상통한다고 볼 수 있다. 이러한 분배방식은 집단에 대한 신뢰, 자긍심, 소속감 및 일체감 등을 강화시켜 집합행동의 딜레마를 극복할 수 있는 사회적 자원을 생산해 낸다(포사이스, 1997: 161; 퍼트넘, 2001: 281). 따라서 참여에 대한 경제적 보상수준이 높고 외부집단과의 경계가 명확한 폐쇄형 연결망은 갖는 어촌계와 마을공동체 간의 인적 · 경제적 통합정도를 통하여 어촌마을의 사회자본 축적 정도를 밝혀볼 수 있을 것으로 판단된다. 즉 어촌계원과 마을주민들 사이의 인적 · 경제적 통합수준이 높을수록 그 마을의 사회자본 축적 수준이 높다고 할 수 있다.

어촌계의 폐쇄성과 경제적 영향력은 어업의 유형이나 마을어장의 경제적 가치와 밀접하게 연관되어 있다. 어업의 유형은 어장이 처한 환경적 조건에 의해 결정되는데 자연적으로 생육하고 번식하는 해조류 및 패류를 채취하는 채취(맨손)어업, 경작 성격이 강한 해조류 및 패류 양식어업은 수심이 얕고 갯벌이 발달한 지역에서 우세하게 나타나는 반면, 이러한 환경적 조건을 갖추고 있지 못한 지역에서는 상대적으로 환경적 제약에서 자유로운 어선어업이 발달하는 편이다(국립민속박물관, 1996: 200). 그리고 채취어업, 해조류 및 패류 양식어업은 주로 마을에서 가까운 마을(공동)어장을 생산의 터전이기 때문에 이러한 유형의 어업이 발달한 지역은 마을어장의 경제적 가치가 높을 뿐 아니라 그에 따라 마을어장 면허권의 법적 주체인 어촌계의 운영방식이 폐쇄적이며 내부성원과 마을에 미치는 경제적 · 사회적 영향력 또한 높다(박광순, 1998; 김준, 2004). 반면에 어선어업이 발달한 지역에서는 마을어장의 경제적 가치가 떨어지고 어촌계의 운영방식이 개방적이며 내부성원과 마을에 미치는 영향력도 낮은 편이다([그림2-2] 참조).

[그림2-2] 마을어장의 경제적 가치에 따른 어촌계의 폐쇄성과 영향력

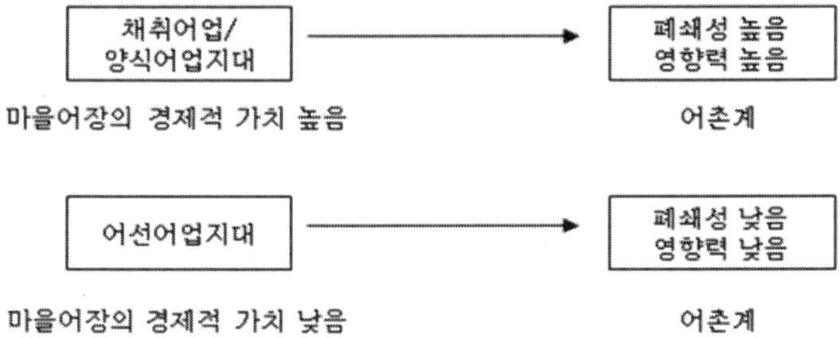

3. 마을의 사회자본

1) 자연환경 및 인구와 사회자본

다른 두 마을과 다르게 도산도의 경우에는 섬이라는 자연환경이 사회자본을 형성하는데 긍정적 영향을 미친 것으로 보인다. 지리적 고립으로 인해 기독교 및 도시적 가치의 확산이 일부 차단되면서, 하전2리와 월산1리에서는 사라진 마을의 마을신앙인 당제(堂祭)를 강하게 유지하고 있었다. 과거에 비하면 중요성과 엄숙함이 줄어들었지만 여전히 마을공동의 의례인 당제는 도산도 주민들을 하나로 묶어주는 기능을 수행하고 있었다. 여기에 "서로 돕고 살지 않으면 섬 생활하기 힘들다"는 주민의 구술처럼 고립된 환경 속에서 살아가기 위해 공동체 내부에서 발전시킨 일상적인 상호협력 또한 사회자본의 축적에 긍정적 영향을 미친 것으로 보인다.

세 마을 모두 인구 규모는 지속적으로 감소해왔지만 하전2리와 월산1리의 경우 세대수는 증가했다(〈표2-1〉 참조). 하전2리의 경우 서해안

고속도로가 개통되면서 외지인들의 토지매입이 증가한 것도 일부 영향을 미친 것으로 보인다. 그런데 월산1리의 세대 수는 앞의 두 마을과 비교하여 큰 폭으로 증가했다. 이러한 통계 결과는 마을에서 자본투자가 높은 어선어업과 관광업이 성장하면서 이들 업종에 종사하기 위하여 외지인들이 꾸준하게 이주해 왔다는 마을지도자들의 구술과도 일치한다. 농촌마을에 관한 경험적 연구에서도 시설재배와 같은 자본제 농업이 확산되면 마을의 전통적 규범에서 자유로운 외지인들의 늘어나고 주민들 간에도 개인주의적 성향이 확산되는 것으로 나타났는데 (김춘동, 1995), 월산1리에서도 이러한 경향이 나타나면서 집단의 연대성에 영향을 미친 것으로 보인다.

<표2-1> 마을별 인구 및 세대 수의 변화

구분	도산도		하전2리		월산1리	
	인구	세대	인구	세대	인구	세대
1989	161	50	551	121	850	181
1992	124	44	555	130	918	232
1995	94	45	477	129	842	235
1998	86	44	437	134	739	232
2001	77	42	405	141	661	216
2004	81	45	342	132	689	261
2008	72	40	338	147	642	281

자료: 태안군 『통계연보』 각 년도

2) 경제구조와 사회자본

세 마을 주민들의 주요한 경제활동은 농업, 어업, 관광업이다(〈표2-2〉 참조). 모두 어업을 핵심 경제기반으로 하는 점에서는 동일하지만 마을별로 주요한 어업의 유형은 확연하게 구분된다. 도산도는 맨손(채취)어업(57.1%), 하전2리는 굴양식어업(71.7%) 그리고 월산1리는 어선어업(23.6%)의 비중이 가장 높다.[4] 월산1리의 경우 다른 두 마을과 다르게 농업을 주업으로 하는 가구(18.8%)도 존재하고 가족 이외의 외부 노동력을 필요로 하는 규모 있는 어선어업과 관광업이 발달한 관계로 일용직 일자리(15.6%)가 풍부한 편이다. 이러한 경제활동의 분화정도는 주민들의 겸업관계 및 소득분포에도 영향을 미쳤다(〈표2-2〉 및 〈표2-3〉 참조).

도산도 주민들의 겸업비율은 92.9%로 채취어업과 농업(6가구), 채취어업과 어선어업(3가구)의 겸업형태가 전체 겸업비율의 69.2%를 차지했다. 즉 채취어업을 중심으로 주민들 간의 직업적 동질성이 높게 나타난다. 하전2리 주민들의 겸업비율은 85.0%로 양식어업과 농업(10가구), 양식어업과 어선어업(22가구) 겸업형태가 전체 62.7%를 차지하고 있어 양식어업을 중심으로 하여 주민들 간의 직업적 동실성이 높게 나타났다. 반면에 월산1리 주민들의 겸업관계는 도산도와 하전2리 주민들과 전혀 다른 형태를 보인다. 겸업비율도 60.0%로 낮고, 1순위 경제활동에서 어선어업을 선택한 21가구 중에 7가구(33.3%), 관광업을 선택한 14가구 중에 3가구만(21.4%)이 겸업을 하고 있다고 답변하였다. 이는

4 도산도에서 주된 생업활동이 농업이라고 응답한 주민은 처음부터 농업을 주업으로 한 것이 아니라 고령으로 인해 몸이 불편하여 바다에 나갈 수 없기 때문에 농업에만 종사하고 있었다. 월산1리에서 양식어업을 한다고 응답한 2명의 주민들은 개인 면허를 내고 마을외 지역에서 양식업을 하는 경우로 하전2리처럼 마을어장에서 하는 양식어업은 아니다.

그만큼 이들 분야에 종사하는 주민들의 직업적 전문화 수준이 높다는 것을 의미한다. 그러나 어선어업과 관광업 분야를 제외한 나머지 경제활동들 간에는 뚜렷한 겸업관계가 나타났다. 농업과 채취어업(11가구), 채취어업과 일용노동(14가구), 농업과 일용노동(4가구) 형태로 겸업관계를 맺고 있었다. 따라서 앞의 두 마을과 비교하면 어선과 관광업소(숙박 및 식당)를 운영하는 주민들과 나머지 경제활동에 종사하는 주민들 사이에 직업적 경계가 명확한 편이다.

<표2-2> 사고이전 마을별 경제활동의 구성과 겸업비율(2009년 2월 설문조사)

(단위: 가구, %)

구분	도산도		하전2리		월산1리	
	1순위	2순위	1순위	2순위	1순위	2순위
어업	12(85.7)	5(38.5)	54(90.0)	31(60.8)	44(49.4)	22(39.1)
어선어업	4(28.6)	-	8(13.3)	17(33.4)	21(23.6)	-
양식어업	-	-	43(71.7)	7(13.7)	2(2.2)	-
맨손어업	8(57.1)	5(38.5)	3(5.0)	7(13.7)	16(18.0)	19(35.8)
해녀	-	-	-		5(5.6)	3(5.7)
농업	1(7.1)	7(53.8)	-	11(21.6)	12(13.3)	9(17.0)
관광	1(7.1)	1(7.1)	4(6.7)	6(11.8)	14(15.1)	6(6.6)
일용노동	-	-	1(1.7)	3(5.9)	14(15.6)	13(24.5)
회사원	-	-	-	-	-	2(2.1)
기타상업	-	-	-	-	5(5.6)	1(1.1)
무직	-	-	1(1.7)		-	-
합계	14(100.0)	13(100.0)	60(100.0)	51(100.0)	89(100.0)	53(100.0)
겸업비율	92.9%		85.0%		60.0%	

마을별 경제활동은 마을별 소득분포에 그대로 반영된다(〈표2-3〉 참조). 도산도는 소득수준이 낮지만 주민들 간의 소득 격차가 크지 않았다. 도산도와 비교하면 하전2리 주민들의 소득수준이 더 높지만 주민들 간의 소득격차는 도산도와 마찬가지로 크지 않다. 반면에 월산1리 주민들은 소득수준이 높으면서 주민들 간의 소득격차가 크게 나타났다.

<표2-3> 사고이전 마을별 소득분포(2009년 2월 설문조사)

(단위: 가구, %)

구분	도산도	하전2리		월산1리	
		전체	양식	전체	어선과 관광
500만원 미만	3(21.4)	3(5.2)	0(0.0)	11(12.8)	0(0.0)
500~1000만원 미만	2(14.3)	8(13.8)	6(14.6)	9(10.5)	3(8.8)
1000~2000만원 미만	4(28.6)	18(31.0)	15(36.6)	19(22.1)	4(11.8)
2000~3000만원 미만	1(7.1)	13(22.4)	10(24.4)	14(16.3)	5(14.7)
3000~4000만원 미만	3(21.4)	11(19.0)	8(19.5)	12(14.0)	5(14.7)
4000만원 이상	1(7.1)	5(8.6)	2(4.9)	21(24.4)	17(50.0)
합계	14(100.0)	58(100.0)	41(100.0)	86(100.0)	34(100.0)

도산도와 하전2리에서 계층분화 현상이 크게 나타나지 않은 이유는 마을어장을 중심으로 어업활동이 이루어지고 있어 자원분배가 상대적으로 평등하기 때문이다. 그리고 고소득을 올릴 수 있는 어선어업의 규모가 작고 관광업 또한 여름철 부업 성격이 강해 겸업을 하더라도 소득격차가 크게 나타나지 않았다. 그러나 월산1리는 규모 있는 어선과 관광업소를 운영하는 주민들은 소득수준이 높은 반면에 농업·맨

손어업 · 일용노동 등에 종사하는 주민들은 소득수준이 낮아 소득 양극화 현상이 뚜렷하게 나타났다. 일 년 소득을 1억 원 이상이라고 응답한 경우도 10가구나 있어 실제로는 〈표2-3〉에서 나타난 것보다 소득격차가 더 크다고 할 수 있다.

마을별 경제구조를 살펴보면 월산1리는 다른 두 마을과 비교해서 주민들 간의 직업적 이질성도 높고 소득 격차도 크게 나타난다. 도산도와 하전2리는 주민들 간의 직업적 동질성이 높고 소득수준이 평준화되어 있다는 것은 그만큼 직업적 · 계층적 위압감이 덜 하기 때문에 주민들 간의 호혜성과 신뢰수준을 높여준다. 주민들 또한 신뢰할 만한 주민관계를 설명하면서는 소득수준의 평준화를 강조한 반면에 다소 거리감 있는 주민관계를 설명하면서는 큰 소득격차를 강조했다. 결국 주민들 간의 직업적 동질성이 높고 작은 소득격차를 보이고 있는 도산도와 하전1리가 월산1리보다 사회자본 축적에 유리하다.

3) 어촌계와 사회자본

사회자본의 형성에 있어 참여에 대한 경제적 보상의 정도가 높고 외부집단과의 경계가 명확한 폐쇄형이 유리한 조건을 제공한다는 주장을 수용한다면, 사회자본과 관련하여 어촌마을에서 가장 중요한 조직은 어업공동체의 법적 실체인 어촌계이다. 채취어업지대인 도산도와 굴 양식어업지대인 하전2리 어촌계가 어선어업 지대인 월산1리 어촌계보다 폐쇄성은 물론 경제적 보상수준도 더 높다. 도산도 어촌계는 어촌계의 법적 근거를 인정한 「수산업협동조합법」이 발효된 1962년에 결성되었다. 1973년 대대적인 어촌계 통합과정에서도 섬이라는 지리적 고립으로 인해 다른 마을 어촌계와 통합되지 않고 독자적인 비법인 어촌계를 현재까지 유지해 오고 있다.[5] 현재 어촌계 회원은 36명으로 도산도를 고향으로 하면서 섬에 실제 거주하고 있는 전체 호가 회원이다. 즉 마을주민과 어촌계 성원이 완전한 인적 통합을 이루고 있다. 따라서 마을운영에 들어가는 마을기금을 모두 어촌계 수익에서 충당하며 어촌계회의와 마을회의를 따로 구분하지 않고 운영한다.

도산도 출신이 아닌 마을주민들은 어촌계에 가입할 수 없으며 도산도 출신이라도 귀향한 경우에는 5년은 지나야 새롭게 계원자격을 얻을 수 있다. 즉 도산도 어촌계는 성원과 비성원이 명확하게 구분되는 강한 폐쇄형 연결망 구조를 갖는다. 도산도 어촌계는 채취어업을 할 수 있는 갯 바위를 포함하여 전복과 해삼어장 60ha를 마을어장으로 관리하고 있다. 어촌계 계원이 아닌 경우 경제적 목적으로 마을어장을 이용할 수 없으며 공동점유 형태를 취하고 있기때문에 계원들은 자신들의 권리를 타인에게 양도할 수 없다. 따라서 맨손(채취)어업이 도산도의 핵심 경제활동인 점을 고려한다면 현실적으로 도산도에서 어촌계 계원이 아닌 주민들은 생계유지를 위한 어업활동 자체가 불가능할 정도로 어촌계에 대한 경제적 의존도가 높다. 또한 어촌계에서 공동 경영하는 전복과 해삼 어장의 수익금을 계원들에게 균등하게 분배되는데 연 간 가구당 400만 원 정도를 배당 하였다. 따라서 고령으로 인해 경제활동이 축소된 섬 주민들의 입장에서 보면 어촌계는 가장 확실한 경제적 안전망이다.

---

5 1962년 1,658개였던 어촌계가 1972년 2,258개로 10년 사이에 36.2%가 증가하면서 어촌계간의 어장분쟁이 끊이지 않았다. 이에 따라 수협중앙회와 수산청은 어촌의 분규해소와 단합, 어촌계의 존립안정과 어민의 소득증대를 위한 어촌계의 육성 방안으로 어촌계 통합 정비를 추진하게 되면서 1973년 대대적인 어촌계 통합이 이루어졌다(김준, 2004: 131).

하전2리 어촌계는 소원면 법인어촌계에 속해 있었으나 1989년 태안군 복군에 맞춰 분리 독립하여 1990년 비법인어촌계를 설립하여 현재에 이르고 있다. 도산도 어촌계 정도는 아니지만 하전2리 어촌계 또한 진입장벽이 높은 편이다. 가입자격을 얻기 위해서는 우선 마을에 3년 이상 거주해야만 한다. 하지만 이러한 조건을 충족시키고도 어촌계 정원을 98명으로 고정시켜 두고 있어 결원이 발생한 경우에만 입어료 600만 원을 납부하고 가입할 수 있다. 실제 120여 가구가 마을에 거주하고 있다는 점을 고려하면 81.5%의 높은 가입률을 보이고 있다. 따라서 마을주민과 어촌계 계원간의 인적 통합수준이 높다. 하지만 어촌계원이 아닌 가구들이 있는 관계로 어촌계의 재정과 회의는 마을과 별도로 운영한다.

2009년 어촌계에서 면허권을 갖고 있는 마을어장의 규모는 해삼과 전복 120ha, 굴 23ha, 가리비 10ha, 바지락 2.3ha 등 총 155.3ha로 큰 편이다. 소수지만 비어촌계원들 중에서도 굴 양식을 하는 경우도 있으며 어촌계원 중에서도 개인 사정에 따라 굴양식을 하지 않는 경우도 있다. 즉 마을어장에서 이루어지는 굴양식이 반드시 어촌계원과 일치하는 것은 아니다. 하지만 해삼과 전복 판매 수익금은 어촌계원인 경우에만 배당받을 수 있으며 가구당 연 150만 원 정도를 배당받았다. 즉 같은 마을어장이라도 굴 양식어장은 다소 개방적인 반면에 전복과 해삼어장은 매우 폐쇄적으로 운영된다. 하지만 굴 양식어장도 마을외부 사람들에게는 매매[6]가 불가능하다는 점에서 강한 폐쇄성을 갖는다(김준, 2006; 유보경, 2005). 도산도 만큼은 아니지만 배당금도 있고 굴 양식이

6 마을어장은 법적 차원에서 개인에 의한 사적소유를 인정하지 않기 때문에 매매 자체가 불법이다. 따라서 여기서 매매는 어장을 판다는 의미가 보다는 시설비 및 권리금의 성격이 강하다(김준, 2006).

마을어장을 터전으로 한다는 점에서 어촌계에 대한 주민들의 경제적 의존도가 높다고 할 수 있다. 하지만 굴 양식어장이 개별 점유되고 어촌계와 무관하게 가구별로 개별경영 된다는 측면에서 도산도와 구분된다.

월산1리 어촌계는 2002년에 설립되었으며 진입장벽이 앞의 두 마을과 비교하면 매우 낮은 편이다. 월산1리 어촌계장의 표현을 빌리자면 "개방적이다". 현재 어촌계원은 140명으로 월산1리에 270여 가구가 실제 거주한다는 점을 고려하면 가입수준은 전체가구의 51.8% 정도이다. 앞의 두 마을과 비교하면 마을주민과 어촌계원간의 인적 통합수준이 낮다. 회원자격은 월산1리에 실제 거주하고 있는 주민들로 한정하고는 있지만 도산도처럼 고향사람으로 자격 조건을 제한하거나 하전2리처럼 일정한 거주기간을 요구하거나 정원을 고정시켜 놓지 않았다. 다만 입호금에 있어 원주민은 20만 원, 외지인은 40만 원으로 차별을 두고 있지만 금액 자체가 작아 진입장벽으로 작용하고 있지 못하다. 그리고 일 년에 단 며칠이라도 바다 일에 종사하고 있으면 계원자격을 주고 있어 계원들 사이의 직업적 이질성이 높다. 어촌계 가입조건이 낮음 불구하고 가입비율이 낮은 이유는 월산1리 마을어장의 경제적 가치가 그 만큼 떨어지기 때문이다. 어촌계 면허어장이 해삼과 전복어장 13ha에 불과하며, 이마저도 이웃 마을과의 어장분쟁으로 인해 원활하게 운영하지 못했다. 따라서 현재 어촌계원들에게 돌아가는 배당금이 전혀 없는 실정이다. 그리고 면허어장의 규모가 작아 앞으로 어장관리를 잘한다 하더라고 도산도 및 하전2리 수준의 경제적 효과를 기대할 수 없다. 따라서 도산도, 하전2리, 월산1리 어촌계 순으로 연결망의 폐쇄성이 더 높고 안정적이다. 그뿐만 아니라 마을공동체 성원과 어촌계

성원들 사이의 인적 통합수준도 높고 어촌계에 의한 경제적 보상수준도 더 높다. 즉 도산도, 하전2리, 월산1리 어촌계 순으로 마을의 사회자본을 축적시키는 결집체로서의 역할이 더 크다고 할 수 있다.

<표2-4> 마을별 어촌계가 사회자본 축적에 미치는 영향력과 사회자본

구분	연결망의 폐쇄성	마을주민들과의 경제적 통합(경제적 보상)			마을주민들과의 인적 통합 마을주민들과의 인적 통합		사회자본 축적에 미치는 영향력 사회자본 축적에 미치는 영향력		마을별 사회자본 마을별 사회자본
	가입조건	중심어업	마을어장의 경제적 가치	배당금					
도산도	매우 높음	채취어업	매우 높음	매우 높음	완전 일치 (100%)	→	매우 높음	→	매우 높음
하전 2리	높음	양식어업	매우 높음	높음	매우 높음 (81.5%)	→	높음	→	높음
월산 1리	매우 낮음	어선어업	낮음	매우 낮음	낮음(51.5%)	→	낮음	→	낮음

주: 높고 낮음의 정도는 마을간의 상대적 크기

4. 마을별 주민갈등의 정도와 양상

1) 마을별 주민갈등의 정도

마을별 응답분포를 살펴보면 사회자본의 축적 수준이 높은 마을일수록 갈등의 정도 및 심각성을 낮게 인식하고 있었다(〈표2-5〉 참조). 도산도(23.1%), 월산1리(80.5%), 하전2리(87.9%)순으로 '갈등이 있다'는 응답이 높게 나왔지만, '매우 심각한 수준이다'라는 응답은 월산1리(21.6%)가 하전2리(5.2%)보다 4배 가까이 더 높게 나타났다. 그리고 사고 이후 주민들 간에 서로 다투는 것을 본 적이 있느냐 하는 질문에서도 월산1리(68.6%), 하전2리(56.9%), 도산도(14.3%)순으로 높게 나왔다.

<표2-5> 유류유출사고 이후 마을별 주민갈등의 정도(2009년 2월 설문조사)

(단위: 명, %)

구분	마을			합계
	도산도	하전2리	월산1리	
매우 심각한 수준이다	0(0.0)	3(5.2)	19(21.6)	22(13.8)
심각한 수준이다	0(0.0)	28(48.3)	24(27.3)	52(32.7)
갈등이 있지만 심각하지는 않다	3(23.1)	20(34.5)	31(35.2)	54(34.0)
갈등이 없다	10(76.9)	7(12.1)	14(15.9)	31(19.5)
합계	13(8.2)	58(36.5)	88(55.3)	159(100.0)

χ^2=42.826, df=6, p<0.001

이러한 통계적 차이는 심층면접 과정에서도 확인할 수 있었다. 도산도의 경우 사고이후에도 여전히 주민들 사이의 관계가 좋다는 구술을 쉽게 접할 수 있었다. 도산도의 새마을 지도자는 사고이전보다 서로를 위로하는 마음도 크고 품앗이도 더 잘된다고 구술하기까지 했다. 하전2리 대책위 관계자들 또한 마을내부에 이런 저런 갈등이 있지만 주변마을과 비교해 볼 때, 마을주민들이 지도부를 잘 따라 주고 있으며 주민들 간에도 상호협력이 일정부분 이루어지고 있다고 응답했다. 반면에 월산1리 대책위 관계자들과 주민들은 앞의 두 마을에서는 듣지 못했던 격한 표현들을 써가면서 사고이후 마을 내부의 갈등을 묘사했다.

마을별 주민갈등의 차이는 사고 이후 마을로 유입된 경제적 자원의 공정한 분배에 대한 주민들의 인식과 일치하는 것으로 보인다(〈표2-6〉

참조). 즉 자원분배에 있어 공정하다고 생각하는 주민들이 많은 마을일수록 갈등 수준을 낮게 평가했다. 사고이후 마을로 유입된 주요 생계자원에 있어 도산도, 하전2리, 월산1리 순으로 공정하다는 응답비율이 높게 나왔다. 상대적으로 인구규모가 작고 직업적 동질성은 높은 마을일수록 자원분배에 있어 공정하다고 생각하는 주민들이 많았으며 이는 마을의 갈등 수준에 대한 평가와도 일치한다.

<표2-6> 마을별 경제적 자원의 분배에 관한 공정성 여부(2009년 2월 설문조사)

(단위: 명, %)

구분		마을			유의수준
		도산도	하전2리	월산1리	
1차 생계안정자금 분배의 공정성	공정	11(100.0)	20(37.2)	27(31.8)	x^2=22.916, df=4 p<0.001.
	불공정	0(0.0)	31(58.5)	58(68.2)	
	대상아님	-	2(3.8)	-	
2차 생계안정자금 분배의 공정성	공정	10(90.9)	24(45.3)	28(33.7)	x^2=17.335, df=4 p<0.001
	불공정	1(9.1)	27(50.9)	55(66.3)	
	대상아님	-	2(3.8)	-	
방제작업 참여의 공정성	공정	12(100.0)	42(76.4)	44(53.7)	x^2=14.896, df=4 p<0.01.
	불공정	0(0.0)	12(21.8)	37(45.1)	
	대상아님	-	1(1.8)	1(1.2)	
공공근로 참여의 공정성	공정	8(72.7)	36(66.7)	44(53.0)	x^2=14.858, df=4 p<0.01.
	불공정	0(0.0)	17(31.5)	33(39.8)	
	대상아님	3(27.3)	1(1.9)	6(7.2)	

그렇다면 어떤 경제적 자원의 분배가 주민갈등에 결정적인 영향을

미쳤을까? 이를 확인하기 위해 4개의 경제적 자원을 변수로 하여 회귀분석(단계선택방법)을 해보았다. 분석결과 오직 1차 긴급 생계비의 공정성 여부만이 주민갈등에 역(-)의 영향을 미치는 것으로 나타났다. 즉 1차 생계비의 분배에 대해 공정하다고 생각할수록 갈등의 정도가 낮고 불공정하다고 생각할수록 갈등의 정도가 높다는 것이다. 이러한 통계적 결과는 사고 초기 외부집단을 대상으로 형성되었던 갈등 전선이 1차 생계비 분배를 기점으로 공동체로 내부로 갈등이 전이되었다는 선행연구의 결과와도 일치한다(홍덕화 · 구도완, 2008)

<표2-7> 경제적 자원분배에 따른 주민갈등의 회귀분석(2009년 2월 설문조사)

구분	비표준화된 계수		표준화된 Beta	t 값
	기울기(B)	표준오차		
상수	2.691	.098		27.503***
1차 생계안정자금(공정)	-.691	.159	-.353	-4.337***
R2= 0.128 F비=18.814***				

N=123, 종속변수: 주민갈등 *p<0.05, **p<0.01, ***p<0.001,

이런 결과는 당시 1차 생계비의 분배를 둘러싼 당시의 사회적 상황이 반영된 것으로 보인다. 1차 생계비는 사고로 인한 충격, 암담한 현실과 예측할 수 없는 미래, 과도한 방제작업으로 심신이 지친 피해주민들에게 국가에서 처음으로 지원한 생계자원이었다. 또한 다른 경제적 자원들의 경우 국가기관 및 방제업체의 통제 하에서 분배된 반면에 1차 생계비는 마을에서 분배방식을 결정하도록 했다. 따라서 사고초기 1차 생계비의 분배방식을 결정하는 것이 마을에서 가장 중요한 쟁점으로 부상하였다. 그런데 당시 생계비 지급기준에 있어 모든 읍 · 면단위의 말단 행정리까지 적용할 수 있는 공통의 기준이 없었다(박재묵, 2008). 그뿐만 아니라 마을주민들의 결정에 따라 차등 혹은 균등 분배할 수 있는 길을 열어두고, 제외대상자로 '경미한 피해는 있지만 생계에 지장이 없는 자', '피해가 없다고 스스로 인정하는 자' 등과 같은 모호한 문장을 사용하여 주민들 사이에 불필요한 논쟁을 유발시켰다. 마을회의를 걸쳐 도산도와 하전2리는 균등분배, 월산1리는 차등분배하기로 결정했다. 동일한 경제적 자원이 마을별로 서로 다른 방식으로 지급된 것이다. "균등하게 준 부락이 조금 덜하고 차등으로 준 부락이 목소리가 나더라"라는 관계 공무원 구술처럼 균등지급 방식은 주민들에게 생계비를 공정하게 분배받았다는 인식을 확대시켰고, 이는 다시 주민갈등을 축소시키는데 영향을 미쳤다.[7]

2) 마을별 주민갈등의 양상

(1) 도산도

1차 생계안정자금과 방제작업을 둘러싼 갈등

사고초기 주민들 사이의 가장 중요한 쟁점이었던 1차 생계비는 마을회의를 통하여 균등분배하기로 결정했다. 그리고 그 결정과정에서도

---

7 2008년 4월 중순에 2차 생계비가 차등지급 되었다. 하지만 이를 둘러싼 갈등은 크게 나타나지 않았다. 군 심의위원회에서 만든 일괄적인 기준을 적용하여 지급하였다. 1차 생계비 지급처럼 읍 · 면 피해등급을 4등급으로 나누어 차등지급한 것은 동일하지만 마을 심의위원회에서 대상자를 선정하지 않고 개인별로 신청을 하도록 하여 갈등의 소지를 사전에 제거하였다. 또한 업종과 세대원 수에 따라 가중치를 두어 실제 피해를 입은 사람들에게 더 많은 생계비가 지급되도록 하였다. 따라서 생계비 분배를 둘러싼 주민갈등의 일차적 책임은 아무런 행정적 권한도 없는 마을조직에 떠넘겨 버린 정부의 무능에 있다고 할 수 있다.

심리적 대립이나 갈등 없이 원만하게 합의가 이루어졌다. 이러한 배경에는 주민들 간의 높은 직업적 동질성과 섬 토박이들만 살고 있어 가치관의 충돌이 없었던 것이 자리 잡고 있다. 이러한 경향은 방제작업 참여에서도 유사하게 나타났다. 사고 이후 어업활동이 중단되면서 방제노동은 피해주민들에게 있어 가장 중요한 생계수단이었다. 육지마을에서는 방제작업이 진척되면서 직업, 연령, 세대 등을 기준으로 하여 참여인원이 제한되었다. 하지만 도산도의 경우 방제작업에 참여할 수 있는 주민에 비해 오염지역이 넓어 노동능력이 있는 모든 주민들이 참여할 수 있었기 때문에 방제작업을 둘러싸고 갈등이 발생하지 않았다. 그리고 방제작업에 참여하지 못한 주민들은 작업이 용이한 마을 인근의 해안가에서 경사가 심한 계곡으로 작업장이 이동하면서 몸이 불편한 주민들이 자연스럽게 제외된 것이다. 따라서 이들은 방제작업에 참여하지 못한 것에 대하여 크게 불만을 드러내지 않았다.

삼성과의 자매결연을 둘러싼 갈등

사고 초기 다른 여타의 태안주민처럼 도산도 주민들 또한 삼성에게 강한 불만과 불신을 표출했다. 그런데 2008년 9월경 삼성이 마을이장을 통하여 자매결연을 요청했고 주민들이 이를 수용했다. 이러한 갑작스러운 태도변화는 당시 자신들의 미래를 예측할 수 없었던 암담한 현실 속에서 이루어진 역설적 선택으로 볼 수 있다. 사고이후 생계비 분배과정에서 섬사람인 자신들이 육지 사람들에 비해 차별받았다는 소외의식을 강하게 느끼고 있었다. 그리고 이러한 소외의식은 육지 사람과 섬사람을 구별하는 정체성을 더욱 강화시키고 독자 행동을 촉진한 것으로 보인다. 그뿐만 아니라 주민들에게 방제인건비가 제때 지급되지 않고 방제작업이 중단되면서 외부의 경제적 지원은 언제든지 끊어질 수 있다고 판단했다. 국제유류오염보상기금(IOPC기금)과 국가로부터 특별한 지원을 기대할 수 없는 상황 속에서 한국을 대표하는 삼성과의 자매결연은 이장의 진술처럼 "해서 손해 볼게 없는" 전략으로 받아들였다.

삼성과의 자매결연 과정에서도 주민 간의 특별한 갈등이 발생하지 않았다. 다음에 살펴 볼 하전2리의 경우 삼성과의 자매결연을 둘러싸고 세대간, 직업간, 마을지도자와 주민들 사이에 다양한 갈등구도가 형성된 것과 비교하면 아주 조용한 분위기 속에서 자매결연이 체결됐다. 도산도의 높은 인구학적 · 직업적 동질성이 고려한다면 갈등의 행위주체가 존재하지 않았다고 볼 수 있다. 그리고 삼성과의 대화 통로인 마을지도자들 또한 마을주민들과 동일하게 채취어업에 종사하고 있어 자매결연을 통하여 삼성으로부터 유입될 수 있는 자원이 이들에게만 집중되지 않을 것이라는 판단도 일부 작용한 것으로 보인다. 왜냐하면 마을지도자들이 어업 이외의 펜션 및 식당 등을 운영하고 있을 경우 주민들로부터 자신들의 이익을 위하여 자매결연을 이용하고 있다는 의심을 받을 수 있기 때문이다.

(2) 하전2리

1차 생계안정자금과 방제작업을 둘러싼 갈등

대다수 하전2리 주민들은 굴 양식업에 종사하고 있어 바다에 대한 경제적 의존도가 높다. 따라서 마을회의를 통하여 1차 생계비를 균등분배하기로 결정했다. 생계비를 둘러싼 갈등이 크게 폭발하지는 않았지만, 마을이장이 "나는 마을에서 평생 원수 졌다", "마을주민들에게 하루에 모가지가 10번 잘렸다 붙였다"라는 진술을 할 정도로 합의 과정이 순탄하지 만은 않았다. 그리고 IOPC기금에서 방제인건비를 지급한 2008년 5월까지는 노동능력만 있으면 모든 주민들이 방제작업에 참여할 수 있었기 때문에 이를 둘러싸고 큰 갈등이 발생하지 않았다. 다만 원주민들이 외지에서 이주해온 외지인들에게 불만을 드러내는 수준이었다. 원주민들은 외지인들의 다양한 이주 목적과는 무관하게 노후생활이나 요양을 위해 이주한 집단으로 동일시하였다. 따라서 원주민들의 입장에서 보면 직접 피해자가 아닌 외지인들이 생계비를 지급받고 방제작업에 참여하여 자신들이 받아야할 몫이 줄어들었다고 판단했다. 하지만 외지인들은 자신들도 마을의 주민이기 때문에 생계비를 지급받고 방제작업에 참여하는 것이 당연하다는 반응을 보였다. 외지인들에 대한 심리적 반감은 원주민들의 배타성 때문만은 아니다. 도시인의 개인주의적 성향 그리고 자신들이 촌사람들 보다 우월하다는 문화적 · 심리적 우월감을 은연중에 드러냄으로써 서로 간의 편견을 강화시키고 있었다. 특히 마을의 오랜 숙원 사업인 마을 진입로 포장사업에 대해서 원주민들은 땅 소유자인 도시사람이 양보하지 않아 진척이 없다고 판단하며 이 땅 소유자와 외지인들을 동일시해서 반감을 드러냈다.

방제작업은 세대 간의 갈등도 불러왔다. 2008년 6월과 12월, 국가기관에 의해 추진된 방제작업의 경우 연령 기준으로 참여 인원을 제한했다. 이때 방제작업에 참여하지 못한 주민들은 공공근로사업에 참여했다. 하지만 방제작업 인건비(7만 원)는 공공근로 인건비(3만 5천 원)의 두 배였다. 따라서 노인들도 방제작업에 참여하기를 원했다. 부족하지만 이때에는 그래도 방제작업에 참여하지 못한 아쉬움을 공공근로가 완충해주었다. 하지만 12월에는 방제작업만 실시되었다. 당시 연령제한으로 방제작업에 참여하지 못한 마을주민들이 해당기관인 국립공원관리공단을 찾아가 거세게 항의한 끝에 다시 참여할 수 있었다. 국가기관의 관료적인 판단으로 마을노인들이 방제작업에서 제외되었지만 그 과정에서 수수방관한 젊은 세대들로 갈등이 전이 되었다. 타인에 대한 경제적 의존도가 높을 것이라는 고정관념과 다르게 어촌마을의 노인들은 자신들의 생계를 스스로 책임지는 독립적인 경제활동의 주체인 경우가 많다. 따라서 이들에게 방제작업에 참여하지 못한다는 것은 사고이후 또 다른 생계수단의 상실을 의미한다.

삼성과의 자매결연을 둘러싼 갈등

삼성중공업과의 자매결연은 마을지도부 간, 세대 간 그리고 마을지도부와 마을주민 사이의 갈등을 발생시켰다. 국가 및 IOPC기금 측의 방제작업이 마무리되어가던 6월경 삼성중공업이 중장비를 동원하여 방제작업을 도와주겠다는 의사를 전달하면서 마을과의 접촉이 시작됐다. 당시 일부 주민들이 반대의사를 표명했지만 해안가에 있는 유류를 제거하는 것이 급했기 때문에 받아들이기로 결정한다. 그리고 한 달이 지난 7월 11일에 마을교회에서 삼성중공업과 하전2리간의 자매결연이 체결됐다. 당시 이 자매결연은 태안군 전체의 이목을 집중시켰다. 왜냐하면 삼성중공업의 책임을 묻는 민사 · 형사재판이 진행되고 있었으며 책임을 최소화하려는 삼성의 회피전략으로 인해 태안 내에서 삼성에 대한 반감이 강하게 존재하고 있었기 때문이다.

하전2리가 삼성중공업과 자매결연을 체결한 배경 또한 앞서 살펴본

도산도와 크게 다르지 않다. 객관적인 증거 자료만을 요구하는 IOPC 기금으로부터 주민들은 자신들이 피해 본 만큼 배상을 받을 수 있을 것이라고 확신할 수 없었다. 정부 또한 주민들의 경제적 위기가 장기화되고 있음에도 불구하고 주민들의 생계지원을 위한 특별한 대안을 제시하지 않았다. 따라서 마을주민들은 삼성중공업과의 자매결연을 통하여 이런 불확실한 상황에서 조금이라도 벗어나고자 했다. 그런데 자매결연은 논의 과정에서 반대 입장을 취하고 있던 어촌계장를 중심으로 한 마을의 젊은 세대들이 배제되고 이장과 새마을지도자를 중심으로 한 마을의 원로세대들이 중심이 되어 이를 결정했다. 따라서 자매결연을 둘러싼 마을지도부의 균열은 지도부의 균열 넘어 이장과 새마을지도자를 중심으로 한 원로세대와 어촌계장을 중심으로 한 젊은 세대 사이의 갈등과 중첩되어 나타났다. 자매결연 행사 당시 마지못해 참석해 고개를 숙이고 앉아 있던 어촌계장의 모습이 당시 이 자매결연을 반대했던 젊은 세대들의 심정을 잘 보여준다.

또 다른 주민들은 이를 펜션과 식당을 운영하는 일부 마을지도자들과 양식업에 종사하는 주민들 사이의 갈등으로 보았다. 왜냐하면 자매결연을 추진한 핵심 지도자들이 마을에서 가장 규모가 큰 펜션과 식당을 운영하고 있었기 때문이다. 자매결연을 추진한 마을지도자들의 의도와 상관없이 이들이 펜션과 식당을 운영하고 있다는 이유로 이들의 순수성이 의심받고 있었다. 삼성중공업 직원들이 마을에서 방제 자원봉사 활동을하거나 휴가를 보내러 왔을 때 시설이 불편한 민박보다는 시설이 좋고 깨끗한 이들의 업소를 주로 이용하였기 때문이다. 주민들은 그 과정에서 객관적인 사실여부와 관계없이 이들이 큰 경제적인 혜택을 보았다고 판단했다. 즉 자매결연의 찬반여부를 둘러싸고 마을지도부 간의 갈등 및 세대 간의 갈등이 발생했다면 자매결연의 결과를 놓고는 마을지도부와 주민들 사이에서 갈등이 발생한 것이다.

월산1리: 1차 생계안정자금과 방제작업을 둘러싼 갈등

월산1리의 경우 1차 생계비를 차등지급했다. 그 결정 과정에서 선주와 관광업자들은 차등분배를 주장한 반면에 나머지 주민들은 균등분배를 주장하면서 두 집단 간의 격렬한 갈등이 발생했다. 경제활동이 직접 바다환경과 연결되어 있는 선주들과 관광업자들은 자신들이 유류유출사고의 최대 피해자임을 주장하면서 강력하게 1차 생계비의 차등분배를 요구했다. 반면에 다른 주민들은 피해배상금이 아닌 생계비이기 때문에 균등분배 해야 한다고 맞섰다. 그뿐만 아니라 자신들 또한 이번 사고의 직접적인 피해자임을 강조했다. 왜냐하면 자신들도 농업에 종사하는 동시에 맨손어업과 어선어업, 관광업에서 파생된 일용노동을 겸하고 있기 때문이다. 즉 농업과 맨손어업을 겸하는 주민들의 진술처럼 "배하는 사람들이 몰라서 그렇지 어선어업이나 관광업을 하지 않는 다른 주민들도 사고로 인해 똑같은 피해를 입었다"는 것이다. 그러나 선주들과 관광업자들은 이러한 주장을 받아들일 수가 없었다. 왜냐하면 어선어업과 관광업은 높은 자본투자를 하기 때문에 맨손어업 및 일용노동에 비하면 그 만큼 피해가 크고 따라서 더 많은 생계비를 받아야 한다는 것이다. 결국 농민들의 양보로 선주들과 관광업자들이 90만원 더 받았지만 이는 양쪽 주민 모두를 만족시키지 못한 결과였다. 즉 선주와 관광업자들의 입장에서 보면 90만원을 더 받은 것이 자신들의 피해에 비하면 차등지급한 것이 아니라는 것이다. 반대로 나머지 주민들은 부당하게 차등지급 받았다고 생각했다.

조업과 영업을 재개하기 시작(2009년 9월)하기 이전까지 방제작업은 주민들에게 가장 중요한 생계수단이었다. 월산1리의 경우 인구규모도 크고 자원봉사자들이 많이 몰려 방제작업의 속도가 다른 두 마을에 비해 빨랐다. 따라서 일찍이 코모스(KOMOS, IOPC기금 측의 국내 손해사정업체)측이 방제인원을 감축할 것을 요구했고 마을과의 협의 끝에 2008년 3월 이후부터 세대 당 1명으로 축소했다. 도산도는 방제작업 전 기간 동안, 하전2리는 5월까지 노동능력이 있는 모든 주민들이 참여한 것과 비교하면 월산1리는 일찍부터 인원이 감축되었다. 특히 국가기관에 의해 추진된 방제작업의 경우 선주와 횟집 및 숙박을 운영하는 주민들을 중심으로 참여가 이루어지면서, 나머지 주민들은 1차 생계비의 분배 때와 마찬가지로 방제작업 참여에서도 차별대우를 받았다는 생각을 갖게 되었다. 특히 9월 이후 재개한 가을철 조업이 실패하면서 선주들은 마을주민들과 자신들을 더욱 분리시켜 사고했다. 결국 유류유출사고 이후 자신들의 "가슴에 응어리졌던 것을 풀고, 조금이라도 혜택을 받자"는 취지에서 '월산선주영어조합법인(2009년 1월 16일)'을 새롭게 결성하기에 이른다. 이 영어조합의 결성은 사고이후 발생한 주민갈등이 고착화되어가고 있음을 보여주는 증거다.

그런데 이러한 직업집단들간의 갈등은 원주민과 이주민 간의 갈등과 약하지만 중첩되어 나타났다. 월산1리 출신 선주들도 있지만 항구가 확장되면서 어선어업과 관광업을 위해 외지인들이 이주해왔다. 도산도 및 하전2리의 경우 주민들의 경제활동이 어촌계를 기반으로 하기 때문에 어촌계원이 아닌 외지인들은 오랫동안 외지인으로 남게 된다. 따라서 오랫동안 마을에서 살았다 하더라도 마을 일에 대한 발언권이 미약하다.[8] 즉 이 두 마을의 원주민들은 어촌계를 통하여 마을 내에서 자신들의 경제적 · 사회적 기득권을 유지할 수 있는데 반하여 월산1리는 마을어장의 경제적 가치가 낮아 마을주민들의 경제활동에 어촌계가 특별한 영향력을 행사하지 못한다. 오히려 어선어업과 관광업을 목적으로 이주한 외지인들이 마을의 경제적 계층구조에서 상층을 차지한다. 따라서 원주민들의 입장에서 보면 사고이후 외지인들의 주장이 강하게 관철되는 것처럼 보였다. 오랫동안 마을에 거주해오면서 맨손어업에만 종사했거나 맨손어업과 농업을 겸하면서 생계를 유지해왔던 원주민들의 입장에서는 적어도 이주민들과 동등한 대접을 받아야 한다는 생각을 갖고 있었다.

5. 주민갈등에 있어 사회자본의 효과

주민갈등은 월산1리, 하전2리, 도산도 순으로 강하게 나타났다. 하전2리의 경우 월산1리에 비해 갈등 전선이 중첩되어 나타났음에도 불구하고 갈등이 강도는 더 약하게 나타났다. 이러한 이유는 앞의 두 마을 주민들은 겸업비율이 높은 관계로 마을 내부에 경계가 분명하면서도 힘의 균형을 갖춘 경쟁 집단들이 존재하지 않았기 때문이다. 반면에 월산1리는 주민들 사이의 겸업비율이 낮은 관계로 직업집단들 간의 경

8 하전2리에서 20년 간 정착하고 어업으로 생계를 유지하고 사는 한 주민의 진술이 이러한 상황을 잘 보여준다. "내게 뿌리를 박고 동네에서 태어났으면 모를까. 객지잖아요. 상당히 애로사항이 많더라고요. 우리가 가서 이야기 한 마디 하게 되면 원주민들이 반갑지 않는 행동을 한다고요. 오래 살았어도 100년이 가도 10년이 가도 객지는 객지예요. 어디 가서 이야기하지도 그런가 보다하고, 밖에 잘 나가지도 않아요. 내 생활에나 충실하게 살자…(하전2리 59세, 남)."

계가 분명하면서도 힘의 균형을 갖춘 '선주+관광업자'와 '농업+채취어업+일용노동집단'이 마을 내부에 존재하고 있어 갈등이 격렬하게 진행되었다. 그리고 그 결과 월산1리는 선주영어조합법인이라는 새로운 조직이 결성되면서 갈등이 고착화되어 가고 있었다. 즉 마을주민들 사이의 직업적 이질성이 높아 직업집단들 간의 경계가 분명한 경제구조를 지닌 마을이 갈등에 더 취약했다.

사고 초기 주민갈등에 결정적인 영향을 미쳤던 1차 생계비의 분배방식을 결정하는데 있어서도 주민들 사이의 직업적 동질성 혹은 이질성 여부가 중요하게 영향을 미쳤다. 하지만 직업적 동질성만으로 1차 생계비 분배방식을 설명할 수는 없다. 왜냐하면 도산도와 하전2리 또한 월산1리 수준은 아니지만 규모 있는 어선과 관광업소를 운영하는 주민들이 있기 때문이다. 사고이전의 소득수준만 놓고 본다면 자신들이 더 많은 몫의 생계비를 받아야 한다고 주장할 만한 충분한 근거가 있었다. 하지만 현실에서는 이러한 주장이 강하게 표출되지 않았다. 〈표 2-7〉를 보면 하전2리에서도 선주와 관광업자가 전체 주민들에 비해 1차 긴급생계비 분배가 공정하지 않다는 응답이 높게 조사됐다. 사고 이후 이용 가능한 자원이 극도로 축소된 상황 속에서 자신들의 경제적 몫을 더 주장할 만한 충분한 근거도 있고 불만이 있었음에도 불구하고 강하게 차등분배를 주장하지 않았다. 따라서 이를 사회자본의 축적 수준이 높은 도산도와 하전2리에서 개별 주민들의 이기적 행동을 억제시키고 자발적 협력을 촉진시키는 사회자본이 작동한 결과로 해석해 볼 수 있다. 즉 두 마을에서 1차 생계비의 균등분배는 단순한 경제적 기준만이 아닌 비경제적 목표를 포함한 보다 넓은 범위의 사회관계속에서 결정된 것이다.

<표 2-8> 마을별 업종에 따른 1차 생계안정자금 분배의 공정성 여부(2009년 2월 설문조사)

(단위: 명, %)

구분		어선어업	관광업	주민전체
도산도	공정	3(100.0)	1(100.0)	11(100.0)
	불공정	-	-	-
하전2리	공정	2(28.6)	-	20(37.2)
	불공정	5(71.4)	3(100.0)	31(58.5)
월산1리	공정	3(14.3)	4(28.6)	27(31.8)
	불공정	18(85.7)	10(71.4)	58(68.2)

어촌마을의 사회자본 축적 수준은 참여에 대한 경제적 보상수준이 높고 외부집단과의 경계가 뚜렷한 폐쇄형 연결망은 갖는 어촌계에 의해 결정적인 영향을 받는다. 어촌계와의 인적 · 경제적 통합정도가 높은 도산도와 하전2리 주민들의 경제적 행위는 공동체적 규범을 추구하는 어촌계에 의해서 제약을 받는다. 즉 어촌계는 개인의 이기적 이윤추구를 제어하고 공동의 이익을 증진시키는 방향으로 주민들의 경제활동을 일정하게 통제한다. 도산도와 하전2리 어촌계는 오랜 시간 공동의 이익을 최대화하려는 협력적 방식으로 운영해 온 구체적인 경험 속에서 집합행동의 딜레마 즉 사적이익과 공동체의 공적목표 간의 갈등이 발생했을 경우 이를 해결해 줄 수 있는 실질적인 사회자본을 축적시켜왔다고 볼 수 있다. 그리고 이렇게 축적된 사회자본이 1차 생계비의 분배방식을 경제적 기준만이 아닌 비경제적 목표를 포함한 보다 넓은 공동체적 관계 속에서 결정하도록 유도한 것이다. 하지만 어촌계의 활동력이 미약하고 다른 경로와 조직을 통해 위와 같은 경험을 축적한 적이 없는 월산1리의 사회자본의 경우 주민들에게 미치는 실질적 영향력이 크게 떨어질 수밖에 없다. 즉 사회자본이 주민갈등의 기

폭제가 되었던 1차 생계비를 경제적 피해와 관계없이 균등분배 하도록 유인하여 주민갈등을 완화했다. 다른 한편에서는 사회자본은 마을주민들의 응집력을 강화시켜주는 효과를 가져왔다. 도산도와 하전2리에서는 사고이후 서로를 위로하고 손상된 주민관계를 회복하려는 의도로 주민들이 빈번하게 모여 여흥을 즐기고 있었다. 특히 하전2리 노인회가 가장 적극적인 자세를 보였다. 노인회 회원들을 중심으로 하여 방제작업이 일정하게 마무리 된 8월(2008년) 이후부터는 매주 토요일 마을회관에 모여 함께 여흥을 즐기고 있었다. 노인회장의 진술에 따르면 이 모임에서는 갈등을 일으킬 만한 이야기는 서로 하지 않기로 약속했으며 잘 지켜지고 있다고 한다. 이러한 모임은 사고이후 소원했던 주민교류를 증대시켜 공동체의 크고 작은 갈등을 치유하는 기능을 수행하고 있었다.

> "지금은 사실 아무것도 할 것 없으니까. 고독을 면하는 거지. 할 일 없는 것도 어렵고, 외로운 것도 어렵고. 노인회 오면 갈등 있는 얘기는 하지 말라고 했으니까. 그건 잘 지키더라고. 부녀회분들도 와서 식사도 도와주고 하니까. 여하튼 모여서 갈등없이 놀자고 하는 것이 가장 으뜸 되는 것이니까"

> "기름피해 당해서 위로금 주는 사람들이 있더라고. 지난 정월 보름 때 처음 윷놀이 한번 했어요. 상품도 사다가 주고, 재미있게 놀고, 먹고. 기름 파동 이후에 회관에서 식사를 많이 했어요. 그전에는 별로 없었는데. 고기 한 근만 사면되니까. 같이 밥해서 한끼식 먹고. 일부러 많이 한 편이예요. 그리고 봄에 노인회에서 단합대회처럼 한 번 놀러 가려고 그래요"

반면에 직업집단의 경계가 뚜렷하고 상대적으로 사회자본의 축적수준이 낮은 월산1리의 경우 주민들 사이의 분파적 결합관계가 나타나

공동체의 통제를 벗어나 개별집단의 이익을 추구하려는 경향이 뚜렷하게 나타났다. 그 대표적인 사례가 사고이후 선주들이 결성한 월산선주영어조합법인이다. 이 조직은 '월산 어민회'를 모체로 한다. 월산 어민회는 월산항 선주들의 친목, 봉사 및 정보교류 등을 목적으로 30여 년 전에 결성된 친목조직으로 '태안군 선주연합회'의 마을조직이다. 그런데 유류유출사고 이후 월산 어민회 소속 회원 일부가 어민회를 해체를 하고 월산선주영어조합법인을 결성하였다. 그러자 일부 선주들은 이에 반발하여 월산선주연합회를 결성한다. 두 조직 모두 월산 어민회를 모체로 하지만 전자는 선주들의 영리추구를 후자는 기존의 월산 어민회와 같은 친목조직이다. 유류유출사고이전에는 하나였던 어민회가 두개의 대립적 조직으로 분화된 것이다.

월산1리의 한 마을지도자는 월산선주연합회를 공동체와 함께 하는 "순수한 어민회"라고 표현한 반면에 월산선주영어조합법인을 "공동체를 탈퇴해 자기들끼리 법인체를 만들어 사업"하려는 집단이라며 불편한 감정을 숨기지 않았다. 월산선주영어조합법인은 어촌계와도 대립각을 세우고 있었다. 어촌계에서 계획하고 있는 중요한 사업 중 하나가 월산항에 수산물판매장을 건립하여 어촌계원들을 위한 일자리를 창출하는 것이다. 그런데 영어조합법인 또한 자체적으로 판매장을 설치하여 법인 조합원들의 이익을 취하겠다는 계획을 갖고 있었다. 선주들은 마을의 핵심지도자들이 사고이후 선주들의 어려움을 제대로 헤아려 주지 못했다고 불만을 토로하였다. 그리고 그 과정에서 "속된 말로 뱃놈" 취급당하면서 자존심에 상처를 입었다는 것이다. 선주들은 어선어업을 하지 않는 마을의 핵심지도자들이 자신들의 입장을 잘 대변해 줄 것이라고 생각하지 않았다.[9] 사고이후 선주들은 법인조직을 만들어 이장 및 어촌계장과 같은 마을의 핵심지도자들과 대립하고 있는 상황이다. 이상의 사례들을 종합해서 볼 때, 사회자본의 축적 수준이 높은 도산도 및 하전2리 주민들이 사회자본의 축적 수준이 낮은 월산1리 주민들에 비해 사고이후 갈등상황을 비교적 잘 조정하고 있다고 볼 수 있다.

그러나 마을의 높은 사회자본이 주민갈등을 완화시키는데 있어 항상 긍정적 효과만을 불러온 것은 아니다. 포르테스(Portes, 1998)는 높은 사회자본이 외부인에 대한 배타성을 강화시키고 성원들에게도 집단의 규범을 강요하기 때문에 개인의 자유를 침해할 수 있다는 부정적 기능을 지적했었다. 도산도 주민들은 높은 인구학적 · 사회경제적 동질성으로 인해 서로 구별되는 소수자 집단이 없으며 인구 규모도 작아서 의견 조율이 비교적 쉽다. 따라서 주류 집단과 소수자들 간의 갈등이 일어날 수 있는 객관적 조건 자체가 형성되어있지 않다. 그리고 월산1리는 상대적으로 인구 규모도 크고 도시적 성향이 강하고 공동체적 규범이 약한 편이다. 따라서 포르테스가 지적한 강한 사회자본의 역기능이 나타나지 않았다. 하지만 하전1리의 경우 높은 사회자본이 갈등의 원인이 되었다. 생계비와 방제작업 참여를 둘러싸고 원주민과 이주민들 사이에 심리적 대립이 나타났다. 그 원인을 원주민의 배타성만으로 설명할 수 없지만 원주민들은 이주민들의 다양한 이주목적과 관계없이 이들을 은퇴자 집단으로 동일시하여 원주민들의 기득권을 주장한

9 선주들은 일단 바다로 나가면 마을일을 위해 조업을 중단하고 육지로 돌아올 수 없으며 새벽에 출어하여 밤늦게 돌아오기 때문에 낮 시간에 이루어지는 행정 업무도 볼 수 없다. 따라서 의도하지는 않았지만 월산1리에는 경제적 지위가 높은 선주들의 입장을 대변할 만한 핵심적인 마을지도자가 없는 상황이다.

측면이 있다. 하지만 신규이주민들의 수가 적고 사고이전에 이주한 주민들은 원주민들과 동등한 지원을 받았기 때문에 갈등이 심화되지는 않았다. 즉 원주민들의 배타성이 이주민들에 대한 실질적 배제로 연결되지는 않았다.

하지만 문제는 삼성과의 자매결연에서 발생했다. 자매결연 여부가 마을회의에 참석한 주민들의 만장일치로 결정되었다고 하지만 "동네주민들이 의결한 일이니까", "좋아서 한 게 아니고 따라 준 거 뿐이여", "삼성하고 자매결연 맺었다고 해서 다 환영하고 그런 건 아니지요"라는 주민들의 구술을 통해 볼 때 개인의 자율적 의견과는 무관하게 마을의 결정에 따라준 측면이 강하다. 특히 연령이 높은 주민들의 경우 반대의견을 갖고 있었음에도 불구하고 마을에서 하는 일이니 따라 줘다는 구술을 쉽게 접할 수 있었다. 즉 주민들의 긍정적 찬성에 따른 결정만은 아니라는 것이다. 다시 말해서 높은 사회자본이 공동체의 결정에 따를 것을 주민들에게 요구함으로써 개인의 의견이 소홀하게 취급됐다. 따라서 자매결연 이후 주민들에게 돌아오는 실질적인 혜택이 없는 반면에 자매결연을 추진한 일부 마을지도자들이 삼성직원들을 상대로 펜션과 식당을 운영하며 소득을 올리자 이에 대해 강한 불만을 드러냈다. 결국 자율적인 논의과정이 부족한 상태에서 내려진 공동체의 결정을 주민들이 수용함으로써 삼성과의 자매결연은 마을지도자 간, 세대 간 그리고 마을지도자와 주민들 사이의 다양한 갈등구도를 만들어 냈다.

도산도와 하전2리의 높은 사회자본은 1차 생계비의 분배방식을 경제적 기준만이 아닌 비경제적 목표를 포함한 공동체적 관계 속에서 결정하도록 유도했으며, 주민들 간의 일상적 교류를 복원시켜 갈등을 해소하려는 움직임으로 나타났다. 도산도에서는 주민관계를 훼손만할 주민갈등이 발생하지 않았으며, 하전2의 경우에도 주민갈등이 크게 폭발하지 않았다. 반면에 사회자본의 축적수준이 낮은 월산1리의 경우 주민갈등이 격하게 진행됐다. 이런 측면에서 보면 사회자본의 축적수준이 높은 마을일수록 주민갈등에 더 큰 복원력을 갖고 있다는 사실을 확인할 수 있다. 그러나 또 다른 측면에서는 하전2리의 경우처럼 높은 사회자본이 집단의 규범을 강요함으로써 개인의 자유로운 의견을 축소하고 또다른 갈등을 유발시키는 부정적 효과도 일부 불러왔다. 따라서 공동체 내부의 갈등만 놓고 본다면 하전2리의 경우 높은 사회자본이 갈등을 완화시킨 동시에 갈등을 불러왔다면, 월산1리의 경우에는 갈등을 완화시킬 수 있는 사회자본이 미약한 관계로 격렬한 주민갈등이 발생한 것이다.

6. 나가며

연구결과 사회자본의 축적 수준이 높은 마을일수록 갈등에 더 강한 것으로 나타났다. 사적이익과 공동체의 공적목표 간의 갈등이 발생했을 경우 사회자본이 이를 조정해 줄 수 있는 사회적 자원으로 작동한다는 측면에서, 도산도와 하전2리의 높은 사회자본이 1차 생계비의 분배과정에 있어 이기적 행동을 억제시키고 자발적 협력을 촉진시키는 방향으로 영향을 미쳤다. 그 뿐만 아니라 사고이후 위축된 일상적인 주민교류를 촉진시켜 공동체 내부의 갈등을 해소시키는 효과를 가져왔다. 반면에 사회자본의 축적 수준이 낮은 월산1리의 경우 직업집단

간에 발생한 격렬한 갈등을 조정할 수 없었으며, 선주들이 새로운 영업법인조직을 결성하면서 갈등이 고착화되어갔다. 하지만 사회자본이 긍정적 효과만을 불러온 것은 아니다. 오히려 하전2리의 경우에는 삼성과의 자매결연 과정에서 마을의 높은 사회자본이 주민들 사이의 자율적 논의과정을 차단하고 마을공동체의 결정을 강요함으로써 주민갈등을 일으킨 측면도 있다. 그럼에도 불구하고 사회자본을 높게 축적한 마을이 주민갈등을 효과적으로 조정하고 있었다.

이러한 주장이 주민갈등과 관련하여 재난관리의 책임자인 정부와 재난발생의 책임자인 기업의 책임에 면죄부를 주려는 의도는 결코 아니다. 이번 사고로 인한 피해주민들 간의 갈등은 재난피해의 일부만이 정부, 국회, 법원과 같은 국가기구의 제도화된 시스템 안에서 제도화되고 나머지 피해들을 시스템 밖으로 내보낸 결과 외부집단과의 갈등이 공동체 내부로 전이된 결과이다(홍덕화 · 구도완, 2009). 즉 국가와 기업이 법적 제도적 영역 안에서 피해주민들의 재난피해가 충분하게 해소하지 못함으로써 한정된 자원을 둘러싸고 피해주민들 간의 경쟁과 갈등을 촉발한 측면이 강하다. 따라서 사고이후 태안 지역사회 내부에 갈등 지향적 마을공동체가 출현한 일차적 책임은 국가와 가해 기업인 삼성에 있다고 할 수 있다. 단지 본 연구의 초점이 마을별로 서로 다르게 나타나고 있는 주민갈등을 마을의 사회자본과의 관계 속에서 설명하는데 초점을 두고 있기 때문에 이와 관련된 부분을 자세히 다루고 있지 않을 뿐이다.

피해주민들은 환경복원 및 경제적 배 · 보상의 영역에서 벗어나 있는 이웃관계의 훼손 또한 재난의 직접적 피해로 인식한다. 현재의 갈등이 자신의 목적 달성을 위하여 상대방을 제거하려는 적대적 갈등은 아니지만 주민관계를 회복하는데 저해되고 있다는 사실만큼은 분명하다. 월산1리에서 평생 거주한 한 촌로는 시간이 지나면서 경제적 문제는 어떻게든 극복할 수 있겠지만 갈등으로 인해 “붕괴된 마을문화는 재생”되기 힘들 것이라 토로했다. 즉 피해주민들의 입장에서 재난복구는 환경적, 경제적 차원뿐 아니라 사회문화적 차원의 복구까지를 포함한다.

환경재난 이후의 어촌공동체

제3장

해녀들이 경험한 유류유출사고

1. 태안의 해녀
2. 문화생태학의 개념과 함의
3. 구포리 해녀공동체의 형성과 물질노동 형태
4. 유류유출사고에 의한 경제적, 사회적, 심리적 영향
5. 나가며

제3장 • 해녀들이 경험한 유류유출사고

1. 태안의 해녀

해녀는 산소공급 장치 없이 잠수한 후 낫 · 호미 · 칼 등의 단순한 도구를 사용하여 조개 및 해조류, 그 밖의 정착성 수산동식물을 포획 · 채취하는 맨몸잠수[裸潛]어업에 종사하는 여성이다. 해녀하면 제주도를 떠올리지만, 역사적 과정을 거치면서 전국 연안과 섬 지역으로 제주해녀들이 이주하고 정착해서 살고 있다. 태안지역 또한 제주도에서 바깥물질 나온 해녀들이 현지 남성과 결혼해서 정착하게 되었으며, 그 대표적인 지역이 소원면 구포리 일대다. 이 마을에는 젊은 시절 제주도에서 바깥물질 나와 정착한 32명의 해녀가 소원면 일대의 마을어장을 포함한 공유 수면에서 전복, 해삼 등을 채취하면서 살고 있다. 현재 태안군에는 가장 많은 해녀가 구포리에 거주하고 있다.

해녀는 작업 장소가 바다라는 측면에서, 그리고 채취한 자연물 자체가 시장에서 직접 교환 가능한 상품이라는 측면에서 해양생태계에 강하게 종속되어 있다. 그뿐만 아니라 '물질'은 기본적으로 경제적 행위지만 오랜 시간 바다속에서 체득한 신체화된 몸의 기술이라는 측면에서 해녀는 바다와 심리적 유대감이 강한 집단이다. 즉, 해녀는 어떠한 직업 집단보다 바다환경과 밀착된 삶을 산다. 문화생태학의 관점에서 본 다면 이들의 삶은 자연의 순환과정에 토대를 두고 있다고 볼 수 있다. 따라서 환경오염 혹은 환경변화로 인해 생물학적 순환과정이 붕괴된다면 그 순환과정과 깊게 연결된 해녀들의 사회적 삶 또한 붕괴되고 만다. 환경과 문화 간의 상호작용을 통해 문화의 적응, 수정, 진화과정을 설명하려는 문화생태학은 생물학적 순환과정과 문화적 순환과정이 통합된 해녀공동체가 유류유출사고로 인해 어떠한 재난영향을 받았는지를 이해하는데 유용한 이론적 자원을 제공해 줄 수 있다. 이 글에서는 문화생태학적 관점에서 환경오염에 취약한 해녀들이 유류유출사고 이후 어떠한 재난영향을 받았는지를 경제적, 사회적, 심리적 영역으로 나누어 살펴 볼 것이다.[1]

1 이 글의 이해를 돕기 위해 해녀와 관련된 용어를 다음과 같이 정리한다. '물질'은 해녀들이 바다에 들어가 해산물 및 해조류를 채취하는 노동을 지칭하며, '바당'은 제주도 방언으로 물질이 이루어지는 특정한 바다 혹은 어장을 뜻한다. '바깥물질'은 해녀 자신의 거주지가 아닌 다른 지역으로 이동하여 하는 물질로 계약한 작업 기간이 끝나면 다시 자신의 거주지로 돌아가는 형태의 물질을 의미한다. 그리고 지방해녀는 주로 그 지역출신 해녀를 가리키는 용어로 제주출신 해녀와 구분하기 위하여 사용하지만, 구포리 해녀들은 출신 지역과 관계없이 구포리에 정착한 해녀들을 지방해녀라고 부르고 있어 구포리 해녀들의 관행에 따라 그 용어와 의미를 그대로 사용하였다. 객지해녀라는 용어는 구포리 해녀들이 제주도 및 기타 지역에서 바깥물질 온 해녀들과 자신(지방해녀)들을 구분하기 위해 사용했다.

2. 문화생태학의 개념과 함의

환경과 문화의 관계에 관한 최초의 주요한 논의는 환경이 기계적으로 문화를 결정한다는 환경결정론에서 시작했다. 고대 희랍의 의학자인 히포크라테스는 기후와 민족성 사이에 인과관계가 존재한다고 보았으며, 16세기 프랑스 정치철학자 장 보댕 같은 이는 환경요인과 정치제도 사이의 인과성을 주장했다. 이러한 환경결정론은 19세기 말 지리학자이자 민속학자인 프리드리히 라첼, 20세기 초 지리학자이자 기상학자인 엘즈워즈 헌팅턴 등에 의해 체계적인 가설로 발전했다. 반면, 20세기 초 미국 문화인류학의 형성을 주도한 프란츠 보아스와 그의 제자인 앨프레드 크로버 등은 환경은 제한적인 요소일 뿐이라면서 문화를 환경요인으로 설명하려는 접근을 거부했다(김용환, 2009: 18-27; Sutton and Anderson, 2010: 15). 이는 환경이란 문화에 의해 이용되는 재료일 뿐, 문화를 형성하거나 설명하는 데 필수적인 요인이 될 수 없다는 환경가능론의 입장이라고 볼 수 있다(Kroeber, 1915; 김용환, 2006: 28; 전경수, 1997: 9). 환경가능론은 환경과 인간의 관계에서 인간의 능동적인 능력을 중시했지만, 이 둘 사이의 상호작용을 완전히 부정했던 것은 아니다. 환경가능론의 관점 속에도 환경과 문화간의 약한 상호관계는 존재했으며, 이 둘 사이의 인과적 관계에 관한 체계적 연구는 크로버의 제자인 줄리안 스튜어드에 의해 진행되었다. 1930년대 후반부터 스튜어드는 문화의 생태학적 측면을 부각시키는 방법으로 환경과 문화 사이의 상호작용을 설명하는 인류학적 이론으로 문화생태학을 주장했다.

스튜어드의 문화생태학은 인간 문화를 생태학적 적응의 창조적 과정으로 이해한다는 측면에서 기존의 환경결정론이나 환경가능론과 구분된다. 스튜어드(2007: 62)의 문화생태학은 생태학의 핵심 개념인 '생물종의 환경에 대한 적응'을 문화연구에 통합한 것으로 '환경에 대한 문화의 적응'을 설명하려 했다. 따라서 문화생태학에서 문화는 곧 환경에 대한 인간사회의 적응양식이다. 특히 스튜어드는 문화요소를 문화핵(culture core)인 생계경제 부문과 2차 문화요소인 사회제도 및 이념체계로 구분한 후, 문화 핵인 생계경제와 환경 간의 상호작용을 중시하였다. 스튜어드는 쇼쇼니 인디언과 푸에르토리코의 농민문화를 설명하는 경험적 연구에서도 문화 핵에 초점을 맞추어 자신의 이론이 지닌 장점을 확인하고자 했다.

스튜어드는 미국 서부 대분지(the Great Basin)에 거주하는 쇼쇼니 인디언의 '가족수준의 사회문화적 통합'이 척박한 자연환경에 적응한 생계경제에 있음을 증명했다. 쇼쇼니 인디언은 수렵채집 생활을 하지만 사냥꾼이라기보다는 식물의 열매나 뿌리, 작은 동물이나 설치류, 곤충, 유충 등을 채집하는 채집자라고 할 수 있다. 이 지역은 척박한 자연환경으로 인해 영구적인 정주(취락)를 위한 충분한 식량자원을 확보할 수 있는 지역이 없다. 따라서 쇼쇼니 인디언들은 수렵채집경제의 최소단위인 핵가족을 중심으로 식량을 찾아 끊임없이 이동생활을 한다. 때때로 친족관계를 맺고 있는 다른 가족들과 수렵채집 집단을 구성한다 하더라도 2~3가족 수준을 넘지 않는다. 전형적인 쇼쇼니 인디언 가족은 일 년의 80~90%를 가족단위로 독립적인 생활을 하며 문화의 전승 및 학습 또한 가족단위로 수행된다. 스튜어드는 쇼쇼니 인디언들의 가족수준의 사회문화와 그 재생산 과정을 그들이 처한 척박한 자연환경에 대한 독특한 문화적 적응양식임을 주장했다(스튜어드, 2007: 139~150).

쇼쇼니 인디언에 관한 연구가 문명 세계와 거리를 둔 집단에 관한 문화생태학적 접근이라면, 푸에리토리코 농민문화에 관한 연구는 산업화의 영향을 받은 농민집단에 관한 문화생태학적 접근이다. 스튜어트는 농촌지역 마다 다른 자연환경으로 인해 서로 다른 농작물을 재배하며 그로 인해 서로 다른 하위문화가 형성된다고 보았다. 그는 자급용 식량과 환금작물인 담배를 함께 경작하는 지역과 커피 플랜테이션 지역의 농민문화를 비교했다. 당시 담배 경작은 좁은 면적에서 다른 작물과 윤작 할 수 있으며 값비싼 농기계를 필요로 하지 않았다. 따라서 담배는 소농들도 쉽게 참여하여 현금 수입을 얻을 수 있는 작물이었다. 이들은 식량을 자급하고 있었기 때문에 임금으로 식량을 구입해야 하는 단일작물 재배지역의 농민들 보다 더 안정적으로 생계를 유지할 수 있었다. 따라서 소농이나 소작인들도 담배경작을 통해 벌어들인 현금으로 소규모 토지를 구입하여 경제적 상향이 이동이 가능했으며, 그로 인해 개인적 노력을 강조하는 가치성향과 함께 지주들로부터 독립적인 경제적, 정치적, 사회적 태도를 갖게 되었다.

반면에 커피 재배는 높은 자본투자가 필요하기 때문에 가난한 농민들의 환금작물이 될 수 없었다. 따라서 농장주와 농민은 여전히 전형적인 가부장적 상호의존 관계를 유지하고 있었다. 농장주는 농민들에게 식량을 재배할 수 있는 생계용 토지를 제공했으며 농민들의 개인적인 일에 관여하거나 생활을 보살피기도 했다. 그 대신 농민들은 무보수로 농장주에게 용역을 제공한다. 농장주와 농민 사이의 관계는 호혜적이지만 평등한 관계는 아니었으며 경제적, 정치적, 사회적 사안에 관해서도 농장주의 리더십에 의존했다. 또한 담배경작 농민들처럼 경제적 상승 기회를 갖지 못했기 때문에 개인적인 노력에 대해서도 큰 가치를 두지 않았다(스튜어드, 2007: 287~292). 스튜어드는 서로 다른 자연환경에서 재배되는 담배와 커피라는 생계작물을 핵심변수로 하여 푸에리토리코 농민문화의 차이를 설명하고 있다. 물론 발달된 푸에리토리코 농민사회보다 단순한 쇼쇼니 인디언 사회에서 환경이 문화에 미치는 영향이 직접적으로 잘 드러나지만, 마빈 해리스의 표현처럼 스튜어드의 문화생태학은 환경과 문화의 상호작용이 어떻게 인과적으로 연구될 수 있는지를 명료하게 보여준다(조승연, 2007).

그러나 스튜어드의 문화생태학은 환경과 문화의 기능적 관계에 있어 생계경제 부문에만 집중한 나머지 환경개념을 식량자원 및 농작물과 밀접하게 연관된 기후, 지형, 식생 등으로 한정하여 환경의 다양한 요소를 고려하지 못했다는 비판을 받았다. 그뿐만 아니라 생계경제와 동떨어진 것으로 보이는 2차 문화요소인 종교 의례 및 관습 등이 담고 있는 생태학적 의미를 해석하지 못했다는 비판도 받았다. 이후 스튜어트의 협소한 환경개념 대신 생태학의 생태계 틀을 적용하고, 2차 문화요소가 담고 있는 생태학적 의미에 관한 연구들이 진행되었다(김용환, 2006: 84~86). 하지만 이러한 비판은 스튜어드의 문화생태학을 이론적으로 파괴하려는 것이 아니라 재구성하고 완성하려는 작업의 일환으로 진행된 것이다. 스튜어드가 강조한 생계경제 부문과 환경 사이의 상호작용만으로 한 사회를 환원하여 설명할 수는 없지만, 문화생태학은 문화와 환경 간의 상호관계뿐 아니라 문화 자체를 이해하는데 효과적인 방법을 제시하고 있는 것 또한 사실이다.

환경과 문화의 상호연계는 자연자원에 의존도가 높은 수렵채집·농어촌공동체 등과 같은 자연자원의존 공동체에서 뚜렷하게 나타나는 경향이 있다(Dyer, Gill and Picou, 1992). 즉 문화적 복합성이 증대된 산업화된 사회보다 더 단순한 사회에서 문화의 생태학적 영향이 명료하게 관찰될 수 있다는 것이다. 본 연구의 분석 대상인 해녀들 또한 작업 장소가 바다라는 점, 인공적인 산소공급 장비도 없이 단순한 도구를 사용하여 노동을 한다는 점, 그리고 채취한 자연물이 시장에서 직접 교환이 가능한 상품이라는 측면에서 바다환경과 공생관계를 통해 문화의 생산과 재생산이 이루어진다. 즉 문화생태학적 시각에서 본다면 유류유출로 바다환경이 오염될 경우 이들의 삶 또한 붕괴될 가능성이 높다. 문화의 생태학적 수용과 적응과정을 부각시키는 문화생태학은 역으로 바다 환경오염이 해녀들의 삶에 미친 재난영향을 밝히는 본 연구에 유용한 지침을 제공한다.

3. 구포리 해녀공동체의 형성과 물질노동 형태

1) 형성과정

구포리 해녀들의 정착과정은 제주해녀의 바깥물질의 역사 속에서 이해될 수 있다(〈표3-1〉 참조). 제주해녀의 바깥물질은 1887년 부산 영도에 간 것을 시초로 들 수 있지만 본격적인 출발은 일제강점기에 들어오면서다. 당시 바깥물질이 활발했던 이유는 일본인 잠수기업자들의 진출로 인해 제주도 인근 어장이 황폐해져 생산성이 급격하게 떨어졌을 뿐만 아니라 해산물 수요 및 상품가치 상승으로 인해 물질노동이 경제적 가치를 인정받았기 때문이다(권민숙, 2008). 바깥물질이 절정에 이르던 1932년에는 제주도 전체 해녀조합원 8,862명의 57%인 5,078명이 바깥물질을 나갔을 정도로 제주도 해녀들에게 바깥물질은 일반적인 관행으로 자리 잡았다(박찬식, 2006; 김영돈, 1999).

<표3-1> 제주해녀 바깥물질의 역사적 전개과정

구분	시기	원인	입어권	지역
바깥물질 모색기	1887~1910 이전	- 일본인 잠수기업자 진출로 인한 어장황폐화 - 물질노동의 경제적 가치 인정	자유입어관행 인정	경남지역을 중심으로 출가, 일부는 일본으로 출가.
바깥물질 확산기 바깥물질 확산기	1910~1945	- 일본인 잠수기업자 진출로 인한 어장황폐화 - 물질노동의 경제적 가치 인정	지유입어관행 인정	한반도 전역 및 일본, 일부는 대련, 청도, 블라디보스톡 등.
	1946~1961	- 해녀 수의 증가에 따른 제주도 어장 축소 - 소득증대	자유입어관행 인정 (경남 일부 지역에서 거부)	한반도 중남부 지역
바깥물질 축소기	1962~현재	- 1962년 수산업법의 제정 - 제주도 내 감귤농업 및 관광산업 성장	어촌계원으로 한정	한반도 중남부 지역

해방 이후에도 바깥물질의 필요성은 사라지지 않았다. 해녀 수가 증가하면서 제주도 인근의 어장만으로는 이들을 다 수용할 수 없었다(권미숙, 2008). 여기에 육지에서는 여전히 잠수기술이 희소했기 때문에 제주도에서 물질하는 것보다 바깥물질을 다니는 편이 수입 면에서도 더 나았다. 1960년대 초반까지 매년 3천 명 이상의 제주해녀가 바깥물질을 다녔다(권미숙, 2008). 하지만 1962년 개정된 「수산업법」에 의해 어촌계가 성립되고 연안 어장에 대한 입어권을 연안 어민들이 독점하게 되면서 해녀들의 자유로운 입어가 제한받게 됐다. 그 이전에도 연안 어민과 해녀 간의 어장분쟁이 없었던 것은 아니지만, 입어료만 내면 국

내 어디서든 자유롭게 입어할 수 있는 입어관행을 인정받아왔다. 하지만 어촌계가 입어권을 독점하면서 해녀들의 입어가 제한받게 된다. 따라서 자연스럽게 바깥해녀 수도 줄어들었고 육지지역에서 물질을 계속하기 위해서는 현지에 '정착'하는 수밖에 없었다(안미정, 2006b; 오선화, 1999).

구포리 지역에 제주해녀가 정착하기 시작한 것은 해방 전으로 거슬러 올라간다. 자신의 큰 아버지가 해녀사업(선주)을 했다는 한 마을주민의 구술에 따르면 해방 전부터 바깥물질 나온 제주해녀 중의 일부가 제주도로 돌아가지 않고 마을에 정착했다고 한다. 하지만 구포리 지역 역시 본격적인 정착은 1960년 이후인 것으로 보인다. 바깥물질을 나온 제주해녀들이 정착하게 된 직접적인 계기는 현지 남성과의 결혼 때문이었다. 해녀들의 구술에 따르면 "남자들의 꼬임에 넘어가 연애결혼을 많이 했다"고 한다. 하지만 이러한 낭만적인 구술의 이면에는 경제적인 동기가 강하게 자리 잡고 있었다. 우선 "옛날에는 제주도가 살기 굉장히 곤란했다", "제주도가 지금처럼 살면 뭐 하러 여기 나와"라는 해녀들의 구술에서 확인할 수 있듯이 제주도의 열악한 경제적 조건이 이들을 육지로 밀어내는 요인으로 작용했다. 그리고 또 다른 경제적인 이유는 현지 남성과 결혼하면 마을어장에 입어할 수 있는 자격을 자연스럽게 획득할 수 있었기 때문이다. 앞서 언급했듯이 1962년 수산업법 제정 이후 어촌계가 마을어장에 대한 배타적 권리를 갖게 되면서 해녀들의 입어가 엄격하게 제한되었다. 하지만 현지 남성과의 결혼을 통해 분가하면 어촌계원 자격을 획득할 수 있었으며 잠수기술의 희소성 때문에 주변 다른 어촌계의 마을어장까지 입어할 수 있어 더 많은 노동기회 및 소득을 확보할 수 있었다.

구포리 주변의 풍부한 어장환경은 해녀들의 이러한 경제적 요구를 충족시켜 주었다. 마을에 정착한 해녀들은 태안바다를 상품가치가 높은 전복을 많이 채취할 수 있는 황금바다로 묘사했다. 경남 및 전남지역의 미역채취에 비해 수익성이 더 좋았으며 같은 전복이라도 남부지방보다 서울과의 지리적 거리가 가까워 더 싱싱한 상태로 출하할 수 있어 높은 가격을 받았다고 한다. 소원면 해녀영어조합의 대표 해녀의 구술에 의하면(2008년 기준), 물질하고 있는 해녀는 32명, 고령 및 건강상의 이유로 물질하지 못하는 해녀까지 포함하면 구포리 인근에 50여명의 해녀들이 거주하고 있다.

2) 물질노동의 형태

물질노동의 형태는 지역별로 약간의 편차가 있지만 제주형과 육지형으로 나누어 볼 수 있다. 해녀들의 물질작업은 마을어장이 아닌 공유수면에서 이루어지는 경우도 있지만 일반적으로 마을 어촌계가 배타적 권리를 갖는 마을어장에서 이루어진다. 해녀들의 물질은 수심 15미터 이내의 수중에서 이루어지기 때문에 해안에 인접한 마을어장과 대체로 일치한다(안미정, 2005). 마을어장은 이동거리가 짧고 어촌계의 지속적인 치패 사업과 감시활동을 통해 자원을 관리하고 있어 해녀들이 선호하는 물질공간이다.

제주도의 경우 마을어장에서의 물질은 입호제도에 기초하여 어촌계원인 마을해녀만으로 엄격하게 입어가 제한되는 반면, 육지의 경우 다른 마을어장이라도 어촌계 및 선주와의 계약을 통해 자유롭게 입어할 수 있다. 이러한 이유는 육지지역이 제주도에 비해 전체 어장규모가 크고 잠수기술 또한 희소하기 때문이다. 제주도는 자신이 속한 어촌계의 마을어장으로 물질공간이 한정되지만, 육지지역은 자신이 속한 어촌계의 마을어장과 함께 인근의 다른 마을어장에서도 물질이 가능하다.

<표 3-2> 물질노동 형태(제주형과 육지형의 비교)

구분	제주도형	육지형
어장소유	어촌계	어촌계
작업공간	마을어장	마을어장, 임대어장
입어자격	입호제도	입호제도(마을어장) 계약관계(임대어장): 어촌계 - 선주 - 해녀. 어촌계 - 해녀
노동형태	공동노동	공동노동, 고용노동
해녀구성	제주해녀	제주해녀, 지방해녀

제주도의 경우 모든 물질은 공동노동 형태를 보인다. 즉 어촌계 및 해녀들의 노동조직인 잠수회가 채취시기, 어획물의 종류와 크기 등을 엄격하게 규제하며 어촌계와 해녀가 일정한 기준에 따라 수익금을 배분한다. 하지만 이러한 규제가 어촌계 또는 잠수회와 해녀 간의 고용-피고용 관계를 의미하는 것은 아니다. 그러나 육지의 경우 공동노동과 함께 제주도에서는 거의 찾아볼 수 없는 해녀들의 고용노동화 현상이 뚜렷하게 관찰된다. 즉 해녀들이 인근 어촌계로부터 바다를 임대한 선주에게 일정 기간 고용되어 물질을 한다(안미정, 2006b). 정해진 급여를 받는 것은 아니지만 선주와 해녀 간에 고용—피고용관계가 성립되어 고용기간 동안에는 다른 선주의 배를 탈 수 없다. 또한 해녀들이 직접

노동조직을 만들어 어촌계와 직접 계약을 맺기도 한다(오선화, 1999). 해녀들 입장에서는 보면 계약관계를 통해 다른 마을어장에 입어할 수 있는 기회를 갖게 되고, 어촌계 입장에서는 육지에서는 희소한 물질기술을 확보할 수 있어 안정적으로 어장운영을 할 수 있다. 현재 구포리 지역에는 다섯 명의 선주가 있는데 이들은 모두 제주출신 해녀들로 채취한 수산물의 원활한 판매를 위해 수산상회 및 식당 등을 같이 운영하고 있다. 상황에 따라 바뀌기는 하지만 이중 세 명의 선주는 지방해녀를 두 명의 선주는 객지해녀를 주로 태운다.

<표 3-3> 구포리 해녀사업 현황(2008년 기준)

<table>
<tr><th>선주</th><th>구성</th><th>작업장</th><th>계약관계</th><th>판매</th></tr>
<tr><td>○○수산</td><td>지방해녀</td><td rowspan="3">소원면 일대 마을어장, 공유수면</td><td>어촌계 - 해녀(영어조합법인)</td><td>△△수산</td></tr>
<tr><td>○○수산</td><td>지방해녀</td><td>어촌계 - 해녀(영어조합법인)</td><td>△△수산</td></tr>
<tr><td>○○수산</td><td>지방해녀</td><td>어촌계 - 해녀(영어조합법인)</td><td>△△수산</td></tr>
<tr><td>○○수산</td><td>제주해녀</td><td rowspan="2">소원면 이외의 마을어장, 공유수면</td><td>어촌계 - 선주 - 해녀</td><td>△△수산</td></tr>
<tr><td>○○수산</td><td>제주해녀</td><td>어촌계 - 선주 - 해녀</td><td>△△수산</td></tr>
</table>

2001년에「소원면 영어조합법인」을 결성하기 이전까지는 어장 계약의 주체는 개별 선주들이었다. 하지만 조합이 결성된 이후 계약 주체가 영어조합법인이 되었다. 그렇다고 해서 채취한 해산물의 처분권을 영어조합이 갖는 것은 아니다. 물건에 대한 처분권은 실질적으로 물질작업을 추진하는 선주들이 갖고 있으며 개별 해녀들은 고용된 입장에서 본인이 채취한 물건의 반을 인건비로 받는다. 그리고 지방해녀들을 태운 배만이 소원면 마을어장에서 작업할 수 있기 때문에 객지해녀들

을 태운 선주들은 개별적으로 소원면 이외의 어촌계와 계약을 맺어 물질공간을 확보해야 한다. 즉 지방해너와 객지해녀는 물질공간이 서로 분리되어 있다.

[그림3-1] 어촌계, 선주, 해녀간의 수입 분배 구조

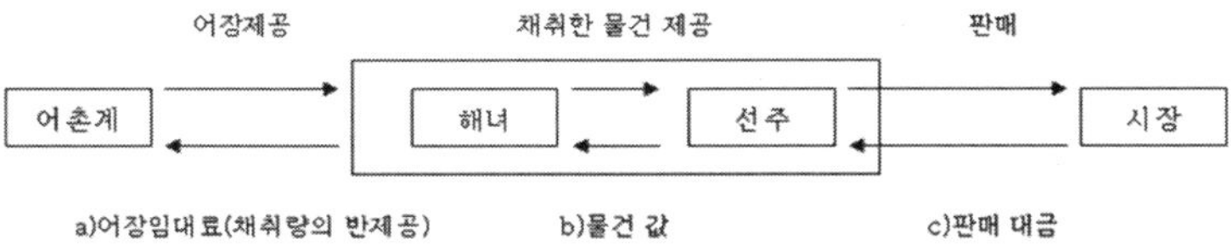

해녀들은 채취한 수산물의 반을 어장임대료(입어료)로 지불하고 남은 반이 자신의 수입이 된다([그림3-1] 참조). 채취한 물건은 개별적으로 판매하지 않고 선주들을 통해 일괄 판매된다. 직접 소매하는 것보다 물건값을 덜 받지만 판매책임과 경비를 선주들이 부담하기 때문에 개별 해녀들의 입장에서 보면 편리한 측면이 있다.

4. 유류유출사고에 의한 경제적, 사회적, 심리적 영향

1) 바다환경의 오염: 경제적, 사회적, 심리적 영향의 출발

유류유출사고 이전 구포리 해녀들의 작업장은 의항, 천리포, 만리포, 구포리, 어은돌과 파도리에 이르는 태안군 소원면 서쪽 마을어장이었다(〈그림3-2〉 참조). 이 지역은 이번 유류유출사고로 인해 가장 심각한 환경피해를 입은 지역으로 모든 마을어장이 오염되었다. 해녀들의 물질

작업이 수중 15m이내에서 이루어지기 때문에 수심이 낮은 마을어장의 오염은 물질바당의 완전한 상실을 의미한다.

사고 발생 4년 4개월이 지나면서 겉으로 보기에는 바다환경이 정상을 찾은 것처럼 보인다. 대규모 자원봉사자들의 도움으로 눈에 보이던 유류띠가 신속하게 제거되었고, 이후 진행된 정부의 방제작업과 자연적인 정화과정을 통해 손상된 환경이 정상으로 돌아간 듯하다. 국제유류오염보상기금(이하 IOPC기금)측은 유류유출사고 발생 이듬해인 2008년 9월, 태안 바다가 예전과 같은 모습으로 되돌아왔다고 판단했다. 이를 기준으로 IOPC기금은 피해배상액 기간을 2007년 12월 7일에서 2008년 2월 29일까지 그리고 피해가 심한 일부 지역은 2008년 6월 30일까지만 인정하고 있다. 정부 또한 2010년 11월 국토해양부가 발표한 자료에 통해 해수오염 정도를 나타내는 해수 수질이 사고이전 수준으로 회복되었으며, 퇴적물 유류오염 농도 또한 지속적으로 감소하고 있다고 발표하였다. 다만, 생태계 회복정도를 나타내는 서식생물의 개체 및 군집이 조사지역별로 차이를 보인다고 지적하였다. IOPC기금과 정부 측의 발표가 다소 차이가 있지만, 바다환경이 빠른 속도로 정상을 찾아가고 있다는 점에서는 서로 일치한다. 하지만 IOPC기금과 정부측의 이러한 주장은 해녀들이 현장에서 느끼는 오염의 회복 정도와는 큰 괴리가 있었다.

수심이 낮은 소원면 마을어장의 현재 오염상태를 해녀들은 "해초조차 살 수 없는 백(白)바다"로 묘사했다. 즉 해초가 부착하여 성장하는 바다 속 암석(돌)들이 하얀색으로 탈색되어 버렸다는 것이다. 해초가 없다는 것은 구포리 해녀들의 주요 채취물인 전복과 해삼이 산란하고 성장할 수 있는 생태적 환경이 붕괴되었다는 사실을 뜻한다. 그리고 해녀들은 그 원인으로 사고초기 과도하게 사용된 유화제를 지적했다.

> "(면접자: 현재도 바다 상태가 좋지 않나요?)그럼요. 바다가 그때부터. 유화제를 많이 뿌렸기 때문에 전복, 해삼이 산란을 못 해. …바다가 하얀 백(白)바다가 됐어요. 유화제 뿌렸기 때문에…그전에는 파래, 톳 이런 해초가 많았지요. 지금은 그런 것이 별로 없어. 그런 것이 많이 나야 전복 같은 것도 산란을 하죠. …해초에다 산란을 해. 그것이 커 가면서 더 깊은 바다로 내려앉는데. 바다가 오염되어 해초가 없기 때문에 산란을 못 해요. 그렇기 때문에 기름유출 이후 해녀들이 많은 고통을 받았지요."

> "바다가 상태가 형편없어요. 바다가 말도 못 해, 오염이 돼 가지고. 첫째 유화제를 뿌리고 해서 돌이 다 섞었어. …정부가 우리처럼 (바다에)들어가면 아 이렇게 됐구나 할 텐데. 그것을 우리밖에 모르잖아. 우리밖에. 암만 이야기해도 인정을 안 해. …물은 좋아졌는데 그 밑에는 별로예요."

유화제 사용의 문제점은 사고 초기부터 환경운동단체를 중심으로 꾸준히 제기되었다. 즉 유화제는 유류를 바닷물에 녹여 희석시키는 데 이것이 오히려 바닷물의 독성을 높여 물고기 및 플랑크톤과 같은 미생물의 성장을 저해한다는 것이다. 현재 소원면 앞바다의 황폐화 현상이 유화제 사용에 의한 것인지 아니면 다른 원인에 의한 것인지 과학적으로 밝혀지지 않았다. 하지만 사고초기 소원면 일대를 중심으로 유화제가 집중 살포 됐다는 것, 그리고 사고발생 4년이 지났음에도 바다 속의 회복 상태가 더딘 것 또한 분명한 사실이다. 해녀들은 전복과 해삼의 산란 장소이자 먹이인 해조류의 소멸로 인해 전복과 해삼의 생물학적 순환과정이 붕괴되었다고 보고 있었다. 따라서 해녀들은 사고이후 정부에서 실시하고 있는 전복과 해삼의 치패사업이 앞뒤가 바뀐 정책이라고 비판했다. 즉 오염된 바다를 정화한 후 치패를 뿌려야 원하는 효과를 얻을 수 있는데, 오염된 바다는 그대로 두고 치패를 뿌리고 있어 전복과 해삼이 원활하게 산란하고 성장하지 못하고 있다는 것이다. 결국 해녀들의 입장에서 보면 환경오염은 여전히 현재 진행형이다.

2) 경제적 영향

물질노동의 축소와 소득 감소

유류유출사고로 인해 구포리 해녀들의 중요한 작업공간인 소원면 서쪽 마을어장이 모두 오염되어 버렸다. 마을어장의 오염은 물질작업을 크게 축소 혹은 중단시켜 버렸다. 유류오염이 수산업에 미치는 해로운 영향은 조간대 및 수심이 얕은 수역에서 장기간 지속되는 경향이 있을 뿐 아니라 지느러미가 있어 이동성이 좋은 어류보다는 움직임이 적은 패류에 더 치명적이다(클라크, 2003: 127). 물론 오염되지 않는 공유수면으로 가서 물질을 할 수 있지만 이는 해녀들이 선호하는 물질바당이 아니다. 왜냐하면 마을어장이 거리도 가깝고 어촌계에서 지속적인 치패사업을 통해 해

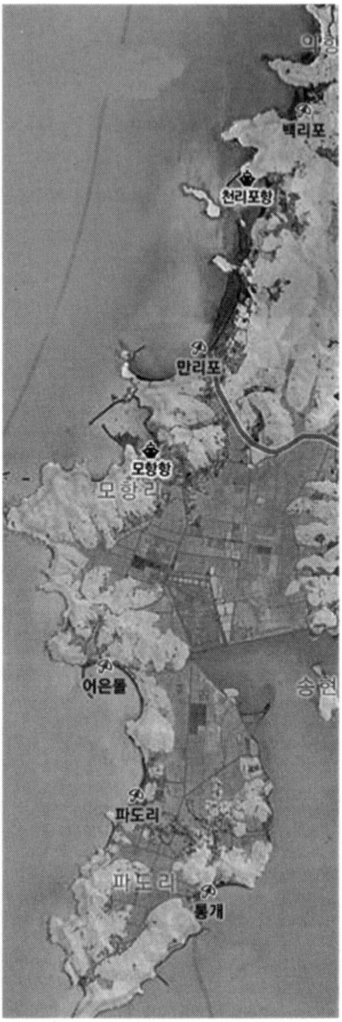

[그림3-2] 구포리 해녀들의 물질바당
출처: 다음(Daum)지도

양자원을 관리하고 있어 생산성이 높기 때문이다. 그리고 어촌계의 마을어장이 확장되면서 작업할 수 있는 공유수면이 줄어든 것도 한 이유로 들 수 있다. 소원면 마을어장이 오염되었다고 해서 구포리 해녀들이 태안군 관내의 다른 마을어장을 자유롭게 입어할 수 있는 것도 아니다. 태안 해녀들의 작업공간은 오랜 시간동안 관행적으로 구분되어 왔기 때문에 오염 피해가 적은 남쪽의 안면도 및 신진도 지역은 그곳 해녀들이 물질공간이다.

유류유출사고 이전 구포리 해녀들은 4월 초·중순경 물질을 시작해서 12월경에 마무리하는데 하루 평균 4~5시간을 작업했다고 한다. 7월까지는 전복과 해삼, 7월 이후부터는 해삼이 나오지 않기 때문에 주로 전복만을 채취했다. 유류유출사고 직후 해녀들은 마을주민들과 함께 방제작업에 참여하다가 방제작업이 일정하게 마무리된 5월 초(2008년)부터 물질을 나가기 시작했다. 그러나 오염이 심한 소원면 내의 마을어장에서는 물질을 할 수 없기때문에 오염피해가 없는 학암포, 안면도 등의 공유수면으로 물질을 나갔다. 마을어장을 제외한 공유수면은 어촌계의 배타적 권리와 무관하기 때문에 별도의 입어료 없이 자유롭게 물질작업이 가능한 곳이다. 사고이전에는 소원면내 마을어장에 입어할 수 없었던 객지해녀 배들이 주로 작업했던 바당이다. 지방해녀에게 공유수면은 "마을어장에서 열 번 물질하면, 공유수면에 한 번 물질"을 갔을 정도로 주요한 작업공간이 아니었다.

사고 이전에는 지방해녀와 객지해녀간의 물질바당이 분리되어 있어 두 집단 간의 일정한 공존이 가능했다. 하지만 유류오염으로 마을어장에서 작업할 수 없게 되면서 지방해녀들도 공유수면에서 물질을 하게 되었다. 결국 많은 해녀들이 같은 바당으로 한꺼번에 몰리면서 경쟁이 치열해지고 수입도 큰 폭으로 줄어들었다. 2008년 당시 많을 때는 7~8척의 배들이 모여다고 한다. 한 배당 7명 정도만 탄다고 보아도, 49~56명의 해녀가 한꺼번에 협소한 공간에 몰린 것이다. 따라서 4~5시간 힘들게 물질해 봐야 2~3만 원 벌이밖에 안되어 2008년도에는 한 달에 50만원 벌기도 힘들었다.

해녀들의 수입은 물질의 숙련도뿐 아니라 체력과 밀접하게 연관되어 있어 체력이 떨어지는 시점부터는 수입이 감소하는 경향이 있다. 그럼에도불구하고 65세 이상의 해녀들도 사고 이전에는 한 달에 200만 원에서 250만 원 정도의 수입을 올렸던 점을 감안하면 사고이후 소득의 감소폭이 상당하다고 볼수 있다. 그뿐만 아니라 바당의 이동은 이동거리를 증가시켰다. 과거 15~30분 이내였던 이동시간이 1시간 많을 때는 2시간이 소요된다. 때문에 선박운영 비용 늘어나고 육체적 피로 또한 더욱 가중되었다.

> "대략 한 달에 한 이백 정도 벌었지. 사람에 따라 다른데 많이 버는 사람은 삼백까지 벌고, 못 버는 사람은 백에서 백 오십 정도 벌고, 보통 이백에서 이백 오십은 벌었지. 잘 버는 사람은 기술도 좋고, 젊고 그런 사람들이지. 우리 같은 늙은 사람들은 병들어서 눈도 어둡고, 숨도 가쁘고 해서 많이 못 잡아. 젊은 사람들 절반이나 하지. 그런데 지금은 한 달에 50만 원 정도 벌어. 잘 버는 사람은 한 칠팔십. 많으면 백만 원. 못하는 사람은 사십만 원…작년(사고이전)하고 올해하고는 많이 다르지… 오늘도 전복 잡았어. 이만 원어치, 다섯 시간 헤매고 이만 원어치 번거야. 일할 장소가 없으니까. 일할 바당이 아주 줄어 가지고, 학암포, 안면도 그쪽에 공유지(공유수면) 있는데 그쪽으로 가지. 사람들 다 거기로 와, 맨 날 가는데 또 가고, 또 가고"

> "기름 사고 나서 아주 소용없게 됐지. 돈을 못 벌지, 못 벌기만 혀. 작년에 이천만원 벌었다면 올해는 천만 원도 못 해. 기름사고 전에는 관

광객들이 전복 먹으로 평일에도 왔거든. 근데 주말에도 이제 오지 않아. 지금 내가 데리고 있는 해녀가 일곱, 여덟 되거든. 해녀들이 만약 5킬로 전복을 잡아도 그걸 다 못 판다니까. 그래서 죽는 게 반이야. 손님이 없어. 물건도 없지, 판로도 없지. 해녀들이 이렇게 힘들지. 기름사고 때문에 바당도 없고. …전복 5킬로 잡으려고 두세 시간 저 먼 곳으로 나가. …홍합 따러. 왕복 다섯 시간이 걸린다고. 기름사고 전에는 이 앞바다가 다 양식장이고 가까운데서 했는데 이제는 멀 리가. 멀리 가도 돈도 못 벌고…진짜 힘들지"

소원면 마을어장에서 물질작업을 재개한 2009년 6월 이후에도 이러한 사정은 크게 달라지지 않았다. 바다 환경의 황폐화로 인해 여전히 해조류가 자라지 못하고 있으며, 그로 인해 전복과 해삼의 생물학적 순환과정에 균열이 발생했다. 특히 구포리 해녀들의 주요 수입원인 전복은 치패를 바다에 뿌려 자연 상태에서 자라는 것은 채취하는 자연산 전복이다. 따라서 전남 완도지역에서 대규모로 행해지고 있는 가두리 양식에 비해 전복의 성장 속도가 더딘 편이다. 어장환경에 따라 전복의 성장 속도가 달라질 수 있지만, 구포리 해녀들의 구술에 따르면 태안 앞바다에서는 산란 후 3년은 자라야 상품성 있는 전복을 채취할 수 있다고 한다. 전복은 늦가을에서 초겨울 사이에 산란을 하는데 이 시점은 유류유출사고가 났던 시점과도 일치한다. 즉 유류오염으로 인해 제대로 산란을 하지 못했기 때문에 물건의 양이 급격하게 줄어들었을 뿐만 아니라 산란을 한 경우에도 먹이인 해초가 부족해 제대로 자라지 못하였다. 반면에 해삼은 전복보다 성장속도가 빠른 편으로 1년만에 채취하여 팔수 있다. 완도 지역에서 전복이 대량 양식되면서 전복 가격은 큰 변동이 없는 편이지만, 해삼은 1kg 당 5~6천 원 하던 것이 최근 1~2년 사이에 2만 원 선으로 4배 정도 뛰어 올랐다고 한다. 해삼 가격이 크게 오른 결정적인 이유는 중국의 경제가 성장하면서 고급 요리 재료인 해삼의 수요가 폭발적으로 증가했기 때문이다. 해삼의 소비량에 비해 자체 생산량이 절대적으로 부족한 중국시장 상황을 고려할 때 당분간 이러한 가격이 지속될 것으로 보인다. 그간 상대적으로 전복에 비해 상품성이 떨어졌던 해삼 가격이 큰 폭으로 상승하면서 해삼을 주요 품목으로 하는 서해안 지역의 일부 마을어촌계가 큰 수익을 올렸다. 하지만 구포리 해녀들은 기름오염으로 인해 해삼 채취량이 크게 줄어들어 이러한 특수를 누리지 못했다. 해녀공동체는 자연자원에 기반을 두는 자연자원의존공동체로 환경과 생계경제 부문이 유기적으로 통합되어있다. 따라서 해녀들은 유류오염으로 바다환경이 오염될 경우 치명적인 경제적 피해에 노출될 수밖에 없는 환경적으로 매우 취약한 집단이다.

> "전복은 3년은 돼야 잡어요. 전복을 중정도 크기로 잡으려면 3년을 커야 해. 그러니까 그동안 (기름유출사고로 인해)산란을 못했기 때문에 못 잡는 거여. 빨리 빨리 크지 않아요. 해삼은 1, 2년 치기여. 해삼은 올해 산란하면 내년에 많이 잡을 수가 있는데. 전복은 빨리 크지 않아요. 전복은 3년이 지나도 대(大)로도 못 잡고 중(中)으로 밖에 못 잡아. 그러기 때문에 지장이 많이 있는 거예요. …우리나라 해삼을 최고로 알아주는 거여 중국에서. 그나마나 해삼 시세가 옛날 보다 많이 올랐어. 올랐는데 그전 같이 물건이 있으며 해녀들도 힘이 폈는데. 해삼 시세는 올라지만 해삼이 없는 거야. 바다가 오염 전에는 해삼도 많이 있었는데. 해삼이 나는 시기가 있어요. 아무 때나 나지 않아요. 한 5, 6, 7월 3개월이 해삼 시기예요. 그러니 해삼이 많이 나면 3개월 동안 벌면 그나마나 유지해 나가는데. 시세는 좋았는데 물건이 없는 거여. 해삼이 없는 거야. 산란을 못했기 때문에…"

해삼 가격이 큰 폭으로 상승하면서 구포리 일부 선주들도 해녀 사업

규모를 키우고 있다. 자본 동원 능력이 있는 선주들은 오염되지 않은 마을어장을 임대하여 해삼 특수를 누리고자 한다. 하지만 이들은 고령화된 지방해녀보다는 상대적으로 노동능력이 좋은 젊은 해녀들을 제주도 및 남해안 등지에서 모집해 온다. 따라서 해녀 사업의 확장이 오랫동안 지방에 거주하면서 물질을 해온 지방해녀들의 일자리 및 소득 증대로 직접적으로 연계되지 못하고 있었다. 즉 사고발생 4년 4개월이 지났음에도 해녀들의 경제활동과 수입은 사고이전 수준으로 회복되지 못했을 뿐만 아니라 해삼 가격 상승으로 인한 새로운 경제적 기회마저 잡지 못하고 있는 실정이다. 구포리 해녀들의 주요 채취물이라고 할 수 있는 전복, 해삼 등과 같이 움직임이 적은 생물은 한번 오염피해를 입으면 그 피해가 장기간 지속되는 경향이 있다.

IOPC기금의 불충분한 손해 배·보상

소원면 해녀영어조합 대표 해녀의 구술에 따르면 IOPC기금의 손해 배 · 보상과 관련해서 구포리 해녀들은 평균 730만원을 받았다고 한다. 그녀는 태안군 내 맨손업자 및 다른 마을 해녀들이 받은 보상 금액에 비하면 많이 받았다고 했다. 이러한 일차적인 이유는 해녀들이 채취한 물건을 처분하는 선주들에 의해 개별 해녀들의 작업일지가 꼼꼼하게 기록되어 있었기 때문이다. 필자들 또한 현지조사 과정에서 자세하게 기록된 장부를 확인할 수 있었다. 장부에는 개별 해녀들이 채취한 물건의 종류와 수량 등이 날짜별로 정리되어 있었다. IOPC기금보상청구 매뉴얼에 따르면 유류 피해보상의 청구 및 보상은 객관적, 합리적, 과학적인 입증자료에 근거하도록 규정되어 있다. 이번 사고의 경우에도 수산업 분야 피해자들에게는 지난 3년간의 세무서 소득신고,

수협위판 소득, 종묘구입내역, 매매 실적자료(거래통장, 회계장부, 거래처 법정 영수증 등)를 요구했다(강연실 외, 2010). 완벽한 수준은 아니지만 해녀들은 선주들의 장부에 기초하여 보상신청을 했으며 이들의 손해사정을 담당했던 손해사정대행기관으로부터 서류가 잘 구비되었다는 평가를 받았다고 한다. 구포리 해녀 대표의 구술에 따르면 작업일지에 기초하여 "더하거나 뺄 것도 없이 있는 그대로"로 신청했다. 따라서 관내의 다른 해녀 및 맨손업자들보다는 많은 보상금액을 받았지만, 그렇다고 충분한 보상이라고 할 수는 없다. 3년간 작업일지를 근거로 소원면 해녀영어조합 대표 해녀가 청구한 보상금액이 8천만 원인 점을 감안한다면 실제 사정율은 신고 금액의 9.1% 수준에 불과하다.

구포리 해녀들의 주요 작업공간인 소원면 마을어장에서 물질을 본격적으로 재개한 시점이 2009년 6월인 점과 년 중 해녀들의 작업시기를 고려할 경우 해녀들은 10개월간 물질을 하지 못했다. 어선어업은 2008년 9월을 기점으로 태안군 전역에서 조업이 재개되었지만 해녀들의 작업 공간 및 물질노동의 특성상 더 늦추어질 수밖에 없었다. 여기에 물질재개 이후에도 전복과 해삼의 채취량이 회복되지 못해 발생한 소득감소 분을 고려한다면 730만원은 해녀들의 기대에 한참 미치지 못한 보상금액이다. 경제활동의 보조자라는 여성에 대한 정형화된 이미지와 달리 해녀들은 가족 및 자신들의 생계를 책임지는 독립적 경제활동의 주체인 경우가 많다. 우선 이들은 자신들만의 독자적인 물질기술로 인해 남성의 보조 노동력이 아닌 독립적인 노동력으로 인식하고 살아왔다. 물질기술을 수단으로 구포리 해녀들은 빠르면 10대 중반 늦어도 20대 초반부터 스스로 돈을 벌어 경제적 독립이 일찍 이루어졌는데, 이러한 생애 경험이 해녀들에게 강한 독립성을 강조하는 가치성향을 발전시킨 것으로 보인다. 마치 푸에리토리코 담배경작 농민들이 경제적 상향이동이 가능해지면서 지주들로부터 독립적인 가치관을 갖게 된 것처럼 말이다(스튜어드, 2007: 290). 따라서 이들은 자신들은 "평생 누군가에게 신세지면서 살지 않았다"는 것에 강한 자긍심을 드러냈으며 건강이 허락하는 데까지 물질을 하고 싶어 했다.

이들이 독립적인 경제활동의 주체인 또 다른 이유는 가족의 경제적 현실 때문이다. 구포리는 5톤 이상의 규모 있는 어선어업이 발달한 관계로 패류 양식어업이 활성화된 이웃 마을에 비해 상대적으로 남성들의 경제활동이 일찍 중단 혹은 축소되는 편이다. 5톤급 어선을 운영하기 위해서는 상당 수준의 자본투자와 양질의 젊은 남성 노동력을 필요로 한다. 따라서 자본동원 및 노동능력이 떨어지는 나이가 되면 배를 팔고 경제활동이 급격하게 쇠퇴하는 경향을 보인다. 구포리 해녀들의 나이를 고려할 때 남편들의 경제활동 능력을 상당부분 상실했다고 볼 수 있다. 즉 여성인 해녀가 가구경제를 책임지는 실질적인 경제적 부양자라는 것이다. 실제로 필자들이 면접과정에서 만나 해녀들 중에 나이가 60세 이상의 경우 남편들은 유급 경제활동이 극히 저조했다. 따라서 해녀들의 물질노동의 축소와 그에 따른 소득감소, 그리고 불충분한 손해 배 · 보상은 해녀 개인의 경제적 피해를 넘어 가구경제를 위협하는 요인으로 작동하고 있다.

사회적 영향: 사회관계의 변화

유류유출사고 이후 눈에 띄는 사회적 변화로는 주민갈등을 들 수 있다. 사고이후 재난을 극복하려는 주민협력도 나타났지만 주민갈등을 가장 두드러진 사회적 영향임은 분명해 보인다. 사고이후 경제활동의 기준에 따라 집단을 분리해서 사고하고 행동하려는 집단의식이 강하게 표출되었다. 사고이전에는 같은 마을주민이었는데 사고이후에는 농민과 어민, 어민은 다시 맨손어민이냐 어선어민이냐 등에 따라 집단 간의 경계가 뚜렷하게 구분되는 경향을 보였다. 그 뿐 아니라 마을과 마을 사이의 대립과 갈등이 표출되었다. 이러한 집단 간 구분은 이해관계가 상충하는 외부집단에 대한 배타적인 태도와 행동으로 드러났다.

구포리 해녀들 또한 평생의 고된 물질노동, 그로 인해 앓고 있는 갖가지 직업병 그리고 작업 특성상 "바다가 전부인 자신들이 최대의 피해자"임을 강조했다. 이들은 사고 이후 심장마비로 사망한 한 해녀의 죽음을 유류유출사고로 인한 스트레스와 연관시켜 생각하면서 피해의식을 강화했다. 이렇게 강화된 구포리 해녀들의 피해의식은 바깥물질나온 객지해녀와 객지해녀를 고용한 지방 선주에 대한 반감으로 표출했다. 한 지방선주의 구술에 따르면, 오랫동안 지방해녀를 태우던 배가 객지해녀들을 고용한 이유는 소원면 내의 마을어장에서 채취할 수 있는 자원의 양이 줄어들었기 때문이라고 한다. 지방해녀를 태운 배만이 소원면 내의 마을어장에서 작업할 수 있었기 때문에 자원이 풍부할 때에는 지방해녀를 태우는 것이 객지해녀를 태우는 것보다 경제적으로 더 유리했다. 하지만 소원면 내의 자원이 줄어들면서 한 선주가 상대적으로 관리하기 쉽고, 노동 능력이 좋은 젊은 객지해녀를 제주도에서 모집해 왔다.[2] 즉 소원면 내 마을어장의 자원이 줄어들면서 굳이 나

2 이 외에도 객지해녀를 고용한 이유는 객지해녀는 지역사정을 잘 아는 지방해녀들 비해 관리하기 편한 측면도 작용한 것으로 보인다. 한 선주의 진술에 따르면 객지해녀들이 상대적으로 선주의 작업통제를 잘 따를 뿐만 아니라 작업 기간 중에 물건 값을 올려 달라고 하는 경우가 지방해녀들에 비해 적다고 한다. 객지해녀들 또한 불만이 있어도 작업 도중 다른 곳으로 이동하기에는 부담이 따른다.

이든 지방해녀를 고집할 필요가 없어진 것이다. 사고이전에도 구포리 해녀들은 객지해녀들의 진출에 불만을 품고 있었지만 갈등이 표면화되지는 않았다. 그러던 것이 사고이후 모두가 공유수면으로 한꺼번에 몰리면서 구포리 해녀들이 객지해녀와 객지해녀를 고용한 지방 선주에게 '적', '왕따'라는 강한 표현까지 하면서 반감을 드러냈다. 즉 사고이후 바당을 둘러싸고 경쟁이 격화되면서 이 두 집단 간의 균열이 표면화된 것이다.

"관계는 당연히 나쁘지. 사람이 박해지고. 그렇잖아. 먹고살기 힘들어지니까. 그럴 수밖에 없지. 왜 그러냐면, 작업(물질)을 맨 날 가는대로만 가잖아. 똑같은 배가 똑 같은 바당으로 가잖아. 그러니 싸울 수밖에. …기름사고전에는 여기저기 갈 곳이 많았는데, 지금은 모두 가는 곳만 가니 싸움이 나지"

"객지해녀를 데려올 만큼 일이 많은 게 아니라, 그 사람들 때문에 우리가 밥그릇이 작아지는 거예요. 기름유출이라고 해도 그 사람들 안 오면 그런대로 괜찮은데, 그 사람들 오니까 우리가 힘들어지는 거예요. 터가 적어지니까. 저기 군사지역(안면도)에 공유수면 있거든요. 그 사람들도 거기서 일하니까, 우리도 그렇고. 사는 것이 힘들어지는 거지요"

"기름사고 나서 지방해녀도 그전보다 할 게 없으니까 공유수면 나가지. 제주해녀 매일 만나지. 그러니 말하자면 지방해녀가 (바당중심에) 빠지면, 객지해녀는 (바당주변) 저만치 빠지고. (객지해녀가 지방해녀)앞으로 빠지면, 싸우고 (객지해녀가) 저쪽으로 가고… 아무래도 그런 텃세가 있잖아. 그리고 우리는 기름유출로 울고 있는데 객지해녀가 돈 벌어 가면 좋다고 하겠어? 지방해녀는 작업도 많이 못 가. 데모하러 가니까. 그 사람들은 계속 작업만 다니는 거라… (객지해녀를 고용한) 선주는 지방해녀의 적이야, 선주가 우울증 왔다고 그래, 해녀들이 왕따시켜서, 지방해녀 벌어먹지 못하게 하니"

이 갈등은 객지해녀를 태웠던 선주가 지방해녀를 태우기로 결정하면서 해소되었지만, 지방해녀들은 객지해녀들의 경제적 피해에는 상대적으로 무관심했다. 2008년 4월 지급된 2차 긴급생계안정자금의 경우 사업장을 기준으로 지급했기 때문에 객지해녀의 집주소가 제주도라 하더라도 일한 곳이 구포리 지역이기 때문에 이들에게도 생계비가 지급되어야 했다. 그러나 객지해녀들은 한 푼의 생계비도 지급 받지 못했고 같은 해녀인 지방해녀들도 이에 큰 관심을 두지 않았다.

사고이후 유류오염으로 바당이 줄어들면서 지방해녀와 객지해녀, 그리고 지방해녀와 객지 해녀를 태운 선주간에 갈등이 일부 나타나지만, 구포리 해녀공동체 차원에서 심리적 대립이나 대립적 행동이 뚜렷하게 나타나지 않았다. 즉 해녀공동체 전체 차원에서는 큰 갈등이 없었다. 관련 연구에 따르면 이번 유류유출사고 이후 주민갈등은 주민들 사이의 직업적 경계가 뚜렷할수록, 상대적 박탈감이 클수록, 그리고 집단성원들 사이의 연결망, 신뢰, 호혜성의 정도를 나타내는 사회자본이 낮을수록 큰 것으로 나타났다(김도균, 2011: 191-204). 해녀들은 서로 직업이 같고 그로 인해 피해 수준도 동일하기 때문에 상대적 박탈감의 정도가 약하다고 볼 수 있다. 또한, 해녀공동체는 내집단의 특징이 뚜렷하게 나타난다. 고향인 제주도를 떠난 살아온 유사한 생애 경험, 일과 놀이를 함께 하면서 우리라는 강한 동료의식을 형성해 왔다. 즉 해녀공동체는 개별 해녀들에게 사고와 행동의 기초를 제공하는 내집단이다.

필자들이 마을을 방문하여 해녀들의 집을 수소문해 방문했을 때에도 주민으로부터 물질을 나가지 않으면 해녀들끼리 모여 놀고 있을 것이라는 말을 여러 차례 들었다. 실제로 해녀들의 집을 방문했을 때 여러 해녀들이 모여 서로 집안일을 돕거나 함께 휴식을 취하고 있었다. 이들은 타인의 도움이 필요한 가사일이나 병간호과 같은 일이 있으면 마을주민들에게 도움을 청하기보다는 자신들끼리 서로 도와 가면서 해결한다고 했다. 이와 같은 빈번한 일상적인 교류가 해녀들의 강한 동료의식을 잘 증명해 준다. 사회자본이 주민갈등을 완화하는데 긍정적인 영향을 미쳤다는 점을 감안 한다면, 우리라는 높은 동료의식이 갈등의 복원력 변수로 작동했다. 따라서 해녀들 간에 심각한 균열을 가져오는 갈등은 발생하지 않았다.

오히려 심각한 갈등은 마을어장의 입어권을 둘러싸고 이웃 마을주민들과의 관계에서 벌어졌다. 어장을 둘러싼 갈등은 유류유출사고이전으로 소급해 올라가지만, 사고이후 해녀들에게 더 위협적으로 다가오고 있었다. 이러한 갈등의 근본적인 원인은 수산물 수요의 증가와 가격 상승에 따른 마을어장의 경제적 가치가 높아지면서 외부의 상업자본이 어촌마을로 침투해 들어왔기 때문이다. 우선 어촌계 중심의 마을어장(어업)이 확장되면서 해녀들의 자유로이 작업할 수 있는 공유수면이 빠르게 줄어들었다. 현재 수산업법에 따르면 마을어업 면허권은 시장 · 군수 · 구청장등과 같은 기초자치단체장들에게 있기 때문에 상대적으로 지역유권자인 어촌계원들이 신청한 마을어업(어장)에 대한 면허획득이 어렵지 않다. 그뿐 아니라 2001년부터 정부에 의해 본격적으로 추진된 어촌마을 발전 정책인 중 하나인 자율관리어업공동체 육성사업은 마을어업(어장)이 지속적으로 확장시켰다. 태안군만의 시계열 자료를 확인할 수 없었지만 아래 〈표3-4〉가 이러한 추세를 간접적이나마 증명해 준다. 마을어업의 확장은 연안 지역의 생계형 어민들의 소득 향상과 자생력 강화라는 측면에서 긍정적인 부분이 있지만, 해녀들

의 입장에서 보면 해녀라면 누구나 자유롭게 수산물을 채취할 수 있는 물질바당의 축소를 의미한다.[3]

<표3-4> 마을어업권 허가 건수 및 어장 면적

(단위: 허가, 건수, 면적, ha)

구분	2001		2002		2003		2004		2005		2006		2007	
	허가	면적	허가	면적	허가	면적	허가	면적	허가	면적	허가	면적	허가	면적
전국	2,380	107,827	2,439	108,907	2,539	112,173	2,447	106,697	2,726	116,680	2,840	118,674	2,835	118,675
충청남도	140	3,993	161	4,329	180	4,650	194	4,576	220	5,634	237	5,958	252	6,204

자료: 농림수산식품부 어업자원관 양식산업과(국가통계포털사이트, KOSIS)

구포리 해녀들은 자유롭게 물질할 수 있는 바당이 줄어들고 있음에도 불구하고 소원면 마을어장에서 작업을 할 수 있었기 때문에 그간 작업공간이 부족하지는 않았다. 어촌계는 내부적으로는 공동체적 운영원리를 지향하지만 대외적으로는 계원들의 경제적 이익을 추구하는 경제조직의 특성이 강하다. 마을어장의 경제적 가치가 높아지면서 이러한 특성이 더욱 두드러지고 있다. 소원면 내에서 가장 큰 규모의 전복, 해삼 어장(120ha)을 보유하고 있는 동호어촌계와 구포리 해녀들 사이의 갈등이 이러한 상황을 극적으로 잘 보여준다. 대표 해녀의 구술에 따르면 동호 바다는 자신이 결혼하기 전부터 물질을 했던 곳으

3 현재 태안군 어촌계가 포함되어 있는 서산수협 기준으로 103개의 어촌계가 있으며 마을어장 규모 또한 1,225ha로 이른다. 이외에도 학암포 지역(태안군 원북면 방길리)에 들어선 태안화력발전소(1995년 준공) 또한 물질바당을 축소시키는데 일조 했다. 대표 해녀의 구술에 의하면 이 지역은 마을어장의 규모가 작고 자유로이 물질할 수 있는 바당이 넓은 지역으로 자신이 처녀 때부터 물질해왔던 공간이라고 한다. 하지만 화력발전소가 들어서고 빈번한 화물선 입출항으로 발전소 측에서 사고위험을 들어 해녀들의 물질을 제재했다. 이후 해녀들의 피해보상과 관련된 논의가 진행되고 있지만 향후 과거처럼 자유로운 물질은 힘들 것으로 보인다.

로 과거에는 자유롭게 작업할 수 있는 공유수면이 많았다고 한다. 이후 어촌계가 지속적으로 마을어장을 확장하면서 작업공간이 줄어들었지만, 어촌계와의 계약을 통해 해녀들이 지속적으로 마을 어에서 작업할 수 있었기 때문에 별다른 문제가 없었다. 갈등은 2003년 동호 어촌계가 대천(충남보령)지역 선주와 계약을 하면서 불거졌다. 자본동원 능력이 있는 외지인 선주는 기존 해녀들이 지불했던 어장임대료보다 더 높은 금액을 제시했고, 어촌계는 더 많은 수익을 위해 이를 수락했다. 마을어장에 대한 경제적 가치가 높아지면서, 이윤을 극대화하고자 하는 어촌계와 외부의 상업자본과의 이해관계가 맞아 떨어진 것이다. 하지만 해녀들의 입장에서보면 자신들이 젊은 시절부터 우선권을 갖고 작업해 왔던 오래된 관습경제의 붕괴를 의미했다.

동호어촌계의 전복, 해삼 마을어장은 소원면 내 다른 마을어장을 합한 것보다 규모가 크기 때문에 이곳에서 물질을 할 수 없다는 것은 해녀공동체 존립을 위협하는 치명적인 사건이었다. 따라서 해녀들은 집단행동을 감행했다. 그리고 그 과정에서는 주민들과 격한 감정대립과 몸싸움이 발생했으며, 이 과정에서 해녀들이 주민들을 고소하는 상황으로까지 치달았다. 이후 양쪽 진영에서 한 발씩 물러나 향후 5년간 해녀들이 작업하고, 5년 이후 년 단위로 재계약할 수 있다는 새로운 계약서를 작성하면서 해결되는 듯했으나, 재계약 시점인 2010년 어촌계에서 다시 어장임대 계약자를 변경하려 하면서 2003년의 상황이 되풀이 되었다. 해녀들은 관광버스까지 대절해 충남도청으로 직접 찾아가서 민원을 제기하고 대표 해녀는 해양경찰청 관료를 지낸 자신의 친인척에게 자문을 구해가면서 문제를 해결했다. 현재 해녀들이 동호 마을어장에서 작업을 하고 있지만 언제든지 갈등이 재현될 수 있는 상황이다.

마을어장의 경제적 가치가 높아지면서 어촌계장들의 사업가적 자세가 강화되고, 외부 자본 또한 적극적인 투자를 마다하지 않는다. 해녀들은 자신들의 바당을 지키려고 하고 마을어촌계는 보다 많은 수익을 위해 자본동원 능력이 있는 계약자를 원한다. 특히 유류유출사고 이후 마을경제가 침체된 상황에서 마을주민들은 자신들이 보유한 자연자원의 효용성을 높이려하고, 해녀들 또한 가장 규모가 큰 자신들의 물질바당인 동호 바당을 잃는다는 것은 또 다른 재난으로 인식하고 있었다. 이 과정에서 이웃한 동호어촌계와 해녀들 사이에서 극심한 갈등이 표출되었다. 어장 계약을 둘러싼 현재의 갈등이 유류유출사고에서 직접 기인하고 있는 것은 아니지만, 이를 더욱 격화시켰으며 사고이후 해녀들은 이러한 상황을 더 위협적으로 느끼고 있었다.

심리적 영향: 장소감의 상실과 심리적 고립감

화폐로 계산할 수 없고, 겉으로 드러나지 않아 쉽게 관찰할 수 없는 심리적 피해는 재난피해로 간주되지 않는 경향이 있다. 하지만 재난이후 피해자들이 경험하는 불신, 적대감, 고립감, 무기력감 등은 환경적, 경제적, 사회적 피해 및 복구과정과 밀접하게 연관되어 있기때문에 재난피해와 복구 수준을 가늠할 수 있는 척도의 의미를 지닌다. 따라서 심리적 영향은 재난영향의 부수적 영역이 아닌 중심 영역이라고 할 수 있다.

구포리 해녀들은 사고이전과 동일한 시간 물질을 하고 있지만 마을어장의 오염으로 수입이 큰 폭으로 줄었다. 2008년도에 물질을 통해 벌어들이는 하루 수입은 태안군에서 유류피해 주민들의 일자리 창출을 위해 시행한 공공근로사업(2008년 7월)의 일당 보다 조금 높거나 낮은 편이다. 그럼에도 불구하고 해녀들은 공공근로보다는 스스로 중노동이라고 부르는 물질노동을 더 선호했다. 해녀들이 공공근로 참여를 기피했던 심리는 단순히 공공근로에 참여할 수 있는 인원을 가구당 한 명으로 제한했기 때문만은 아니다. 그것보다는 물질노동이 갖는 특성 즉 해녀라는 직업에서 연유하는 측면이 강했다. 물질은 몸의 기능을 고도화시킬 때 가능한 체화된 몸의 기술이다. 몸으로 배운 물질은 해녀의 삶 일부가 되어 몸과 물질 혹은 바다가 하나가 된다. '물(바다)에 가면 몸이 편하다'라거나, '바다에 들어가면 아픈 몸도 씻은 듯이 나은 것 같고, 몸도 개운해 진다'라고 말하는 해녀들이 많다(안미정, 2007). 구포리 해녀들의 반응도 이와 다르지 않았다. 물질은 기본적으로 경제적 행위지만 오랜 경험을 통해 신체화된 몸의 기술이라는 특성 때문에 해녀와 바다 사이에는 경제적 관계 그 이상의 강렬한 심리적 관계를 만들어 낸다.

사람들은 특정 장소를 통해서 세상을 경험하게 되는데, 해녀에게 있어 바다는 비어 있는 공간이 아니다. 바다는 해녀의 생을 유지해주는 토대로서 그들의 정체성을 구성하는 본질적인 요소이다. 장소의 내부로 감정 이입하여 들어간다는 것은 그 장소의 의미를 풍부하게 이해하는 것으로, 그 장소와 자신을 동일시하는 것을 의미한다(렐프, 2005: 126). 이들에게 바다는 자신들의 삶과 무관한 대상이 아니라 삶의 본원적 장소이다. "돈 못 벌어도 시원한 맛에 바다로 나간다", "진짜, 우리는 육지에서 일못해요", "갔다 와야 몸이 개운하다"라는 구포리 해녀들의 말은 바다에 대한 이러한 장소감에서 나온 것이다. 상업적 개발로 말미암아 개성을 박탈당하고 동질적이고 규격화된 장소, 그리고 이동하는 삶에 익숙한 도시인들이 이러한 장소감을 느끼기란 쉽지 않다. 따라서 해녀들에게 있어 바다의 오염은 경제적 자원의 상실이 넘어 정체성의 토대가 되는 장소감의 상실로 인한 심리적 피로와 무기력증을 호소했다. 해녀들은 육지에서 하는 공공근로에 소극적인 자세를 보였다. 당시 해녀들이 자신들의 특성을 고려하지 않는 일률적인 공공근로에 불만을 드러냈으며, 불가사리 제거와 같은 바다에서 할 수 있는 공공근로를 요구했다.

> "우리도 공공근로 댕겨야 하는데, 바다 다녔던 사람들이라 막 어지러워서 육지서 일을 못해요. 사오십 년 (바다에서)일했던 사람이라 육지서 풀 깎다 보면 병날 것 같아서 안 가요. 그 사람들 보다(공공근로) 더 못 벌어도 시원한 맛으로 바다로 가요. 우리는 농사지으면 살던 사람들이 아니라 그렇게 일 못해요. 우리보고 오라고는 하는데"

> "해녀도 5월까지는 방제작업 했거든. 그때까지 하고. 바다 살던 사람이라 못 하겠더라고. 그래서 놀더라도 바다에서 놀자 해서… 근흥면에서 다행히 허락하고 해서 그렇게 한 거야. 공공근로는 해녀들이 잘 안 하지. 왜 안 허냐면 맨 날 닦고만 있잖아. 열불나지. 육지 사람은 해도 우리는 못해. 바다에 들어가는 게 나아"

> "(태안군에서) 왜 그 일(공공근로)을 못 하냐, 그러는 거야. 그래서 여보쇼, 우리는 바다밖에 모른 사람들인데 만 원, 이만 원 벌어도 바다로 가지, 풀을 깎으러 못 가요…바다 청소하는 것 시키면 하죠. 만원, 이만 원 줘도 바다에서 하라면 해. 그런데 (육지에서)풀은 못 깎아, 안 해봐서. 갑갑하지. 그리고 바다는 잠수복 입고 내 기술이니까, 세 시간 네 시간 하면 좋은데"

그뿐 아니라 해녀들은 지역사회로부터 강한 심리적 고립감을 느끼고 있었다. 이들의 적극적인 선택이었거나 과거 제주도의 가난이 이들을 육지로 밀어내던 간에 결혼 이후 지역사회에 정착했다. 따라서 그간 마을 혹은 태안지역사회의 구성원이라는 소속감을 갖고 살아왔다. 하지만 유류유출사고이후 자신들이 받은 피해, 그리고 물질바당을 둘러싸고 지역주민과의 격렬한 갈등을 경험하면서, 지역주민뿐 아니라 행정기관인 군에서 까지 자신들의 처지를 이해하려 들지 않는다면서 강한 소외감을 호소했다. 특히 유류사고로 지친 심신을 위로하기 위해 2011년 3월 단체로 제주도를 방문하고 온 이후 이러한 심리적 고립감이 더욱 강화 된 것으로 보인다. 이들은 제주도 방문시 관련 행정관계자로부터 어려운 시절 제주도를 먹여 살린 제주의 딸로서 따뜻한 대우를 받았고, 제주도 해녀박물관을 방문하면서 제주도에서 해녀의 위상과 지역사회(태안)에서 자신들의 처지를 자연스럽게 비교하게 된 것이다. 해녀들은 그들의 직업적, 역사적 특성으로 인하여 바다에 대한 장소감의 상실 그리고 지역사회로부터의 소외감이라는 다른 피해 집단에게서 찾아보긴 힘든 성질의 심리적 피해를 경험하고 있었다.

> "작년 3월달에 제주도 한번 가보자. 고향을 떠나지가 수십 년 됐으니까. 제주도를 갔어요. 도청에 찾아가죠. 탈의장 하나 지어 달라고 했어요. 탈의장 지으면 좀 보태 준다고 하더라고. 그런데 여기서는 신경을 안 쓰는 거여. …그때 태안 군수님이 아산복지관에서 어촌계장 ,이장, 부녀회장 다 오시라고 해서 갔는데 …사연 이야기를 하라고 …군수님 회의실하고 탈의장 하나 지어주쇼 …탈의장 지어준다고 했는데 …콧방귀 안뀌여. 그런 실정이여. 그럼 여기서 탈의장 지어준다고 하면 탈의장 지으니까 제주도(청)로 전화해서 우리 탈의장하니까 기부해 주쇼 하면, (제주)도청에서 기부해 줄 거 아니야. …기름유출 때문에 지쳐가지고 주면 좋고 말만 많지. 언제 보상타 먹고 살아나 내 노력으로 먹고 살았지. 그런데 어디가려면 우리보고 앞장서라고 하는 거여"

5. 나가며

정부 및 IOPC기금 측은 환경과 해양생태계가 빠른 속도로 회복되고 있다고 보고 있지만, 이는 구포리 해녀들이 현장에서 느끼는 것과는 큰 차이가 있었다. 해녀들은 현재에도 여전히 전복과 해삼이 정상적으로 산란하고 성장할 수 있는 바다환경이 아니라고 주장했다. 이들이 바다속에 들어가 직접 관찰한 결과에 따르면 사고이전 그렇게 많았던 다양한 종류의 해조류가 제대로 회복되지 못하고 있었다. 따라서 해초에 산란하고 성장하는 전복과 해삼의 생물학적 순환과정 또한 회복되지 못한 것으로 보인다. 유류오염으로 인한 해양생태계의 균열은 해녀들의 물질노동과 현금 수입을 급격하게 축소시켜 버렸다. 이후 태안군 내 다른 해녀 및 맨손업자들에 비해 IOPC기금으로부터 730만원이라는 손해보상을 받았지만 실질적인 피해와 비교하면 매우 부족한 수준이다.

그러나 이러한 경제적 피해가 구포리 해녀들 사이의 사회갈등으로 확산되지는 않았다. 이러한 이유는 해녀라는 직업적 동질성으로 인해 같은 수준의 피해를 입었을 뿐만 아니라 제주도를 떠나 살아온 유사한 생애경험, 일과 놀이를 함께 하면서 형성해 온 우리라는 강한 동료의식이 갈등의 복원력 변수로 작용했기 때문이다. 심각한 갈등은 마을어장의 입어권을 둘러싸고 구포리 해녀와 이웃 마을 어촌계 사이에서 발생했다. 갈등의 근본 원인은 마을어장의 경제적 가치가 높아지면서 외부의 상업자본이 마을로 침투해 들어왔기 때문이다. 어촌계에서는 더 많은 이윤을 위해 자본 동원능력이 좋은 사업자와 어장 임대계약을 맺고 싶어 하는 반면, 구포리 해녀들은 오랫동안 지속해 온 계약관행에 따라 소원면 내 마을어장에 대해서는 자신들이 우선적인 입어권을 주장하면서 물리적 충돌과 고소까지 가는 격렬한 갈등이 발생하였다. 이러한 마을어장에 대한 입어권을 둘러싼 갈등이 유류유출사고에서 직접적으로 기인한 것은 아니지만 사고이후 해녀들에게 더 위협적으로 다가오고 있었다.

또한 해녀들은 바다에 대한 장소감의 상실로 인한 심리적 피로감과 무력감을 호소했다. 해녀에게 바다는 비어있는 공간이 아니라 본인의 정체성을 구성하는 장소감을 제공하는 본질적인 장소이다. 상업화되고 규격화된 장소에 익숙한 현대인에게 장소감이란 낯선 것이지만, 신체화된 몸의 기술(물질)을 통해 바다와 만나는 해녀들에게 바다는 경제적 관계 그 이상의 강렬한 심리적 대상이다. 따라서 해녀들은 2008년 7월 실시된 일률적인 정부의 공공근로를 비판하면서 바다에서 할 수 있는 공공근로를 요구했던 것이다. 해녀들은 바다환경에 철저하게 종속된 존재이다. 이들의 작업공간은 바다이며, 물질노동 또한 생물의 산란과 성장이라는 생물학적 순화과정이 원활하게 유지되어야만 가능하다. 바다환경과 해녀들의 생계경제 부문은 유기적으로 통합된 체계이다. 따라서 대규모 유류유출사고로 인한 환경오염은 해녀들의 삶에 치명적인 영향을 미친다. 즉 이번 유류유출사고는 해녀들이 적응할 수 있는 삶의 능력을 넘어선 사회재난이라고 할 수 있다.

제4장

재난의 트라우마

제4장

재난의 트라우마

1. 들어가며

재난의 부정적 범위는 환경, 경제, 사회, 심리 영역에 이르기까지 다층적이다. 이 중에서 화폐로 계산할 수 없고, 겉으로 드러나지 않아 쉽게 관찰할 수 없는 심리적 피해는 재난피해로 간주되지 않거나 재난복구과정에서 주변적 위치로 밀려나기 쉽다. 그러나 심리적 건강 악화는 자살과 같은 극단적인 결과를 유발할 수 있으며 재난피해자들 사이의 불신, 적대감, 갈등, 사회적 고립 등을 가중시켜 재난복구를 지연시키거나 방해한다. 그리고 심리적 건강은 환경적, 경제적, 사회적 피해 및 복구과정과 밀접하게 연관되어 있기 때문에 재난피해와 복구 수준을 가늠할 수 있는 척도로서 의미를 지닌다. 따라서 심리적 건강은 재난피해 및 복구과정에서 부수적 영역이 아닌 중심적 영역이라고 할 수 있다.

심리적 스트레스 연구에서 가장 좋은 방법은 동일한 사람들을 대상으로 시간의 흐름에 따라 추적한 패널자료를 이용하는 것이다. 따라서 본 연구에서는 2년의 조사 시차(2018년 9월과 2010년 10월)를 둔 패널자료를 이용하여 태안주민의 심리적 건강의 변화과정과 변화를 일으키는 인구사회학적 요인들을 체계적으로 설명해 보고자 한다. 특히 재난과 같은 충격적 사고 즉 외상 사고(traumatic accident)의 심리적 영향을 가장 직접적으로 보여주는 지표인 외상후 스트레스 장애(Post-Traumatic Stress Disorder, 이하 PTSD)를 중심으로 분석했다. 연구를 위해 2008년 9월과 2010년 10월 태안주민을 상대로 측정한 PTSD 척도를 이용하여 연구대상을 '비PTSD지속집단', 'PTSD감소집단', 'PTSD지속 · 증가집단', 3가지 유형으로 구분하여 PTSD의 변화과정과 PTSD가 증가하거나 지속하는데 영향을 미치는 변수를 찾아내고자 한다. 따라서 본 연구는 재난피해자들의 PTSD 증상변화와 그와 관련된 취약성 혹은 복원력 변수를 밝히는 작업이라고 할 수 있다.

2. 재난의 심리적 충격

1) PTSD의 개념과 발생

PTSD는 인간의 생명과 신체적 안녕을 위협하는 외상 사고를 경험한 후에 나타나는 정신적 · 신체적 증상들을 가리키는 정신 장애의 일종이다. 외상 사건은 전쟁과 폭력, 재난과 각종 사고 등으로 일반적인 인간의 경험 범주를 넘어선 사건이라고 생각하지만, 트라우마 연구가인

정신의학자 허먼은 오히려 일반적인 인간 경험이라고 할 수 있을 만큼 사람들이 외상 사건에 노출되어 있다고 보았다. 따라서 외상 사건이 특별한 이유는 사건이 드물게 발생하기 때문이 아니라 인간 삶의 적응 능력을 압도하기 때문에 특별한 것이다. 외상 사건은 평범한 불운과는 다르다. 외상 사건은 인간을 무력감과 공포의 극단에 직면시키고 파국적인 반응을 유발한다(허먼, 2007: 67-8).

PTSD의 여러 증상은 과잉각성, 침투, 억제 등의 3가지 유형으로 범주화할 수 있다. 과잉각성이란 외상 전에 없었던 각성 반응으로 외상 사건과 관련된 특정 자극에 강렬한 반응을 보이는 것이다. 침투는 위험이 오랜 지난 후에도 계속해서 위험이 일어나고 있는 것처럼 사건을 반복적으로 체험하는 일종의 외상의 재경험 과정이다. 그리고 억제는 회피 증상으로 사고에 대한 지각이 둔해지고 왜곡되며 특정 감각이 상실되는 정신적 둔감화 현상이다(허먼, 2007: 70-90). 따라서 PTSD 환자들은 이전에 활발하게 참여했던 직업 활동이나 가정생활, 교제 등의 사회활동에 흥미를 잃고 주변 사람으로부터 냉정하다는 평가를 받게 된다(김순진 · 김환, 2000: 52). 결과적으로 PTSD는 개인과 공동체 사이의 사회적 관계를 훼손하고 신뢰수준을 저하 시킨다.

외상 사고를 경험한 모든 사람이 PTSD 증상을 경험하는 것은 아니다. 어떤 사람은 PTSD를 경험하고 어떤 사람은 그렇지 않다. 이에 대한 설명은 크게 정신생리학적 모델과 심리사회학적 모델로 나뉜다. 정신생리학적 모델은 중추신경계나 신경전단물질의 이상으로 PTSD 발생 여부를 판단한다. 반면에 심리사회학적 모델에서는 외상경험, 개인의 성격 및 인구사회학적 요인 등에서 발생의 원인을 찾는다. 심리사회학적 모델은 외상 경험에 적용되는 가장 일반적인 모델로 평가받고 있다(김순진 · 김환, 2000: 111-118). 하지만 심리사회적 방어요인 또한 압도적인 사건 앞에서는 그 영향력이 약화되는 것으로 나타났다(허먼, 2007).

2) 재난과 PTSD

재난생존자들이 PTSD, 불안감, 우울 등과 같은 심리적 스트레스에 노출된다는 사실은 관련 연구를 통해서도 일관되게 증명되고 있다. 그리고 재난의 유형과 심리적 스트레스 사이에는 높은 상관관계가 있다는 주장 또한 꾸준하게 제기되고 있다. 인간과 기술실패의 결과인 기술재난이 신(자연)의 행위로 인식되는 자연재난보다 더 강한 심리적 충격을 준다(Norris et al, 2001; Marshall et al, 2003; Picou et al, 2007). 즉 심리적으로 신 혹은 자연 섭리에 따른 불가항력적인 희생자가 되는 것과 타인의 부주의나 실수의 희생자가 되는 것은 다르게 지각될 수 있으며 이로 인해 심리적 스트레스의 강도에 영향을 미칠 수 있다는 것이다(최윤경 외, 1997). 또한 자연재난은 인간의 통제밖에 있기 때문에 특정한 개인이나 집단에 그 책임을 묻기 어려운 측면이 있다. 하지만 기술재난은 인간의 통제 여부에 따라 피할 수 있거나 피해를 최소화할 수 있는 재난으로 인식되기 때문에 재난발생의 책임자 즉 가해자와 피해자 사이의 법적 책임과 보상 및 배상문제가 중요한 사회적 쟁점으로 부상한다. 재난피해자들은 법적 판결을 통하여 정당한 배상과 보상을 받고자 하지만 가해자인 정부와 기업 등은 피해자의 정당한 비판과 요구를 과학적 지식이 부족한 것으로 평가절하하고 자신에게 유리한 방향으로 기술적 헤게모니와 제도적 정당성을 유지하려한다. 이 과정에서 법적 소송이 장기화되고, 소송의 장기화는 배상과 보상을 지연시킬 뿐 아니라 소송결과에 대한 불확실성 등을 증대시켜 장기간에 걸쳐 재난피해자들의 경제적 위기와 심리사회적 스트레스를 증대 시킨다(Couch, 1996; Freudenburg, 1997; Picou et al, 2007).

재난에 의한 심리적 스트레스를 가장 직접적으로 보여주는 지표는 PTSD이다(김교헌 · 권선중, 2009). PTSD는 재난의 유형뿐 아니라 재난에 처한 개인이나 집단의 조건에 따라 서로 다르게 나타날 수 있다. 즉 같은 재난을 겪더라도 재난에 대한 심리적 충격과 반응은 서로 다를 수 있다는 것이다. 개인이 느끼는 심리적 충격의 정도는 재난이전의 심리적 건강, 개인의 성격 및 대처방식, 경제적 피해, 신체적 건강피해, 가족의 사망 그리고 교육 및 소득수준 등과 같은 사회경제적 요인, 성별, 연령 등과 같은 여러 인구학적 요인들에 의해 영향을 받는다. 또한 가족이나 지역사회의 사회적 관계 등에 의해서도 영향을 받는다. 즉 재난의 심리적 충격은 다양한 요인들에 의해서 심화되거나 경감될 수 있다.

국내에서 재난과 관련한 PTSD 연구의 본격적인 출발은 1995년에 발생한 삼풍백화점 붕괴 사고의 생존자에 관한 연구이다(김승태 외, 1997: 최윤경 외, 1997; 김종남 외, 1997). 이 건물 붕괴사고는 사망자 502명, 부상자 937명이 발생한 대규모 기술재난이었다. 사고 발생 3개월 시점에 조사한 김승태 외(1997) 연구에서는 조사대상자의 41%가 PTSD 증상을 보였다. 재난생존자들의 PTSD 증상은 성별, 연령, 교육, 소득 등과 같은 인구사회학적 요인이 아닌 동반자의 사망, 사고 전후의 기억상실(amnesia) 경험과 같은 재난 충격(김승태 외, 1997), 그리고 심리적 대처방식이 통계적으로 유의미한 영향을 미쳤다(최윤경 외, 1997). 조사대상자를 610명으로 확대한 연구에서는 응답자의 48.4%가 PTSD 증상을 보였으며, 연령 변수와 함께 사고의 피해정도를 보여주는 입원기간과 장애등급 만이 증상에 유의미한 영향을 미쳤다(김종남 외, 1997). 즉 인구사회학적 변수보다는 응답자의 피해수준이 중요한 영향을 미친 것이다. 또다른 대형 기술재난인 2003년 대구지하철사고 사망자 유가족 연구에서도 총 조사자 20명 중 18명(90%)이 PTSD 증상 정도가 경고 위험수준을 넘었으며 이에 인구사회학적 변수는 특별한 통계적 영향을 미치지 않는 것으로 나타났다(홍종관, 2005). 대규모 유류유출사고인 허베이 스트리트호 기름유출사고 관련 연구에서는 사고 후 3개월 시점 응답자의 70.6%가 PTSD 증상을 호소했다. 6개월 후인 8월 조사에서는 PTSD 비율이 57.9%로 12.7%p 떨어졌다. 이 연구를 통해서 볼 때 사고 피해의 노출수준이 높을수록 심리적 건강 피해의 정도가 높았으며, 심리적 대처방식과 낙관성, 삶의 의미, 사회적 지지 등이 조절 요인으로 작용했다(김교헌 · 권선중, 2008; 2009).

자연재난은 2002년 태풍 루사, 2006년 태풍 에위니아에 의한 집중호우 피해와 관련하여 연구되었다(이선자 외, 2006; 최남희 외, 2007). 태풍 에위니아의 피해주민을 연구한 최남희 외(2007)의 연구결과를 보면 PTSD 유병률이 응답자의 77.9%로 매우 높게 나타났다. 그리고 연령이 높을수록, 학력, 소득 수준이 낮을수록, 최근에 병원을 찾거나 약을 복용한 즉 신체적 건강 상태가 좋지 않은 피해주민일수록 PTSD 점수가 높게 나왔다. 그리고 태풍 루사의 피해주민을 연구한 이선자 외(2006)의 연구결과를 보면, 남성보다는 여성, 초졸 이하의 학력자가 중졸 및 고졸 이상의 학력자보다 PTSD의 감소비율이 상대적으로 더 높게 나타나 학력변수는 앞의 연구 결과와 상반된 영향을 미쳤다. 이상의 연구들은 주로 횡단자료를 분석하였기 때문에 재난피해자의 PTSD 증상 여부에 관한 취약성 혹은 복원력 변수를 밝혀내기에는 한계가 있다. 또한 종단

자료를 분석하였더라도 취약성 변수를 체계적으로 고려하지 못했다. 그러나 압도적인 외상 사고의 경우 재난생존자의 피해노출수준이 다른 변수를 압도한다는 것과 일부 인구사회학적 요인으로 인해 노년층, 저소득층, 저학력층 등이 재난에 취약한 계층이라는 사실을 보여준다.

3. 연구내용 및 방법

1) 연구의 자료

본 연구는 태안주민의 PTSD 증상 변화와 그와 관련된 취약성(복원력) 변수를 밝히는 것을 목적으로 한다. 이를 위해 기름유출사고 이후 충남대학교 심리학과 김교헌 교수팀이 충청남도 태안군에 거주하는 20세 이상의 성인 남녀를 대상으로 조사한 4차례의 조사 자료 중 2년의 간격을 둔 2008년 9월과 2010년 10월 자료를 이용했다. 이 조사는 구조화된 설문지를 전화를 이용하여 면접하는 방식으로 진행했다. 표집 방법은 먼저 대상 가구를 추출하기 위해 한국통신 전화번호 데이터베이스에서 태안지역을 '4개의 피해급지' 별로 전화번호를 표집하고, 다음으로 표집 된 전화번호를 이용하여 비례확률표집법으로 응답자를 선정하였다(김교헌 · 권선중, 2008). 본 연구는 2008년 9월과 2010년 10월 조사에서 모두 PTSD를 측정한 패널 응답자 185명을 분석대상으로 선정했다.

2) 변수의 측정 및 분석

본 연구에서 PTSD 증상은 한국판 사건충격 척도(Impact of Event Scale)를 사용하여 측정했다(이선미 · 이은정, 1999). 각 문항에 대한 평가는 0, 1, 3, 5점으로 이루어지고 총점 26점 이상을 기준으로 PTSD 유무를 판별했다(김교헌 · 권선중, 2008). PTSD 여부를 측정하는 15개 문항 척도의 신뢰도는 2008년 9월 자료와 2010년 10월 자료 모두에서 신뢰도(Cronbach's alpha값으로 측정, 이하 동일)는 각각 0.90과 0.91로 높게 나타났다. 다음으로 2008년과 2010년 측정된 PTSD 증상 유무를 중심으로 연구대상을 '비PTSD지속집단', 'PTSD감소집단', 'PTSD지속 · 증가집단'으로 분류했다. 첫째, '비PTSD지속집단'은 2008년과 2010년 모두 PTSD가 25점 이하로 PTSD 증상이 나타나지 않은 집단이다. 둘째, 'PTSD감소집단'은 2008년에는 PTSD가 26점 이상을 보이다가 2010년에는 PTSD가 25점 이하로 감소한 즉, PTSD 증상에서 회복된 집단이다. 셋째, 'PTSD 지속 · 증가집단'은 2008년과 2010년 모두에서 PTSD가 26점 이상으로 PTSD 증상이 유지된 주민들과, 2008년에는 PTSD가 25점 이하를 보이다가 2010년에는 PTSD가 26점 이상으로 새롭게 PTSD 증상을 호소한 주민들을 포함한다. 즉 PTSD가 현재 진행 중인 집단이다.

<표4-1> PTSD 관련 집단유형

구분	2008년 9월 조사	2010년 10월 조사
비PTSD지속집단	PTSD 증상 없음	PTSD 증상 없음
PTSD감소집단	PTSD 증상 있음	PTSD 증상 없음
PTSD지속·증가집단	PTSD 증상 없음	PTSD 증상 있음
	PTSD 증상 있음	PTSD 증상 있음

위의 PTSD 증상 관련 종속변수에 영향을 미치는 인구사회학적 독립변수로는 크게 객관적 변수와 주관적 변수로 나누어 측정했다(〈표 4-2〉 참조). 객관적 변수는 성, 연령, 배우자 유무, 교육수준, 지역(피해급지)이며, 주관적 변수는 피해노출수준, 사고 후 건강상태, 사회자본, 개인적 문제해결능력, 지역사회의 경제적 · 사회적 복구 정도 등으로 구성했다.

<표4-2> 변수의 구성과 측정

구분	변수		측정
종속 변수	PTSD변화		1. 비PTSD지속집단 2. PTSD감소집단 3. PTSD지속·증가집단
독립 변수	객관적 변수	성별	1. 남성 2. 여성
		연령	만 나이
		배우자 유무	1. 배우자 있음 2. 배우자 없음
		교육수준	1. 초졸이하 2. 중졸 3. 고졸 4. 대졸이상
		지역 (피해 급지)	1. 원북,소원(1급지) 2. 근흥, 이원(2급지) 3. 고남, 남면, 안면, 태안읍(3, 4급지)
	주관적 변수	피해노출수준	1. 낮은 수준(0~2점) 2. 높은 수준(3~6점)
		건강상태	6개 문항의 총점 (0. 매우 그렇지 않다 ~ 4. 매우 그렇다)
		사회자본	5개 문항의 총점 (1. 아니다 2. 그렇다)
		개인문제해결 능력	4개 문항의 총점 (1. 아니다 2. 그렇다)
		지역사회의 경제적 복구정도	6개 문항의 총점 (1. 아니다 2. 그렇다)
		지역사회의 사회적 복구정도	2개 문항의 총점 (1. 아니다 2. 그렇다)

주관적 변수에서 '피해노출 수준'은 유류유출사고로 인한 사고 피해노출에 관한 7개 문항(예, 기름유출이나 방제작업으로 인해 재산상의 피해를 입었습니까?)의 총점으로 구성되었고, 신뢰도는 0.69로 적절했다. 다음의 주관적 변수들은 〈표4-3〉에서 제시한 것과 같이 요인분석과 신뢰도 분석 방법을 통해 구성했다. 먼저 '건강상태'는 4개 문항을 이용하여 요인분석을 실시하였고, 4 문항 모두 요인 부하량이 0.7이상으로 높게 나타났으며 신뢰도 값도 0.84로 높았다. 즉 건강상태라는 하나의 척도로 구성이 가능했다. '사회자본'과 '개인적 문제해결 능력', '지역사회 경제적 복구정도', '지역사회 사회적 복구정도' 역시 건강 상태와 같은 방식으로 척도를 구성했다. 요인 분석 결과 모든 값이 0.5 이상으로 높게 나타났으며, 신뢰도 계수 또한 0.6 이상으로 높았다.

<표4-3> 요인분석과 신뢰도 검증

질문문항	건강상태	
1.귀하께서는 최근 들어 경험하신 신체적 증상이 있으십니까?		
1)사고이후 생활이 불규칙으로 변하였다.	.72	
2)건강상태가 나빠졌다.	.85	
3)잠을 잘 못 잔다.	.87	
4)약복용이 늘었다.	.84	
신뢰도	.84	
2.귀하의 평소의 생활에 대해서 말씀해주시기 바랍니다.	사회자본	개인적 문제 해결 능력
1)어려울 때 도움을 받을 수 있는 가족 친척이 있다	.68	
2)어려울 때 도움을 받을 수 있는 친구, 동창, 동향인들이 있다	.74	
3)어려울 때 도움을 받을 수 있는 동내의 단체들이 있다	.79	

5)사회복지기관이나 종교단체의 도움을 받을 수 있다	.57	
6)어려울 때는 정부에 호소하면 지원을 잘 해주는 편이다	.56	
7)나는 사고이전의 직업과 관련하여 특별한 기술,능력이 있다		.57
8)나는 건강에 자신이 있다		.61
9)나는 소득이없더라도 얼마동안 살아갈 재산이 있다		.73
10)나는 수협, 농협 등 금융기관에서 돈을 빌릴 수 있다		.80
신뢰도(Cronbach's Alpha)	.72	.62
3. 기름유출 사고 후 3년간의 지역경제, 사회적 변화에 대해 답변해 주십시오	지역사회 경제적 복구정도	지역사회 사회적 복구정도
1)농산물 판매가 사고 이전수준으로 회복되었다	.70	
2)수산물 판매가 사고 이전수준으로 회복되었다	.76	
3)관광객이 사고 이전수준으로 증가하였다	.64	
4)고기잡이가 사고 이전수준으로 회복하였다	.84	
5)양식업이 사고 이전수준으로 회복하였다	.79	
6)바다생물이 사고 이전수준으로 회복하였다	.76	
7)동네사람들과 서로 돕는 협력관계가 회복되었다		.85
8)친구들과의 관계도 이전 수준으로 회복되었다		.85
신뢰도(Cronbach's Alpha)	.85	.61

4. 분석

1) 응답자의 인구사회학적 특성

응답자 185명의 구체적인 인구사회학적 특성은 〈표4-4〉와 같다. 먼

저 성별과 연령 분포를 보면, 여성 비중이 남성 비중보다 12.4%p 높고, 연령은 60대와 70대가 전체의 59.4%를 차지할 정도로 응답자의 연령 수준이 높다. 그리고 교육 수준은 초등학교 졸업이하가 49.2%로 학력 수준이 낮은 편이다. 응답자의 높은 연령과 낮은 교육수준은 한국 농어촌지역의 인구사회학적 특성을 그대로 반영하고 있다. 산업은 응답자의 63%가 농림어업부문에서 종사하고 있다. 배우자 유무는 배우자가 있는 응답자가 77.2%로 배우자가 없는 응답자 22.8%보다 3배 이상 많았으며, 종교는 종교가 있는 응답자가 54.1%로 종교가 없는 응답자 47% 보다 8.2%p 더 높게 나타났다. 그리고 피해급지 별로 보면, 피해가 심한 1, 2급지 응답자가 53%로 피해가 상대적으로 덜한 3, 4급지 응답자 보다 3%p 더 많았다.

<표4-4> 응답자의 인구사회학적 특성

(단위: 명, %)

변수	범주	빈도	비율	합계
성별	남	81	43.8	185(100%)
	여	104	56.2	
연령대	20대	10	5.4	185(100%)
	30대	13	7.0	
	40대	21	11.4	
	50대	31	16.8	
	60대	60	32.4	
	70대이상	50	27.0	

교육수준	초졸이하	83	45.1	184(100%)
	중졸	31	16.8	
	고졸	43	23.4	
	대졸이상	27	14.7	
배우자 유무	배우자있음	142	77.2	184(100%)
	배우자없음	42	22.8	
지역	1급지	49	26.5	185(100%)
	2급지	49	26.5	
	3급지	55	29.7	
	4급지	32	17.3	
종교	종교있음	100	54.1	185(100%)
	종교없음	85	45.9	
산업	농림어업	102	63.0	162(100%)
	서비스업, 제조업 등 기타산업	60	27.0	

2) 응답자의 PTSD 증상 여부와 변화

2008년 9월과 2010년 10월의 두 시점에서 응답자들의 PTSD 증상 여부를 살펴보았다. 그 결과 〈표4-5〉를 보면, 기름유출 사고가 발생한 10개월 후의 응답자들의 PTSD 발병률은 62.2%로 높은 수준을 보이고 있다. 반면 2년 후인 2010년 조사에서는 응답자들의 PTSD 발병율은 43.8%로 18.4%p 감소한 것으로 나타났다. 그러나 김교헌 · 권선중(2009)의 연구결과, PTSD 발병율이 2008년 2월에서 2008년 8월 즉 6개월 사이에 12.7%p가 감소한 것과 비교하면 이 결과는 PTSD 증상의 감소폭이 더딤을 알 수 있다. 또한 조사시점이 사고 발생 2년 10개월 후인 점을 감안한다면 응답자의 약43.8%가 여전히 PTSD 증상을 지속하고 있다는 점에서 여전히 높은 수준에 있다.[1]

<표4-5> 응답자의 PTSD 여부 분석

(단위 : 명, %)

구분	2008년 9월		2010년 10월		차이	
	빈도	비율	빈도	비율	빈도	비율
PTSD집단	115	62.2	81	43.8	-34	-18.4
비PTSD집단	70	37.8	104	56.2	34	18.4
합 계	185	100.0	185	100.0	-	-

2008년과 2010년 PTSD집단과 비PTSD집단 간의 교차분석을 통해 [그림4-1]과 같은 이동경로를 확인했다. 2008년 PTSD 응답자 115명 중 72명(62.6%)은 PTSD지속 · 증가집단으로, 나머지 43명(37.4%)이 PTSD감소집단으로 이동했다. 2008년 비PTSD응답자 70명 중 9명(12.9%)이 새롭게 PTSD지속 · 증가집단으로 이동했으며 나머지 61명(87.1%)은 그대로 비PTSD지속집단으로 이동했다. 따라서 2010년 현재 PTSD지속 · 증가집단은 전체의 43.8%로 가장 많고 다음으로 비PTSD지속집단이 33.0% 그리고 PTSD감소집단이 23.2%를 차지했다.

1 PTSD 일반인 유병율과 관련하여 가장 빈번하게 언급되는 미국 일반인 PTSD 유병률을 보면, 미국 일반인의 6.8%(2005), 7.8%(2006)가 PTSD에 해당한다(김교헌 · 권선중, 2009). 태안주민들의 PTSD 유병율은 미국 일반인의 5~6배에 이른다.

[그림4-1] 응답자의 이동경로와 집단분류

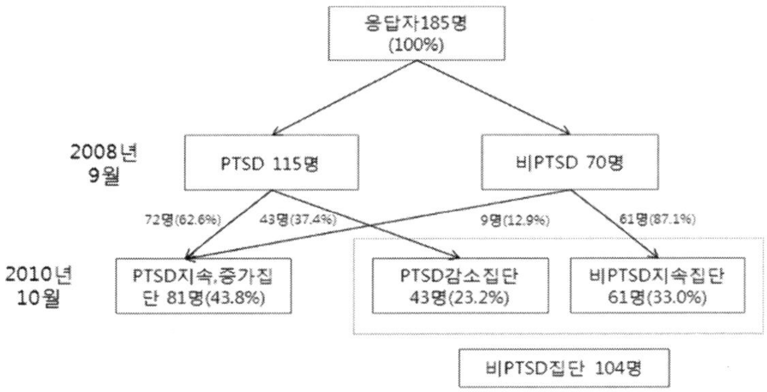

위의 분석결과를 보면, 2008년 PTSD집단에서 2010년 비PTSD 집단으로 이동한 응답자가 37.4%나 있었지만, 여전히 PTSD 증상을 호소하는 응답자의 비중이 62.6%로 높게 나타나고 있다. 또한 2008년 조사에서 PTSD 증상이 없었던 응답자 70명 중 9명(12.9%)이 2010년 조사에서 새롭게 PTSD 증상을 호소했다. 이는 그만큼 태안주민이 유류유출사고라는 외상 사건으로 인한 심리적 스트레스에 지속적으로 노출되고 있다는 사실을 보여준다. 피해주민들이 지속적인 심리적 스트레스에 노출되고 있는 가장 큰 이유는 재난복구의 지연으로 인해 주민들의 삶이 안정화되지 못하고 있기 때문이다. 즉 예측할 수 없는 위험 속에 지속적으로 노출되어 있다. 신속한 재난복구가 이루어졌다면 크게 완화되었을 심리적 고통을 경험하고 있는 것이다.

독성물질인 유류로 인한 해양오염의 장기화가 어촌사회인 태안지역사회의 재난복구를 지연시키는 측면이 있다. 그러나 재난복구가 지연되는 근본적인 이유는 이번 재난과 관련된 세력들의 책임회피 전략에서 찾을 수 있다. 인간과 기술실패의 결과인 기술재난의 특성상 재난발생의 법적 책임과 보상 및 배상문제가 중요한 쟁점으로 부상한다. 피해주민으로부터 가해자로 지목받고 있는 삼성은 자신에게 유리한 법원의 판결을 이용하여 철저하게 법적 책임을 회피하는 전략을 취하고 있다. 갑작스러운 기상악화로 인한 불가항력적인 사고임을 주장하면서, 피해배상과 환경복원에 들어가는 막대한 금액을 단 56억여 원으로 제한하는 책임제한 절차가 대법원에서 심리가 1년 이상 진행 중에 있다. 유조선 사고 손해배·보상의 담당기구인 국제유류보상기금(IOPC기금) 또한 배·보상의 적정함이나 신속함과는 거리가 멀다. 2010년 12월 기준, 충청남도에서만 증빙서류를 갖추고 기금 측에 청구한 피해 건수가 6만 9,889건, 1조 2,169억 원에 이른다. 그러나 실제 사정이 이루어진 것은 1만 4,000여 건 21.2%에 불과하며, 실제로 지급된 건수는 1,422건, 152억 원 수준으로 극히 미비하다. 가해자인 삼성과 손해 배·보상의 책임자인 IOPC기금은 적정하면서 신속한 복구보다는 자신들이 우위에 서 있는 법적·과학적·기술적 헤게모니를 이용하여 책임을 최소화하는 전략을 취하고 있다. 따라서 그로 인해 피해주민의 경제적 위기와 심리적 스트레스는 장기화되고 있는 것이다.

3) 응답자의 인구사회학적 특성에 따른 PTSD 증상 여부

응답자의 객관적 변수와 PTSD 증상 여부

PTSD 관련 3개의 집단과 성별, 연령, 배우자유무, 교육수준, 피해급지를 교차분석 하였다. 그 결과 연령만이 통계적으로 유의미한 영향을 미치는 것으로 나타났다. 먼저 연령대를 보면 'PTSD 지속·증가' 집단의 경우는 50·60대의 비율이 52.7%로 가장 높았으며, 다음은 70대 이상이 44%로 높은 비율을 차지하고 있다. 반면에 30,40대의 경우에는 PTSD 지속 · 증가 경향이 26.5%로 낮게 나타났다. 즉, 30,40대에 비해 50대 이상이 PTSD가 지속 · 증가하는 경향을 더 높게 보이고 있는 것이다. 이러한 결과는 연구대상의 연령대가 50대 이상이 49.2%를 차지하고 있다는 점과 관련이 있다. 그러나 이와 더불어 50대 이상의 연령대는 생활의 안정적인 기반이 일정정도 다져진 시기였으나, 이번 재난으로 인해 미래에 대한 생활의 불확실성이 증폭된 것이 큰 스트레스로 작용하였다고 볼 수 있다. 이러한 결과는 연령이 높을수록 PTSD의 발병 가능성이 높다는 기존의 연구결과와도 일치한다.

<표4-6> 응답자의 연령대에 따른 PTSD 증상 여부

(단위 : 명, %)

구분		비PTSD 지속집단	PTSD 감소집단	PTSD 지속·증가집단	합계	Chi-square
연령	20대	6(60.0%)	2(20.0%)	2(20.0%)	10(100.0)	χ^2=17.712* (df=6)
	30대, 40대	19(55.9%)	6(17.6%)	9(26.5%)	34(100.0)	
	50대, 60대	24(26.4%)	19(20.9%)	48(52.7%)	91(100.0)	
	70대 이상	12(24.0%)	16(32.0%)	22(44.0%)	50(100.0)	
	합계	61(33.0%)	43(23.2%)	81(43.8%)	185(100.0)	

* P<.05, ** P<.01, *** p<.001

응답자의 주관적 변수와 PTSD 증상 여부

주관적 변수 중에서는 피해노출수준, 건강상태와 사회자본 및 지역사회의 경제적 · 사회적 복구수준의 일부 변수 등이 PTSD 관련 집단 유형과 통계적으로 유의미한 결과를 보였다. 먼저 이번 사고의 경제적 피해 정도를 보여주는 피해노출수준은 'PTSD 지속 · 증가' 집단의 경우 높은 피해를 입은 주민들이 53.1%로 높은 비율을 차지하였고, 상대적으로 낮은 피해를 입은 주민들은 29.6%의 비율을 보여 23.5%p 차이를 보였다. 반면에 '비PTSD 지속' 집단의 경우에는 낮은 피해를 입은 주민들이 49.3% 높게 나타났으며, 높은 피해를 입은 주민들은 22.1%로 낮게 나타났다. 즉 피해노출 수준이 높을수록 'PTSD 지속 · 증가'하는 비율이 높았고, 피해노출수준이 낮을수록 '비PTSD 지속'하는 경향이 높았다(〈표4-7〉 참조).

<표4-7> 피해노출정도와 PTSD 증상 여부

단위 : 명(%)

구분		비PTSD 지속집단	PTSD 감소집단	PTSD지속·증가집단	합계
피해노출	낮은 피해	35(49.3)	15(21.1)	21(29.6)	71(100.0)
	높은 피해	25(22.1)	28(24.8)	60(53.1)	113(100.0)
	합계	60(32.6)	43(23.4)	81(44.0)	184(100.0)

χ^2=15.601, df=2, p<.001

피해노출수준에 따른 PTSD 증상 차이는 사고이후 가족의 경제적 피해 변수를 통해서도 재확인되었다. 'PTSD 지속 · 증가' 집단의 경우 가구소득이 줄었다고 응답한 비율이 52.8%로 가장 많았고, 그렇지 않다고 응답한 비율은 25.8%로 그 차이가 27.0%p로 크게 나타났다. 또한 가족 중에 일자리를 잃은 사람이 있는 사람은 57.1%, 그렇지 않은 사람은 39.0% 차이로 PTSD 지속 · 증가 비율을 보였다. 그리고 문항 3과 같이 피해주민들 사이의 상대적 박탈감 또한 PTSD 증상에 차이가 있는 것으로 나타난다. 즉 이웃에 비해 더 어려워졌다고 인식하는 응답자의 57.1%, 그렇지 않은 응답자 32.7%에 비해 22.4%p 더 높게 PTSD 지속 · 증가 집단에 분포하였다(〈표4-8〉 참조).

<표4-8> 가족의 경제적 피해와 PTSD 증상 여부

단위 : 명(%)

구분		비PTSD 지속집단	PTSD 감소집단	PTSD지속· 증가집단	합계	Chi-square
1. 가구소득이 줄었다.	그렇다	27(22.0)	31(25.2)	65(52.8)	123(100)	χ^2=21.011*** (df=2)
	아니다	34(54.8)	12(19.4)	16(25.8)	62(100)	
	합계	61(33.0)	43(23.2)	81(43.8)	185(100)	
2. 가족 중에 일자리를 잃은 사람이 있었다.	그렇다	8(16.3)	13(26.5)	28(57.1)	49(100)	χ^2=8.623** (df=2)
	아니다	53(39.0)	30(22.1)	53(39.0)	136(100)	
	합계	61(33.0)	43(23.2)	81(43.8)	185(100)	
3. 이웃에 비해 나는 더 어려워진 것 같다.	그렇다	14(16.7)	22(26.2)	48(57.1)	84(100.0)	χ^2=19.254*** (df=2)
	아니다	47(46.5)	21(20.8)	33(32.7)	101(100.0)	
	합계	61(33.0)	43(23.2)	81(43.8)	185(100.0)	

* P<.05, ** P<.01, *** p<.001

다음은 응답자의 사회자본과 PTSD 증상 여부를 살펴보았다. 사회자본에 관한 5개의 문항 중 통계적으로 유의한 결과를 보이는 것은 2개 문항뿐이었다(〈표4-9〉 참조). 이는 어려울 때 도움을 받을 수 있는 친척, 친구, 동향인 등이 있는가에 대한 것으로 주변으로부터 도움을 받을 수 있는 네트워크를 가진 응답자가 그렇지 못한 응답자에 비해 비PTSD지속 집단에 높게 분포했고, 반면에 네트워크를 가지지 못한 응답자는 PTSD 지속 · 증가 집단에 높은 비중을 차지하였다. 그러나 다른 사회자본 변수인 사회기관, 정부 등에 의한 PTSD 증상 여부는 통계적으로 유의미한 결과가 나타나지 않았다.

<표4-9> 응답자의 사회자본과 PTSD 증상 여부

(단위 : 명, %)

구분		비PTSD 지속집단	PTSD 감소집단	PTSD지속·증가집단	합계	Chi-square
어려울 때 도움을받을 수 있는 친척이 있다	그렇다	39(40.2)	23(23.7)	35(36.1)	97(100.0)	χ^2=6.087* (df=2)
	아니다	22(25.3)	19(21.8)	46(52.9)	87(100.0)	
	합계	61(33.2)	42(22.8)	81(44.0)	184(100.0)	
어려울 때 도움을 받을 수 있는 친구, 동창, 동향인들이 있다	그렇다	38(46.9)	14(17.3)	29(35.8)	81(100.0)	χ^2=12.433** (df=2)
	아니다	23(22.3)	28(27.2)	52(50.5)	103(100.0)	
	합계	61(33.2	42(22.8)	81(44.0)	184(100.0)	

* P<.05, ** P<.01, *** p<.001

사고 이후의 신체적 건강상태와 PTSD 관련 집단유형과의 관계를 분석했다. 그 결과 〈표 4-10〉과 같이 신체적 건강 문제를 호소하는 주민일수록 PTSD 증상을 호소하는 주민의 비율이 더 높았다. 사고이후 응답자의 44~55%가 신체적 건강문제를 호소했으며 이는 PTSD와 같은 심리적 건강을 악화시키는 직접적인 계기가 되었다. 이러한 결과는 재난으로 인한 신체적 건강 악화가 심리적 건강 악화로 확장된다는 기존의 연구결과와도 일치한다.

<표4-10> 응답자의 건강상태에 따른 PTSD 증상 여부 분석

(단위 : 명, %)

구분		비PTSD 지속집단	PTSD 감소집단	PTSD지속· 증가집단	합계	Chi-square
1. 사고이후 생활이 불규칙하게 변하였다.	그렇다	11(12.9)	22(25.9)	52(61.2)	85(100.0)	χ^2=30.473*** (df=2)
	아니다	50(50.0)	21(21.0)	29(29.0)	100(100.0)	
	합계	61(33.0)	43(23.2)	81(43.8)	185(100.0)	
2. 건강상태가 나빠졌다.	그렇다	19(18.4)	26(25.2)	58(56.3)	103(100.0)	χ^2=23.600*** (df=2)
	아니다	42(51.2)	17(20.7)	23(28.0)	82(100.0)	
	합계	61(33.0)	43(23.2)	81(43.8)	185(100.0)	
3. 잠을 잘 못 잔다.	그렇다	16(17.6)	24(26.4)	51(56.0)	91(100.0)	χ^2=19.769*** (df=2)
	아니다	45(47.9)	19(20.2)	30(31.9)	94(100.0)	
	합계	61(33.0)	43(23.2)	81(43.8)	185(100.0)	
4. 약복용이 늘었다.	그렇다	17(17.2)	28(28.3)	54(54.5)	99(100.0)	χ^2=24.086*** (df=2)
	아니다	44(51.2)	15(17.4)	27(31.4)	86(100.0)	
	합계	61(33.0)	43(23.2)	81(43.8)	185(100.0)	

* P<.05, ** P<.01, *** p<.001

지역사회의 경제적 · 사회적 복구수준도 일정하게 응답자들의 PTSD 증상 여부에 영향을 미친 것으로 나타났다(〈표4-11〉 참조). 2010년 현재 사고이전 수준으로 고기잡이, 양식업, 생물자원(경제적 복구), 협력관계(사회적 복구) 등이 회복되었다고 생각하는 응답자들은 회복되지 않았다고 응답한 사람들에 비해 상대적으로 비PTSD지속 집단에서 높은 비중을 차지하고 있으며, 반면에 PTSD 지속 · 증가집단에는 낮은 비율을 보이고 있다.

<표4-11> 지역사회의 경제적·사회적 복구정도에 따른 PTSD 증상 여부 분석

(단위 : 명, %)

구분		비PTSD 지속집단	PTSD 감소집단	PTSD지속·증가집단	합계	Chi-square
1. 고기잡이가 사고이전 수준으로 회복되었다.	그렇다	39(41.1)	16(16.8)	40(42.1)	95(100.0)	χ^2=7.444** (df=2)
	아니다	21(24.1)	26(29.9)	40(46.0)	87(100.0)	
	합계	60(33.0)	42(23.1)	80(44.0)	182(100.0)	
2. 양식업이 사고이전 수준으로 회복되었다.	그렇다	36(45.0)	11(13.8)	33(41.2)	80(100.0)	χ^2=12.000** (df=2)
	아니다	24(23.3)	31(03.1)	48(46.6)	103(100.0)	
	합계	60(32.8)	42(23.0)	81(44.3)	183(100.0)	
3. 바다생물이 사고이전 수준으로 돌아왔다.	그렇다	41(43.6)	17(18.1)	36(38.3)	94(100.0)	χ^2=10.067** (df=2)
	아니다	20(22.0)	26(28.6)	45(49.5)	91(100.0)	
	합계	61(33.0)	43(23.2)	81(43.8)	185(100.0)	
4. 동네사람들과의 서로 돕는 협력관계가 회복되었다.	그렇다	55(36.9)	59(39.6)	35(23.5)	149(100.0)	χ^2=6.690** (df=2)
	아니다	6(16.7)	22(61.1)	8(22.2)	36(100.0)	
	합계	61(33.0)	81(43.8)	43(23.2)	185(100.0)	

* P<.05, ** P<.01, *** p<.001

4) PTSD 지속·증가에 영향을 미치는 요인분석

본 연구는 비PTSD 집단을 기준으로 PTSD 지속 · 증가에 영향을 미치는 요인이 무엇인가를 이항 로지스틱 회귀분석을 이용하여 분석하였다. 분석결과 독립변수로 사용된 13개의 변수 중에서 피해노출수준, 성별 그리고 신체적 건강상태만이 PTSD 증상의 지속 · 증가에 영향을 미친 것으로 나타났다. 이는 그만큼 이번 유류유출사고가 인구사회학적 변수들이 복원력 변수로 작동할 수 없을 정도로 압도적인 사고였다는 것을 보여준다. 구체적으로 살펴보면, 피해노출수준이 높은 응답자가 피해노출수준이 낮은 응답자보다 PTSD 증상이 지속 · 증가할 가능성이 3.24배 높았다. 피해노출은 주로 경제적 피해와 연관된 변수로 재난의 경제적 피해가 직접적으로 PTSD 증상에 영향을 미치는 것으로 보인다. 그리고 사고이후 신체적 건강 문제를 호소하는 응답자가 그렇지 않은 응답자보다 PTSD 증상이 지속 · 증가할 가능성이 2.18배로 나타났다.

그러나 이 연구의 새로운 결과는 성별이 PTSD 증상 여부에 유의미한 영향을 미치고 있다는 것이다. 남성이 여성보다 PTSD 증상이 지속 · 증가 할 가능성이 2.82배로 피해노출수준과 큰 차이가 없을 정도로 높게 나타나는 것이다. 이러한 연구결과는 성별이 심리적 건강에 통계적인 영향을 미치지 않았다는 사고 직후의 연구와는 상반될 결론일 뿐 아니라(김교헌 · 권선중, 2008), 한국사회의 남성 중심적 문화가 여성에 대한 차별과 희생을 강요하여, 여성이 남성보다 정신 건강에 더 취약하다는 기존의 연구결과와도 상반된다(박재규 · 이정림, 2011). 오히려 농어촌사회의 강한 가부장적 문화로 인해, 사고이후 빈번하게 열리는 사고 관련 대책회의나 복잡하고 답답한 손해 배 · 보상 과정에 남성들이 주로 참여하여, 남성이 여성보다 억울하고 부당한 상황 속에 직접적으로 노출되는 빈도가 높은 것이 주요한 요인으로 작용한 것으로 보인다. 즉 심리적 스트레스를 유발할만한 상황 속에 남성이 여성보다 더 많이 노출되어 있는 것이다.

이번 유류유출사고로 인한 PTSD 증상의 지속 · 증가와 관련해서 피해노출 수준이 낮은 사람보다는 높은 사람, 여성에 비해 남성, 그리고 신체적 건강 문제를 호소하지 않는 사람보다는 호소하는 사람이 PTSD 증상에 취약한 것으로 나타났다. 특히 남성이 PTSD 증상에 취약하다는 연구결과는 이번 사고의 법적 판결의 부당함과 손해 배 · 보상 지연이 피해주민들의 경제적 위기와 심리적 스트레스를 지속 · 증가시키고 있다는 사실을 잘 보여준다. 이는 피해노출수준과 같은 직접적인 변수와 함께 재난복구의 부진함으로 인해 심리적 피해가 장기화될 수 있음을 보여준다. 그리고 PTSD 극복에서 사회적 결속 등과 같은 집합적 변수도 중요한 영향을 미친다는 점을 감안 할 때(허먼, 2007: 113), 이번 사고에서 사회자본 및 지역사회의 경제적 · 사회적 복구 정도가 PTSD 증상 완화에 통계적으로 특별한 영향을 미치지 못한 것도 주목해서 볼 필요가 있다. 이러한 이유는 이번 사고가 그 만큼 피해주민의 삶을 압도하는 사고였기 때문에 집합적 자원이 복원력 변수로 작용하지 못한 측면도 있지만, 재난복구가 더디게 진행되면서 파괴된 집합적 자원이 복구되지 못한 것도 영향을 미친 것으로 보인다.

<표4-12> PTSD 지속·증가에 영향을 미치는 요인분석(로지스틱 회귀분석)

변수		PTSD지속·증가집단		
		B	Wald	Exp(B)
상수		-2.83	1.47	.05
객관적 변수	성별(여성)			
	남성	1.05*	3.94	2.86
	연령	.02	1.16	1.02
	혼인상태(배우자 없음)			
	배우자 있음	.95	2.77	2.59
	교육수준(대학이상)			
	초졸이하	-.04	.003	.95
	중졸	-.33	.13	.71
	고졸	-.15	.03	.86
	피해급지(3,4급지)			
	1급지	-.10	.03	.89
	2급지	-.04	.006	.95

주관적 변수	피해노출수준(낮음)			
	높음	1.19*	5.57	3.28
	건강상태	.79***	2.66	2.20
	사회자본	-.29	2.79	.74
	개인적 문제해결 능력	.12	.32	1.12
	지역사회의 경제적 복구정도	-.18	2.58	.82
	지역사회의 사회적 복구정도	-.39	.90	.67
-2Log likelihood			124.62	
Cox & Snell R Square			.37	
Nagelkerke R Square			.50	
Chi-square			66.58***	

5. 나가며

본 연구의 목적은 외상 사고의 심리적 충격을 직접적으로 보여주는 PTSD 증상 여부를 통해서, 2007년 12월 7일 충남 태안 앞바다에서 발생한 대형 기름유출사고가 지역주민들에게 미친 심리적 피해와 그 심리적 피해의 취약성 변수를 밝혀내는 것이다. 이를 위해 2년의 시차를 두고 태안주민들을 상대로 조사한 PTSD 통계자료를 이용하였다. 연구결과를 요약해 보면 첫째, PTSD 증상으로부터 주민들의 회복속도가 더딜 뿐 아니라 새롭게 PTSD 증상을 호소하는 주민들도 있다는 것이다. 2008년 9월 조사에서 응답자의 62.2%, 2010년 10월 조사에서는 응답자의 43.8%가 PTSD 증상을 호소하여 2년 사이에 18.4%p만 감소하였다. 이는 2008년 2월에서 8월 즉 6개월 사이에 감소한 12.7%p와 단 5.7%p차이 밖에 없는 수준이다(김교헌 · 권선중, 2009). 그리고 2008년 9월 조사에서 PTSD 증상을 호소하지 않았던 70명 중의 9명(12.9%)이 2010

년 10월 조사에서 새롭게 PTSD 증상을 호소하였다. 둘째, 피해노출수준, 성별, 신체적 건강 수준 등이 PTSD을 지속 · 증가시키는 취약성 변수로 작용했다. 피해노출수준이 낮은 응답자보다는 높은 응답자, 여성보다는 남성, 신체적 건강피해를 호소하지 않는 응답자보다는 호소하는 응답자가 PTSD 증상에 더 취약한 것으로 나타났다.

특히 사고초기에 이루어진 선행연구와 다르게 성별변수가 PTSD를 지속 · 증가하는데 의미 있는 영향을 미치고 있었다. 여성이 남성보다 정신 건강에 더 취약하다는 기존의 연구결과와는 다르게 이번 사고에서는 남성이 여성보다 PTSD 증상이 지속 · 증가할 가능성이 2.86배 높게 나타났다. 이는 사고 관련 각종 회의 및 손해 배 · 보상 과정에도 남성이 주로 참여하고 있어 상대적으로 여성에 비해 남성이 심리적 스트레스를 유발할 만한 상황 속에 더 많이 노출된 결과로 보인다. 그리고 사회자본과 같은 집합적 자원이 PTSD 증상을 완화하는데 통계적으로 특별한 영향을 미치지 못했다는 것은 그만큼 이번 사고가 주민들의 삶을 압도하는 사고였다는 것을 보여주는 동시에 재난복구가 지연되면서 집합적 자원이 복구되지 못했다는 것을 보여준다. 이상의 연구 결과들은 이번 사고로 인해 주민들이 경험하고 있는 심리적 피해가 단순히 시간의 흐름에 따라 소멸될 수 있는 것이 아니라 장기화될 수 있음을 보여준다.

현재 태안주민들이 겪고 있는 심리적 고통은 의학적 치료를 통한 생의학적 접근만으로 해결할 수 없다. 왜냐하면 재난복구의 지연으로 인한 삶의 불확실성이 PTSD의 주요한 원인이기 때문이다. 즉 생의학적 모델을 넘어선 치료의 사회모델이 필요하다. 치료의 사회모델은 피해주민의 삶을 안정화하는 것에서부터 출발해야 한다. 그리고 이를 위해서는 무엇보다 가해 기업인 삼성의 법적 책임을 묻는 것과 함께 피해주민들에게는 신속하고 적절한 손해 배 · 보상이 이루어져야 한다. PTSD 증상의 완화에는 공동체 혹은 사회의 반응이 강력한 영향력을 행사한다. 피해자들이 피해를 입었다는 사실이 사회적으로 인정되고, 공동체는 반드시 해악에 대한 책임을 분담하고, 상처를 치료하기 위한 행동을 취해야 한다. 인정과 배상이라는 이 두 가지 반응은 인간사회에 질서가 있고 정의가 있다는 피해자들의 느낌을 재건하는데 꼭 필요하다(허먼, 2007: 127~128). 이런 측면에서 2011년 3월 7일, 삼성의 중과실을 인정한 대법원의 판결과 4월 20일, IOPC기금과 조업제한 시기 차이로 발생하는 피해 차액을 정부 및 지자체가 보상하기로 개정한 특별법이 국회법사위를 통과했다는 것은 환영 할만하다. 하지만 삼성은 여전히 막대한 배상금액을 56억여 원으로 제한하려는 의도를 포기 하지 않고 있을 뿐만 아니라 개정된 특별법에서도 무면허 · 무신고 · 무허가 영세 어민들은 법의 사각지대에 남아있다.

제5장

갈등과 피해공동체의 복원력

환경재난 이후의 어촌공동체

제5장

갈등과 피해공동체의 복원력

1. 들어가며

재난은 물리적 환경과 인간사회에 부정적인 영향을 미치는 비일상적인 사건으로 반드시 복구과정을 필요로 한다. 유류유출사고이후 환경 복구는 대대적으로 이루어졌지만, 사고발생 2년 3개월 후인 2010년 2월에 일어난 피해주민의 자살사건에서 드러나듯이 여전히 사고이전의 삶을 회복하지 못하고 있다. 130만 명에 이르는 자원봉사자들이 방제 작업에 참여했으며 343억 원의 국민성금이 모금될 정도로 전 국민적 관심을 끌었을 뿐만 아니라 특별법을 통해 피해자 구제 및 지역경제 활성화를 위한 다양한 정책이 시행되고 있음에도 피해주민들이 체감하는 복구정도는 더디기만 하다. 특히 태안 기름유출사고가 재난발생의 법적 책임문제와 손해 배·보상 문제를 발생시키는 기술재난인 동시에 어촌사회의 물적 토대인 바다를 오염시킨 환경재난이라는 점

때문에 사고이전 수준으로 주민들의 삶이 회복되는 데 더 많은 시간이 소요되고 있다.

불확실성이 높은 상황 하에서의 재난복구의 경우에는 관 중심의 기술관료적 의사결정보다는 관련 이해관계 집단들의 참여와 신뢰를 바탕으로 한 민주적 의사결정이 중요하다(정지범 · 최상옥, 2009). 즉 적절하고 효율적인 재난복구를 위해서는 관련 이해당사자들이 참여하여 서로의 의견을 조정하고 협력하는 재난관리 거버넌스 구축을 통해 정책의 수용성을 높여야 한다는 것이다. 재난관리 거버넌스는 불확실한 상황속에서 관련 행위자들 사이에서 광범위하게 나타날 수 있는 집합행동의 딜레마 즉 공적 이익과 사적 이익 간의 갈등을 조정해 줄 수 있는 사회자본으로 작동할 수 있다. 바꿔 말해 재난관리 거버넌스는 재난 이후 관련 행위자들 간의 갈등을 조정하고 협력을 증진시켜 신속하게 재난으로부터 벗어날 수 있는 능력인 재난 복원력을 증진시킨다.

그러나 태안 앞 바다에서 발생한 유류유출사고는 국가 재난이라고 할 만큼 규모가 큰 재난이었음에도 재난을 극복하기 위한 관련 이해당사자들이 참여하는 집합적 의사결정 구조가 제대로 구축 · 작동하지 못했다. 그로 인해 당사자들 간의 갈등과 불신이 증폭되어 재난복원력이 약화되었다. 따라서 본 연구에서는 재난의 부정적인 영향을 완화하고 극복하는 역량이라고 할 수 있는 재난복원력(류현숙 외, 2009)의 차원에서 재난관리 거버넌스의 장점을 이론적으로 검토한 후, 왜 유류유출사고가 전국적인 관심을 끌 정도의 사고였음에도 불구하고 관련 행위자들이 참여하는 재난관리 거버넌스 체계가 구축되지 못했는가, 그리고 그것의 부정적인 영향은 무엇이었는가를 밝혀 보고자 한다.

2. 재난관리 거버넌스와 재난복원력

일반적으로 거버넌스는 공공문제 해결을 위해 정부부문과 민간부문 간에 이루어지는 협력적 체계로 정의된다. 따라서 재난관리 거버넌스 또한 시민의 안전한 생활을 위하여 정부, NGO, 시민 등 다양한 행위주체들이 의사결정권을 공유하고, 상호의존과 협력의 네트워크를 구성하여 재난관리정책을 집행해나가는 체계로 정의될 수 있다(이재은 · 양기근, 2004). 재난관리과정은 크게 예방, 준비, 대응, 복구의 4단계로 구분된다. 예방과 준비단계는 재난발생이전 대응과 복구단계는 재난발생 이후 단계에 해당한다. 예방단계가 자연적 · 기술적 재난요인을 완화 혹은 제거하는 단계라면 준비단계는 재난발생시 효과적인 대응을 위하여 운영능력을 향상시키는 사전준비 단계다. 그리고 대응단계가 재난직후 재난관리 기관들이 자신들이 맡은 임무를 실제로 수행하는 일종의 긴급 재난관리 단계라면, 복구단계는 재난피해자 및 피해지역을 재난 발생이전의 상태로 회복될 때까지의 장기적 활동 그 모두를 총칭한다(강영훈, 2008; 이재은 · 양기근, 2004; 정지범 · 최상옥, 2009). 따라서 재난관리 거버넌스는 이상의 4단계 재난관리 과정에서 민간부문의 참여를 의미한다고 볼 수 있다.

재난관리과정에 거버넌스 개념이 도입되면서 그동안 재난관리정책의 결정과정에서 상대적으로 소외되었던 민간부문의 참여가 확대되었다는 점에서 긍정적이다. 하지만 이 또한 어디까지나 정부부문의 효율성을 보완하는 차원에서 민간부문 관리에 초점이 맞추어져 있었다. 따라서 민간부문의 실질적 참여는 물리적 복구와 긴급 구호가 필요한 재난발생 초기인 대응단계에 국한 되며, 재난피해자들 또한 이러한 연장 선상에서 정부에 의해 동원 · 관리된다. 따라서 그동안의 재난관리 거버넌스는 정부부문 재난관리의 효율성을 우선적으로 고려하여 시민 참여를 제한하는 정부주도형 거버넌스 유형이라고 볼 수 있다. 하지만 재난의 부정적 영향은 환경, 경제, 사회, 건강, 심리 영역에 이르기까지 복합적이다. 그리고 재난복구의 궁극적 목적이 재난피해자 및 피해지역을 재난발생 이전의 상태로 회복시키는 데 있다는 점에서 재난 복구에는 보다 폭 넓은 민간부문의 참여와 협력이 필요하다. 재난이후 재난공동체는 매우 불확실한 상황 속에 놓여있기 때문에 행위자들 사이에서 기회주의적 재난행동이 나타날 가능성 높다. 그뿐만 아니라 피해자들의 동의와 협력을 얻지 못할 경우 정부정책에 대한 피해자들의 정책수용도가 떨어져 실질적인 재난복구로 이어지지 못하거나 또 다른 사회갈등을 유발할 수 있다. 따라서 민간부문의 적극적 참여를 강조하는 참여형 재난관리 거버넌스의 구축이 요구된다. 즉 민간부문의 능동적 참여는 정부정책을 방해하는 것이 아니라 오히려 정부에 대한 신뢰수준을 높여 재난복구과정에서 필요한 통합적 리더쉽을 구축할 수 있는 사회자본을 만들어 낸다.

재난복구는 정부와 비정부 행위자들 간의 협력이 필요한 장기적인 과정이다. 이러한 측면에서 참여형 재난관리 거버넌스는 사회구조적 시스템뿐만 아니라 행위자들의 적극적인 역할을 강조하며, 정부와 비정부 행위자들 간의 협력적 관계(류현숙 외, 2009)를 중시하는 재난 복원력과 통하는 점이 있다.[1] 재난과 관련해서 복원력은 취약성의 반대 개념

1 복원력이라는 용어는 '다시 뛰어 오르다(to jump back)'라는 라틴어 리실이오(resilio)에서 유래된 것으로 '자극이 가해지기 전의 상태로 돌아감'을 의미한다. 복원력의 개념은 생태학자 홀링(Holling)이

으로 이해되기도 한다. 따라서 복원력이 강할수록 취약성이 약해지며 그 역의 관계도 성립된다. 하지만 취약성을 복구역량을 제약하는 요인 혹은 낮은 수준의 복원력으로 이해하여 취약성과 복원력의 개념을 구분해서 보기도 한다(류현숙 외, 2009). 즉 재난 복원력은 위난이 초래하는 부정적 영향으로부터 공동체 시스템이 신속하게 회복하는 대처역량 및 능력(McEntire, 2001; 류현숙 외, 2009에서 재인용)을 뜻하는 보다 능동적 의미를 포함한다. 복원력은 불리한 상황을 완화·극복하려는 보호기제에 더 관심을 둔다. 따라서 재난복구 연구에 있어 복원력의 개념이 취약성보다 더 유용할 수 있다.

재난 복원력은 주로 공동체 혹은 지역사회 차원에서 논의된다. 지역사회 차원의 재난 복원력은 물리적 인프라에 대한 투자만으로 이루어지지 않는다. 여기에는 지방행정조직과 다양한 비공식 모임 및 행위자들 간의 원활한 네트워크가 필수적이다(홍영란·이재열, 2009). 앞서 언급했듯이 재난은 인간사회의 다양한 분야에 부정적인 영향을 미치며 그로 인해 불확실성을 증대시킨다. 불확실성은 행위자들이 최적의 행위를 선택할 수 없게 하며 때로는 잘못된 행위를 선택하게 하여 오히려 재난의 부정적 영향을 더욱 확대하고 심화시킬 수 있다. 따라서 재난 이후 관련 행위자들의 정보와 지식을 총동원할 수 있도록 거버넌스 구축이 중요하다. 이러한 거버넌스는 일종의 제도적 사회자본으로 재난

생태학적 관점에서 '생태시스템이 변화를 수용하면서도 지속할 수 있는 능력의 정도'로 사용하기 시작하여 이후 생태학, 물리학, 심리학을 중심으로 사용되었으나 최근에 와서는 사회과학 여러 분야에서 사용되고 있다. 재난관리에 있어 복원력이 핵심적 개념으로 자리잡기 시작한 것은 2005년 UN산하 '재난 위기 감소를 위한 국제전략회의(International Strategy for Disaster Risk Reduction)' 이후부터다(류현숙 외, 2009; Manyena, 2006).

복구과정에 기여할 수 있다.[2] 제도적 사회자본은 개인의 사적 이익과 공동체의 공적 목표 간의 갈등을 극복하고 공공선을 추구하도록 유도한다는 측면에서, 거버넌스는 재난이후 행위자들 사이의 갈등을 조정하고 협력을 촉진할 수 있다. 또한 복구과정에서 필요한 다양한 물리적·경제적·인적 자원을 효과적으로 동원하는 데에도 중요한 영향을 미친다. 재난복구의 궁극적 목적이 피해자들의 사회경제적 삶의 복원이라는 점에서 재난피해자들은 단순히 구호의 대상이 아니라 복구의 주체이다. 재난 복원력이 재난이 초래한 부정적인 영향으로부터 신속하게 회복하는 공동체의 대처역량이라는 점을 고려할 때, 참여형 재난관리 거버넌스 구축과 운영은 재난복구과정에 있어 핵심적인 사회적 자원이라고 할 수 있다.

3. 이해당사자들 사이의 관계

복구과정에서 거버넌스 체계가 구축·작동하지 못했는지를 밝혀내기 위해서는 우선 거버넌스 구축을 제약하는 환경적 조건을 살펴볼 필요가 있다. 환경적 조건이란 이번 기름유출사고의 재난적 특징이라고 할 수 있다. 즉 재난복구과정에서 관련 행위자들의 행위는 이번 재난이 갖는 고유한 특징으로부터 일정부분 제약을 받는다. 거버넌스 구축

2 사회자본은 개인적 수준의 연결망에 주목하는지, 공동체나 집단적 수준의 연결망의 속성에 주목하는지에 따라 관계적 사회자본(relation social capital)과 제도적 사회자본으로 구분해 볼 수 있다(Krishna, 2000: 류현숙·정재기·정지범, 2009에서 재인용). 제도적 사회자본은 집합행동의 딜레마 해결과 같은 사회자본의 공공재적 성격에 주목한 것이라면, 관계적 사회자본은 개인이 자신의 사회적 관계나 집단 소속여부를 이용하여 가치 있는 경제적·상징적 자원을 획득하는 능력과 같은 개인적 차원을 강조한다(퍼트넘, 2001; 2009; 이재열·남은영, 2008),

을 제약하는 환경적 조건을 검토한 후 본격적으로 이번 사고와 관련된 주요 행위자, 즉 재난관리 거버넌스의 행위자라고 할 수 있는 지방정부, 가해기업, 지역NGO, 피해주민간의 상호이해와 대응과정을 살펴본다.

정부부문의 행위자로는 중앙정부나 충남도가 아닌 기초자치단체인 태안군을 선택했다. 기초자치단체인 군을 선정한 이유는 가장 가까운 곳에서 태안 피해주민들의 권리를 보호하고 실현하는 주체이면서 다른 관련 행위자들과도 빈번하게 상호작용을 하는 실질적인 정부단위이기 때문이다. 민간부문의 행위자로는 가해기업, 피해주민단체 그리고 제3부문의 행위자로는 지역시민사회 영역에 속하는 지역NGO를 선정했다. 가해기업이 거버넌스의 당사자인지 투쟁의 대상인지에 대해서는 논란의 여지가 있을 수 있다. 하지만 재난복구의 책임을 진 당사자라는 점에서 잠재적 거버넌스 참여자라고 보아도 좋을 것이다. 그리고 피해주민단체는 피해주민들의 통합단체인 태안군 유류피해민 대책연합회(이하 대책연합회) 중심으로 살펴볼 것이다. 이들 간의 상호관계가 협력적이냐 갈등적이냐에 따라 거버넌스 구축이 결정된다고 볼 수 있다. 만일 협력적 상호관계로 인해 재난관리 거버넌스가 구축 · 운영되었다면 거버넌스가 어떻게 재난 복원력을 증진시키고 있는지를 살펴볼 것이고, 반대로 갈등적 관계로 인해 거버넌스가 구축 · 운영되지 못했다면, 그로 인한 재난 복원력의 약화과정을 살펴 본다.

[그림5-1] 분석틀

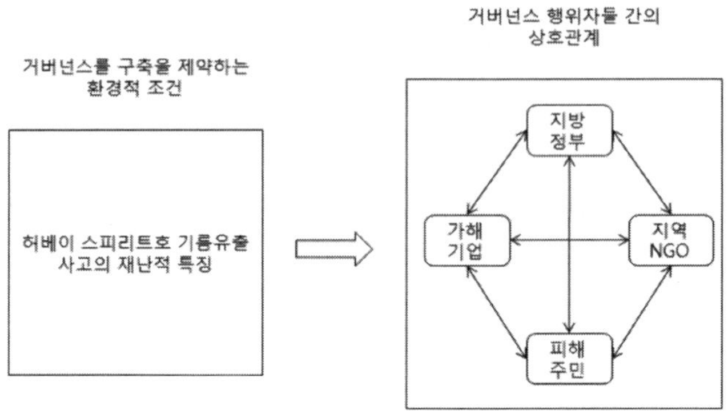

4. 허베이 스프리트호 유류유출사고의 기술재난적 특징

이번 유류유출사고가 재난으로서 갖는 특징은 거버넌스 구축을 제약하는 환경적 조건으로 일부 작용했다. 이번 사고는 기상악화를 충분히 예상할 수 있는 상황이었기 때문에 삼성중공업이 무리하게 예인선단을 운항하지 않았더라면, 그리고 예인선단, 유조선과 관제센터 간의 원활한 소통이 이루어져 신속하게 대응했더라면 피할 수 있는 재난이었다는 측면에서 명확히 인간과 기술실패로 인한 기술재난이다. 기술재난 연구자들에 따르면 기술재난 이후에는 자연재난과는 다르게 사고 책임을 둘러싼 법적 책임과 손해 배·보상 문제가 핵심적인 쟁점으로 부상하는 경향이 있다(Picou, Marshall and Gill, 2004; Freudenburg, 1997; Couch, 1996). 실제로 이번 사고이후에도 삼성중공업과 피해주민 간에 사고 책임을 놓고 첨예한 법적 대립과 함께 손해 배·보상 문제가 주요한 쟁점으로 부상했다. 사고의 법적 책임 문제는 손해 배·보상 문제와 직결되어 있기 때문에 삼성중공업측은 고의 혹은 무모한 운항으로 인한 사고가 아님을 주장하면서 보상금액을 합법적으로 최소화하려는 전략을 취했다. 반면에 피해주민들은 삼성중공업의 중과실과 그로 인한 무한책임을 주장했다.[3] 사법부가 사회갈등의 최종 결정자로 정당한가와는 관계없이 사회질서의 조직화 원리로 법치(法治)가 공고화된 현대 한국사회에서 사고 책임의 귀속 문제는 법원 판결을 통해서 결정되어진다. 현재까지 진행된 항고심 결과를 놓고 본다면, 법원은 삼성중공업이 보상금액을 56억 원으로 제한한 책임제한 절차개시를 받아들였다. 이는 삼성중공업의 무한책임을 주장하는 피해주민들의 주장과는 상반된 것으로 피해주민들의 거센 분노를 불러일으켰다. 즉 이번 재난은 기술재난의 특성상 가해자와 피해자간의 법적책임을 둘러싼 첨예한 대립을 유발하기 때문에 삼성중공업과 피해주민간의 상호협력을 통한 문제 해결을 막아서는 환경적 조건을 만들어 낸다.

또한 이번 재난이 유류유출사고인 관계로 손해 배·보상 문제는 우리나라가 가입한 유류오염 국제보상체계인 국제유류오염보상기금(이하 IOPC기금)의 영향을 받는다. IOPC기금은 유류유출사고로 인한 방제비용, 재산상 손실 등의 보상액을 산정·지급하는 국제기구로 1차 책임배상자인 유조선 선박소유자가 보험금으로 지급하지 못한 피해금액을 지급하는 책임을 갖고 있다. IOPC기금이 2차 배상책임자이지만, 일반적으로 유류유출 손해 배·보상의 문제는 IOPC기금에 의해 결정 된

3 국내 상법(제769조)에 따르면 "선박에서 또는 선박의 운항에 직접 관련하여 발생한 사람의 사망, 신체의 상해 또는 그 선박 외의 물건의 멸실 또는 훼손으로 인하여 생긴 손해에 관한 채권"에 대해서는 선박소유자(선박임차인)가 배상금액을 제한할 수 있는 유한책임제도를 규정하고 있다. 단 "그 채권이 선박소유자 자신의 고의 또는 손해 발생의 염려가 있음을 인식하면서도 무모하게 한 작위 또는 무작위로 인하여 생긴 손해에 관한 것인 때"는 책임제한을 주장할 수 없다. 즉, 피해주민들의 주장처럼 무한책임을 지게 된다.

다(국제해양문제연구소, 2001: 293). 현재까지 IOPC기금은 총 다섯 차례에 걸쳐 피해추정금액을 발표했으며 최종적으로 5,420~5,770억 원(2009년 10월)을 산정했다. 하지만 사고 당시에는 배상한도액을 1조 원으로 확대하기 위해 만들어진 2003년 보충기금에 한국 정부가 가입하지 않았기 때문에 피해주민들이 받을 수 있는 최고보상액이 3,218억 원으로 제한된다. 재난복구를 위해서는 신속하고도 완전한 손해 배 · 보상이 이루어져야 하지만 IOPC기금 측의 손해사정 및 배 · 보상 원칙과 절차는 신속함이나 완전함과는 거리가 멀다. IOPC기금 보상청구 매뉴얼에 따르면 유류오염 피해보상의 청구 및 보상은 객관적 · 합리적 · 과학적 입증자료에 근거하도록 규정하고 있다. 이로 인해 손해 사정 기간이 장기간 소요되며 영세한 어민 및 관광업자들은 자신들의 피해를 입증하는 데 많은 어려움을 겪을 수밖에 없다.[4] 또한 기금 측은 철저하게 자신들이 선임한 손해감정인들의 보고서에 따라 손해 배 · 보상액을 결정하기 때문에 피해자 측 주장이 반영되지 않는다. IOPC기금의 이러한 제도적 한계는 주민들의 재난피해를 장기화 시킨다.

손해 배 · 보상 문제는 원칙적으로 국가의 개입으로부터 자유로운 민사적 혹은 사적 영역이라고 할 수 있다. 현재 국가가 특별법 제정을 통해 사적 영역인 손해 배 · 보상 문제에 제도적으로 개입하고 있지만, 원칙적으로 이 문제는 삼성중공업과 피해주민, IOPC기금과 피해주민,

4 실제로 외국 기름유출사고에 대한 IOPC기금의 보상사례와 비교해 봐도 실체청구건수 대비 기각건수가 높은 반면, 청구금액 대비 사정금액은 매우 낮은 편이다. 이는 국내 피해자들의 대부분이 피해에 대한 충분한 입증자료를 제시하지 못하였기 때문인 것으로 판단된다. IOPC기금은 수산업 분야 피해자들에게 과거 3년간의 세무서 소득신고, 수협위판소득, 종묘구입내역, 사매매 실적 자료(거래통장, 회계장부, 거래처 법정 영수증 등) 등을 제출할 것을 요구하고 있으며, 관광분야 종사자들에게도 충분한 입증자료(부가가치세표준증명, 신용카드내역, 주요 매입내역 혹은 매출 및 영업상황을 나타내는 자료 등) 요구하고 있다. 하지만 피해주민들이 주로 영세한 어민과 관광업자들이라는 점에서 IOPC기금의 요구는 과도한 측면이 있다(강연실 외, 2010)

즉 사인(私人)간의 문제로 규정된다. 따라서 사고를 둘러싼 이해관계 및 대응방식이 폭넓은 행위자들이 참여하여 쟁점이 공적 의제로 확장되는 사회화 과정을 밟기보다는 당사자들 간의 사적인 이해관계로 축소되는 사사화 과정이 나타날 가능성이 높다. 따라서 재난관리 거버넌스 구축과 운영의 주요 행위자인 지방정부, 피해주민, 시민단체, 기업간의 협력의 가능성이 구조적으로 일정부분 제한받게 되는 것이다.

5. 재난관리 거버넌스 행위자들의 이해와 대응

1) 지방정부(태안군)

태안군은 태안주민을 대표하는 지방정부로서 독자적으로 또는 중앙정부와 함께 재난복구 과정에서 필요한 정책을 계획하고 실행할 수 있는 공식적인 권한을 갖는 기관이다. 따라서 태안군은 이번 재난관리 거버넌스의 구축과 운영에 있어 핵심적 행위자라고 할 수 있다. 직접적으로 거버넌스라는 용어를 사용하지는 않았지만, 사고초기부터 지역시민단체와 피해주민들은 태안군이 앞장서서 자신들과 함께 나서줄 것을 강력하게 요구했다. 하지만 당시 태안군수는 지역시민단체 및 피해주민과의 직접적인 연대에는 극히 소극적인 입장을 취했으며, 이는 사고직후 생계를 비관하여 자살한 한 주민의 군민장(2008년 1월 18일) 준비 과정에서도 드러났다. 당시 지역시민단체 및 피해주민단체(태안유류피해투쟁위원회) 등은 태안군수에게 유류유출사고를 전국적 쟁점으로 부각시키고, 향후 삼성중공업 및 중앙정부를 상대로 강한 투쟁을 전개하기 위해서는 태안군수가 직접 장례위원장을 맡아 군민장으로 치러야 한다고 요구했다. 하지만 태안군수는 장례위원장을 맡을 수 없다면서 이를 거부했으며 장례 또한 태안군이 아닌 지역시민단체와 지역수협 관계자들을 중심으로 추진되었다.[5]

태안군수의 이러한 소극적인 자세는 이후 피해주민단체 및 시민단체와의 관계설정에서도 그대로 반복되었다. 군민장 이후 지역시민단체와 피해주민단체인 태안유류피해투쟁위원회 등은 신속하게 재난을 극복하고 중앙정부, 삼성, IOPC기금 등을 상대로 피해주민들의 권리를 보호하기 위해서 주민역량을 한 곳으로 모아야 한다면서, 태안군수에게 "일단 명의상"이라도 전체 피해주민대책위원회의 위원장을 맡아줄 것을 강력하게 요구했다. 당시 태안군 관내에서 지역 및 업종별로 대책위원회가 난립하고 확인하기 어려운 유언비어가 유포되면서, 크고 작은 주민갈등이 발생하고 있는 시점이었기 때문에 피해주민들의 입장에서는 이를 조정하고 통합할 수 있는 상징적인 힘이 절실히 필요했다. 하지만 태안군수는 "자신은 행정을 책임지고 행정을 하는 사람이기 때문에 투쟁"을 해서는 안된다는 관료적인 입장을 들어 이를 거

---

5 당시 이 일에 적극적으로 참여했던 지역의 시민단체 관계자는 당시 상황을 다음과 같이 구술했다. "제가 ○○○에 갔더니 몇 분이 그런 얘기를 하시더라고요. 장례를 군민장으로 하자… 태안군수를 모시고 조그만 방에 들어가서 제안을 제가 했습니다. …이것은 군민장으로 해야 되고, 군수님이 군민장의 장례위원장이 되가지고 하십시오. 그렇지 않고서는 전국적인 관심을 이끌어 낼 수 없고, 앞으로 싸움을 해나가는데 도움이 안 됩니다. 설득을 한 시간 했어요. 군수가 생각해 보겠다 그러고 그냥 갔습니다. 제가 ○○○ 도의원을 찾아 갔어요. ○○○ 도의원에게 설명을 다시 했더니, ○○○ 도의원이 아, 그 말 맞는 것 같다. …도의원이 군수 관사로 갔습니다. …태안군수가 하는 말이, 도의원까지 이렇게 얘기를 하면은 그런 것 같네 하고… 협의를 했는데. 뭐 군수가 선관위에 알아보니까, 선관위에서 군수는 장례위원장하면 안 된다. 뭐 이렇게 연락이 왔대. (태안군수가)못하겠다 이렇게 된 거예요. …결국에 가서는 군민장이라는 이름은 쓰고 군수는 빠지고 서산수협 조합장이 장례위원장을 맡아라, 이렇게 된 거예요. …저희 단체하고 수협 분들하고 해서 군민장을 만들었습니다. …태안군수는 빠져나갔고 군의원들은 전혀 뭐, 안 움직였어요. …장례위원회를 꾸린 사람들을 중심으로 2008년 1월 23일 서울역 집회(첫 번째 대규모 상경집회-필자 주)를 이뤄낸 거지요. 그렇게 하는 동안에도 군의원이나 군수는 단상 위에도 안 올라왔어요."

절하였다. 또한 태안군수는 외부 시민단체와의 협력에도 소극적인 자세로 일관했다. 환경운동연합을 포함한 참여연대, 민변 등의 시민단체가 환경보건, 법률지원, 전국적인 수준에서의 여러 시민단체와의 협력방안을 지원하겠다고 제안했지만 태안군수는 이들과의 만남 자체를 거부하기도 했고, 회동이 이루어지는 경우에도 미온적인 자세를 취했다.

앞서 언급했듯이 이번 사고는 기술재난의 특성상 사고 책임의 법적 다툼과 손해 배 · 보상을 둘러싼 치열한 갈등이 벌어질 가능성이 처음부터 높았다. 따라서 이번 재난복구의 핵심은 피해주민들의 손해배 · 보상 요구가 어느 수준으로 정당화되는가에 달려 있었다. 태안군수가 자랑하는 방제현장 방문 중심의 '운동화 군수' 전략만으로는 재난피해를 해결하기 어려운 상황이었다. 따라서 지방정부가 상대적으로 사회적 약자인 피해주민들의 권리 보장을 도울 수 있는 효과적인 방법은 보다 많은 행위자를 쟁점에 참여시키는 사회화 전략을 통해 힘의 균형을 잡아가는 것이었다고 할 수 있다. 하지만 태안군은 재난복구의 가장 중요한 쟁점을 삼성과 피해주민, IOPC기금과 피해주민간의 문제로 인식하여 피해주민 및 시민단체와의 연대 요구에 소극적 자세로 일관해 왔다. 거버넌스 구축을 통해 태안문제를 사회화시킬 수 있는 가능성을 지방정부 스스로가 차단해 버렸다고 할 수 있다.

피해주민단체와 시민단체의 거센 요구에도 불구하고 태안군이 이들과의 연대에 소극적이었던 이유로 태안군의 지방자치권력이 보수적인 토호세력에 의해 독점된 측면이 영향을 미친 것으로 보인다. 태안군수와 군의원 정당별 분포를 확인해 보면 태안군 지방정치의 보수독점화 현상이 뚜렷하게 드러난다(〈표5-1〉 참조). 이들은 지역의 주요 기관장 출신이거나 사업체를 운영하면서 동창회, 체육회, 새마을조직, 청년회의소 등의 지역조직과 연계되어 있는 인물들이다. 특히 당시 군수는 전국 재산공개 공직자 1,851명 중에서 최고액을 신고했을 정도로 큰 재산을 소유한 사람으로, 지역사회와 지역정치에 강력한 영향력을 행사했다. 유류유출사고이후 실시된 지방선거(2010년 6월 2일)에서 군수를 포함한 지방의원 7명 중 4명이 교체되었지만, 단순한 인적 교체일 뿐 세력 교체는 일어나지 않았다. 군수의 낙선 또한 개인적인 스캔들의 영향 때문이라고 할 수 있고, 유류유출사고이후 변화된 민심이 크게 영향을 미친 것은 아니다. 따라서 이후 새롭게 당선된 군수가 선거법 위반으로 자격을 상실하게 되자, 보궐 선거(2011년 4월 27일)를 통해 손쉽게 군수로 복귀할 수 있었다.

<표5-1> 태안군수 및 군의원 정당분포

구분	군수	군의원			
		한나라당	국민중심당	자유선진당	무소속
4대(2006년)	국민중심당	1	3	-	3
5대(2010년)	무소속⇒ 자유선진당	2	-	4	1

자료: 중앙선거관리위원회 홈페이지(http://www.nec.go.kr)

사고 규모 및 언론 보도형태 등의 차이로 단순 비교는 어렵겠지만, 스페인의 사례는 태안의 경우와 달랐다. 2002년 스페인에서 발생한 프레스티지호 기름유출사고의 경우에는 사고를 계기로 전통적으로 보수적인 정치성향을 보였던 피해 지방에서 새로운 시민운동이 출현했으며, 초동대응 실패가 보수여당인 국민당에 대한 사회적 적대감을 부추였다(노진철, 2010). 반면에 태안 유류유출사고는 지방선거에서 조차 후보자들의 당락을 결정하는 정치적 변수가 되지 못했다. 사고이후 지방정부의 일처리 방식에 대한 주민신뢰가 매우 낮았음에도 불구하고 이 점이 선거과정에서 주요한 쟁점으로 부상하지 못한 것이다. 이는 보수적 토호세력의 견고한 지방정치권력 장악과 함께 지역 시민사회의 취약성을 보여주는 것이라 할 수 있다. 보수적 토호세력에 의한 지방권력 독점 현상이 갖는 가장 큰 문제점은 무엇보다 자신들의 이해관계에 맞게 지역사회의 의제를 왜곡한다는 것이다(조명래, 2011).

> "태안의 경우 정부에 요구하는 사업을 보니까, 지역주민들의 의견도 수렴 안 하고, 군수가 공약했던 것을 조기에 실현하려고 하는 이런 것들만 요구합니다. 그래서 태안군청 홈페이지 자유게시판 이런 걸 보면. 지금 지역주민들한테 한마디라도 물어봤느냐, 군수가 자기 고향만 저기 하려고 한다. 뭐 길 놔 달라, 어디에 뭐 지어달라, 이런 것들은 기름피해와 무슨 상관이 있는 이야기냐 라고 합니다."

태안의 지역언론 관계자는 "공고한 기존 세력들의 네트워크가 워낙 촘촘해 위기 상황에서도 새로운 목소리가 나올 수 없었다."고 했다. 따라서 "철저하게 자신들의 이익"을 우선하는 방향으로 재난복구의 의제가 왜곡되고 있다고 구술했다. 태안군은 피해주민들이 재난 해결을 위해 요구하는 핵심 사안인 삼성의 책임과 손해 배·보상 문제를 제도적 절차에 따른 사인간의 문제로 받아들이고 있다. 반면에 지역경제 활성화를 위한 재정의 상당부분을 자신들의 공약 사업이나 이해관계에 따라 도로 및 항만 건설, 일회적인 지역축제와 같은 전시성 사업에 투여했다(박순열·홍덕화, 2010). 결국 보수적인 토호세력에 의해 독점된 지방정부의 권력은 피해주민 및 시민사회 세력과의 연대를 통한 태안문제의 사회화를 적극적으로 추진하기보다는 소극적인 주민 지원에 머물렀다고 할 수 있다.

2) 삼성중공업

사고직후 시민단체와 피해주민들로부터 가해자로 지목받은 삼성중공업의 대응전략은 크게 법적 책임을 최소화하려는 공식적 대응과 삼성에 대한 지역의 비판여론을 관리하는 비공식적 대응으로 구분해 볼 수 있다. 2008년 1월, 대규모 집회를 통해 피해주민들이 삼성의 사과와 책임을 촉구했지만, 삼성은 사고초기 어떠한 공식적 입장도 발표하지 않았다. 삼성은 검찰이 중과실 여부를 판단하지 않고 기소할 것이라는 사실을 확인하고 나서야 공식 사과문을 발표했다(2008년 2월 22일). 이때는 이미 사고 발생 47일이 지난 후였다. 그리고 사과문의 내용 또한 갑작스러운 기상악화에 의한 불가항력적인 사고임을 강조하여 중과실로 인한 유한책임배상의 예외조항에서 벗어나려는 의도를 숨기 않았다. 이는 이후 보상금액을 56억 원으로 제한하는 책임제한 절차 개시 신청으로 이어졌으며, 현재까지 삼성에게 유리한 법원의 판결이 나왔다. 이러한 삼성의 대응 방식은 피해주민들의 공분을 사기에 충분했다.

기술재난이후 법을 통한 문재해결 방식은 자원동원 역량이 높은 가해 기업들이 선호하는 방식이다. 현재 삼성은 판검사 출신으로 구성된 독자적인 법무조직을 운영하고 있으며 사내 변호사만도 171명(2007년 기준)에 이른다. 그리고 이들 또한 지연, 학연 등을 통해 사법부 내에 광범위한 인적 연결망을 구축하고 있다는 것은 널리 알려진 사실이다(이종보, 2011: 189-196). 가해 기업인 삼성은 법 제도를 통해 피해주민들의 비판과 주장을 객관적 · 과학적 근거가 없는 것으로 평가절하하고, 자신들에게 유리한 방향으로 법적 정당성을 확보하려 한다. 법 제도를 통한 문제해결 방식은 재난피해와 보상 문제를 당사자 간의 문제로 축소하여 이 문제가 사회적 쟁점으로 확장되는 것을 차단한다. 사회질서의 조직화 원리로 법치주의가 공고화된 현대 한국사회에서 법원의 판결은 가해기업이 책임을 최소화하려는 합법적 전략으로 이용되고 있다.

법원 판결을 둘러싼 영역에서는 삼성과 피해주민간의 첨예한 갈등관계가 나타난 반면, 비판적인 지역여론 관리를 목적으로 이루어진 비공식적 대응 영역에서는 좀 더 복합적인 관계가 나타났다. 2008년 2월 29일, 삼성중공업은 법적인 피해보상과 별도로 서해안지역발전기금 천억 원 출연, 환경복원을 위한 방제활동과 장비 지원, 피해마을과의 자매결연, 피해지역 소외계층을 위한 사회공헌활동 등을 하겠다고 발표했다. 이후 삼성은 자원봉사활동, 직원 연수, 농산물 및 태안 상품권 구매, 무료 진료사업 등을 추진했다. 그리고 사고 발생 8개월 만에 6개의 피해마을과 자매결연 하는 성과를 올렸다. 자매결연 사업은 태안군 및 피해주민들의 반대에 부딪쳐 주춤하다가 연안마을을 중심으로 재추진되었다. 하지만 이러한 자매결연은 호혜적 상호교류를 목적으로 하는 자매결연 본래의 취지와는 맞지 않았다. 삼성은 자매결연을 통해 삼성에 대한 부정적 주민여론을 관리하는 것이 목적이었다면, 피해주민들은 미래를 예측할 수 없는 현실 속에서 크지는 않지만 즉각적인 이득을 취하기 위해 가해자인 대기업의 손을 잡아야만 했던 것이다. 조사과정에서 만난 한 지역인사는 주민들의 이러한 태도를 자신들의 생사여탈권을 쥔 범인에게 감화되는 스톡홀름 증후군에 빗대어 설명했다. 피해주민들은 삼성과의 자매결연을 통해 불확실한 상황에서 조금이라도 벗어나고자 했던 것이다.[6] 이는 그만큼 피해주민들에게는 재난극복을 위한 선택의 폭이 좁았다는 것을 보여준다. 삼성과의 자매결연은 지역사회의 주민갈등을 폭발시키는 계기가 되었으며 재판과정에서 삼성에 의해 적극 활용되면서 자매결연을 반대했던 주민들의 우려가 현실이 되었다.

> "삼성 측 변호사가 이렇게 얘기를 했습니다. 제가 직접 들었는데. 재판과정에서 판사가 물었어요. …삼성은 태안주민한테 한 게 뭐가 있습니까? 그러니까 삼성 변호사가 하는 얘기가 상품권 팔아 줬습니다. 150억 원 어치. 그리고 마을별로 자매결연 다 맺고 있습니다. 우리가 얼마나 잘하고 있습니까. 이렇게 삼성 측 변호사가 고등법원 판사 앞에서 얘기를 했어요. …그럼 판사가 생각할 때는 자매결연 다 맺은 지역주민들이 여기 와가지고 삼성을 벌하라고 하는 것은 앞뒤가 안 맞지 않느냐. 정상적인 사람이라면 그렇게 생각을 하겠죠."

현재까지 진행된 법원의 판결, 피해마을과의 자매결연 진행과정 등을 놓고 볼 때 삼성의 이러한 이중 전략은 어느 정도 성공을 거두고 있는 것으로 보인다. 특히 삼성에 대한 부정적인 지역여론을 관리하는 비공식적 대응은 "옆 동네는 하는데, (안하면)왠지 우리 동네만 손해 보는 것 같다는" 피해의식을 강화시켜 피해주민 전체 입장보다는 자신 혹은 자신이 속한 마을단위의 관점에서 생각하고 행동하도록 하여 삼성에 맞설 수 있는 주민단결을 저해하는 주요한 원인이 되고 있다. 즉 사고이후 삼성의 대응방식을 보면 사고를 일으킨 책임자로서 재난복

---

6 삼성과의 자매결연을 찬성하는 주민들은 "바다가 오염돼 더 이상 바다에서 수입을 얻을 수 없으므로 삼성중공업과의 자매결연을 통해 해결책을 찾아야 한다."고 주장한 반면, 반대하는 주민들은 "현재 삼성중공업과 관련된 민 · 형사상의 재판이 진행되고 있는 상황에서 자매결연을 하면 판결에 영향을 끼칠 수 있을 뿐만 아니라 향후 삼성과의 투쟁에서 주민동력이 상실"될 수 있다고 주장했다(태안군, 2008: 251-252).

구 과정에 참여하고 있는 것이 아니라 책임을 회피 혹은 최소화하려는 자기 방어적 자세를 취하고 있을 뿐이다.

3) 태안군 유류피해민 대책연합회

사고직후 수산분야 대책위원회는 수협을 중심으로 빠르게 조직되었지만 요식 및 숙박 등의 관광 등의 비수산분야 1월 중순에 가서야 대책위원회가 결성되었다. 사고초기부터 피해주민 전체를 통합한 연합대책위의 필요성이 요구되었지만, 당시에만 해도 3천억 원으로 제한된 배상금을 둘러싸고 업종별로 날카롭게 대치하고 있던 상황이었다.[7] 이후 2008년 1월말부터 지급되기 시작한 1차 긴급생계비로 인해 지역 · 업종 · 주민간의 갈등이 최고조에 이르면서, 갈등을 해소하고 주민역량을 한 곳에 모을 수 있는 연합대책위의 필요성이 더욱 절실해졌다. 이에 연합대책위 결성을 시도 하였지만 수산분야와 비수산분야 간의 이해대립, 태안군수와 군의회 의원들의 소극적인 자세로 인해 연합대책위 발기인 대회가 무산되고 만다(2008년 2월 12일). 이후 특별법 제정으로 연합대책위 지원에 관한 조례가 제정되면서 수산과 비수산분야를 통합하는 태안군 유류피해민 대책연합회가 결성되었다(2008년 3월 17일). 하지만 충분한 의견조율이 없이 갑작스럽게 통합된 결과, 출범 23일 만인 4월 30일 수산분야가 운영방식에 문제를 제기하면서 탈퇴하였고

---

7 2007년 12월 18일 정부의 '피해조사지원단 설명회' 자리에서 펜션업주와 어민 사이에 벌어진 험악한 장면을 통해서도 확인할 수 있다. 수산분야 대책위 한 관계자는 "파이제한론"으로 이를 설명하였다. "파이제한론이 무슨 뜻인지 알아요? 떡이 요만한데 피해본 사람들이 많아요. (3천억)이거 가지고 피해본 사람이 다들 배불리 먹을 수 있으면 좋은데. 떡이 작단 말이죠. 그 당시에 그거 가지고 모든 사람들이 나눠먹는데. 그거 때문에 우리끼리 싸웠었던 거예요."

이후 6개월이 지난 11월에 가서야 재통합되었다.

통합된 대책연합회는 시민단체와는 일정한 거리를 두고 정치적 활동은 자제하면서 주로 피해 배·보상 문제에 집중했다(박순열·홍덕화, 2010). 왜 도움을 주겠다는 '시민단체와 연대하지 않았느냐'라는 필자들의 질문에 대책위 관계자는 활동의 '순수성'을 강조했다. 즉, "외부단체가 이슈를 중심으로 활동할 경우 태안주민들의 목적이 뒤로 물러"날 수 있다는 것이다. 여기서 태안주민들의 목적이란 더 많은 경제적 보상 및 지원을 의미했다. 하지만 그 실상은 지역개발을 중심으로 하는 지역토호들의 이해를 대변하는 것이었다. 대책연합회 상층부 또한 지방자치권력과 마찬가지로 보수적인 토호세력들에 의해 장악되어 있었다. 따라서 대책연합회 활동의 순수성이란 개혁적·진보적 성향의 시민사회세력과 거리를 두려는 정치적 보수성을 의미하는 것으로 해석된다. 대책연합회가 가해자인 삼성중공업의 책임을 촉구하는 주민집회, 농성, 불매운동 등을 전개했음에도 형식적인 투쟁에 머무를 수밖에 없었고 외부단체와의 연대에도 소극적이었던 이유가 여기에 있다.

> "그 이후로 그분들이 뭐 삼성 본관이나 또는 이건희 자택 앞이나 여기서 단식농성 한다 이랬는데, 사실은 한편에서는 끊임없이 삼성과 거래를 시도했어요. 곧 그 대책연합회에서 목소리 큰 사람들이 결국은 이 지역에서 주류들이었기 때문에. 예를 들자면 대규모 투자라던가, 개발행위들 이런 것들을 요구하는 거죠. 물론 그런 개발행위들이 장기적으로 지역경제 활성화에 도움이 된다고 얘기는 할 수 있는데, 사실은 지금 그게 문제가 아니잖아요. 벼랑 끝에 몰린 피해민들의 생존권의 문제가 걸린, 당장 그게 문젠데. 그분들은 그런 요구사항들을 가지고 삼성과 끊임없이 접촉을 시도 했던 거죠. 예를 들어서 연포 쪽에 40만평에 이르는 삼성 땅이 있습니다. 그 땅이 국립공원으로 묶여있어 가지고 개발자체가 제한이 되어있는데. 거기를 국립공원에서 해제

해서 개발해서 에버랜드 식의 대규모 휴양단지를 짓자 뭐 이런 얘기가 있는데. … 그들의 요구를 나중에 종합해 보면 결국은 모든 게 개발행위로 귀결이 되요. 하여튼 그런 식의 요구를 피해민의 요구다 해서 그런 요구사항들을 가지고 삼성과 접촉을 하려고 했었고, 그런 과정에서 시위로 단식농성을 한다 어쩌단 그런 과정들이 있었죠"

사고초기 수산경영인들을 중심으로 결성된 태안유류피해투쟁위원회와 수협 대책위 쪽에서 일부 어촌계장들을 중심으로 기존의 토호세력과는 다른 새로운 리더쉽이 등장했었다. 이들은 사고초기 군민장, 서울역 집회, 그리고 특별법 제정과정에서 중요한 역할을 했지만 독자적인 세력으로 조직화되지 못했다. 태안유류피해투쟁위원회의 경우 주요 목적이 태안지역 대책연합회 결성의 결성 및 특별법 제정에 있었기 때문에 대책연합회가 결성된 이후 일부세력들이 연합회로 통합되었다. 하지만 세력이 작아 대책연합회의 운영 방향에 영향을 미치거나 견제할 만한 힘을 갖진 못했다. 지역토호들에게 장악된 대책연합회 상층부의 삼성에 대한 이중적인 태도로 인해 삼성에 대한 주민들의 분노를 효과적으로 조직하는 데 실패하고 말았다. 또한 대책연합회 상층부와 지방자치권력간의 높은 계급적 동질성은 태안군에 피해주민들의 의견을 전달하고 관철시키는 역할에서도 한계를 가질 수밖에 없었다. 결국 대책연합회가 주력했던 손해 배 · 보상 문제가 제도적 장벽에 막혀 별다른 진전이 없게 되자, 주민들로부터 "철저하게 외면당해 대책연합회만 따로 놀고"있는 형국이 되어 버렸다. 즉 피해주민들의 입장을 대변해야 할 핵심적인 행위자인 대책연합회가 피해주민들의 이해관계와 유리된 활동을 함으로써 재난복구과정이 주민운동으로 확장될 수 있는 가능성이 차단되어 버린 것이다.

4) 지역NGO

1980년대 후반부터 대도시지역을 중심으로 시민사회가 빠른 속도로 활성화되어 왔지만, 농촌지역에서의 시민사회 성장은 상대적으로 느리다. 근대적인 시민적 덕성을 구비한 시민이 부재한 지방의 시민사회 공간은 전근대적인 혈연, 지연, 학연 등으로 맺어진 무늬만 시민들의 관계로 채워진 경우가 많다(조명래, 2011). 이러한 농촌지역 일반의 시민사회 지형은 태안지역에서도 비슷한 양상으로 나타났다. 이러한 양상은 태안군 사회단체 현황을 통해서도 쉽게 확인된다. 총 75개의 사회단체 중에서 시민단체는 12개에 불과하며, 이들 중 태안참여자치시민연대(2002년 결성), 서산태안환경운동연합(1994년 결성) 등의 소수 개혁적 단체를 제외한 나머지 대부분은 보수적인 성향을 지닌 전국조직의 지역지부조직들이다. 이러한 지역지부조직들은 지역토호세력들이 자신들의 영향력을 강화하거나 행사할 때 동원되는 조직이기 때문에 실제로 태안참여차지시민연대와 서산태안환경운동연합만이 태안시민사회에서 비판적 목소리를 낼 수 있는 유일한 지역NGO라고 할 수 있다. 태안참여자치시민연대는 서울의 참여연대 및 충남참여자치지역연대와 조직적 연계를 갖지 않은 독립적인 지역NGO인 반면에 서산태안환경운동연합은 환경운동연합의 지역조직이다.

사고직후부터 이 두 지역NGO는 지역과 전국적인 시민사회단체를 연결하는 통로 역할을 했을 뿐만 아니라, 지역 내의 여러 사회단체들과 함께 허베이 스피리트호 기름유출사고 태안반도 시민공동대책위원회(이하, 태안반도 시민공대위)를 결성하고 재난복구과정에 조직적으로 관여하고자 했다.[8] 하지만 2008년 3월 16일, 환경운동연합을 중심으로 태안 유류피해투쟁위원회, 태안반도 시민공대위가 공동으로 추진한 '허베이스피리트호 사고 100일, 서해안 살리기 국민의 날 행사'가 일부 피해주민들의 극렬한 반대로 무산되고 말았다. 이 행사는 지역NGO가 중심이 되어 자원봉사 열기를 다시 살리고 다른 지역의 시민들을 초정하여 침체된 지역경제를 회복하는 데 도움을 주고자 계획한 것이었다. 하지만 방제작업이 끝나지도 않은 상황에서 축제를 할 수 없다는 주민들의 입장과 환경운동연합이 삼성의 사주를 받았다거나, 행사와 관련하여 태안군에 돈을 요구했다는 등의 유언비어가 급속히 확산되면서, 일부 피해주민들이 행사 진행을 극렬하게 반대했다. 당시 행사가 무산된 이유는 피해주민들의 의견을 충분하게 수렴하지 않은 상태에서 행사를 추진한 시민단체 측의 부주의와 피해 주민들이 불안한 심리상태가 상승작용하면서 나타난 결과로 볼 수 있다(김도균, 2011: 88). 하지만 당시 행사준비 과정을 잘 알고 있었던 태안군과 연합대책위는 이러한 유언비어에 대해 피해주민들에게 어떠한 설명도 하지 않고 침묵으로 일관해 버렸다. 즉 지방권력과 대책연합회의 보수적 성향이 지역NGO의 활동에 불리한 조건을 만들어낸 것으로 보인다. 이 사건을 계기로 지역NGO의 활동 폭이 축소될 수밖에 없었다. 이를 피해주민들의 입장에 본다면 재난복구 과정을 사회적 쟁점으로 사회화할 수 있는 네트워크의 상실을 의미했다.

거버넌스가 구축되지 못한 또 다른 이유로 거버넌스 파트너로서 지

8 태안반도 시민공대위에는 위 두 단체이외에도 민주노총충남서부지구협의회, 전국교직원노동조합 태안지회, 민주노동당 태안구위원회, 충남시민단체연대회의, 충남참여자치지역운동연대, 서산 YMCA 등이 참여했다.

역NGO의 역량 한계를 들 수 있다. 태안을 거점으로 활동하는 유일한 시민단체인 태안참여자치시민연대의 경우 상근 활동가도 없이 재정적으로 열악한 환경 속에서 조직을 유지하고 있다. 따라서 지역의 독립 언론인 〈태안시대〉와 함께 재난피해와 복구과정을 사회적 쟁점으로 확장하기 위해 태안군에 여러 차례 문제를 제기했지만 의미 있는 영향을 미치지는 못했다. 즉 태안의 지역정치가들은 이들의 요구를 거부해도 관내의 정치적 위상에는 별다른 변화가 없을 것으로 판단 한 것이다. 앞에서 상세히 기술하였듯이 기름유출 사고이후 치러진 선거 결과가 이를 잘 증명해 준다. 또한, 피해를 부각시킬 경우 나타날 수 있는 긍정과 부정의 양면성도 지역NGO의 활동을 제약하는 조건을 만들어냈다. 즉 주민들이 입장에서 볼 때 피해를 강조할 경우 국가로부터 받을 수 있는 경제적 지원과 피해 배·보상액을 일부 증가시킬 수 있겠지만, 오염 이미지가 지속·강화되어 수산물판매, 관광수입의 감소가 장기화될 수 있다. 따라서 시민단체가 일방적으로 사회화 전략을 취할 경우 의도하지 않았다 하더라도, 피해주민들과 갈등관계에 놓일 수 있다. 사고초기 지역NGO는 전국적 수준에서 민간부문의 자원을 끌어들이는 통로였다. 하지만 지역NGO는 NGO에 배타적인 지역사회와 지방권력, 지역NGO의 부족한 역량 그리고 피해 부각이 가져올 딜레마적 상황 등으로 인해 활동을 제약받고 있다.

6. 재난관리 거버넌스 구축실패에 따른 재난 복원력의 약화

태안 기름유출사고는 사고초기 전 국민적 관심을 끌만큼 국가적 재난이었음에도 불구하고, 지역사회 차원에서 재난을 극복하기 위한 거버넌스 체계가 구축 · 작동하지 못했다. 이러한 이유는 앞서 살펴보았듯이 주요 행위자인 태안군, 삼성중공업, 피해주민대책위, 지역NGO 사이의 이해관계 및 대응과정의 균열 때문이다. 가장 중요한 행위자라고 할 수 있는 태안군 지방자치권력과 피해주민단체는 보수적인 토호세력에 의해 지배됨으로써 재난복구 의제를 피해주민 입장이 아닌 자신들의 계급적 이해관계를 반영한 지역개발사업 중심으로 끌고 갔다. 그뿐만 아니라 이들은 민간부문의 광범위한 자원을 동원할 수 있는 지역NGO와의 연대 형성에도 배타적인 자세를 보였다. 지역NGO는 자체가 동원할 수 있는 자원의 양이 크지는 않지만, 전국적 규모의 NGO와 연대할 수 있는 연결망이라는 점에서 재난복구 의제를 전국화 할 수 있는 중요한 통로라 할 수 있다. 이런 가운데 가해 기업인 삼성은 법적인 책임을 최소화하고, 삼성에 대해 비판적인 지역여론을 관리하는데 주력했으며, 이 때문에 오히려 삼성은 피해주민들로부터 원성을 사고 지역사회 내부의 크고 작은 갈등을 유발했다. 현재 관련 행위자들 사이의 갈등적 혹은 배타적 상호관계로 인해 재난 복원력으로서의 재난관리 거버넌스 체계가 구축 · 운영되지 못하고 있는 상황이다([그림 5-2]참조).

[그림 5-2] 거버넌스 행위자들 간의 상호관계

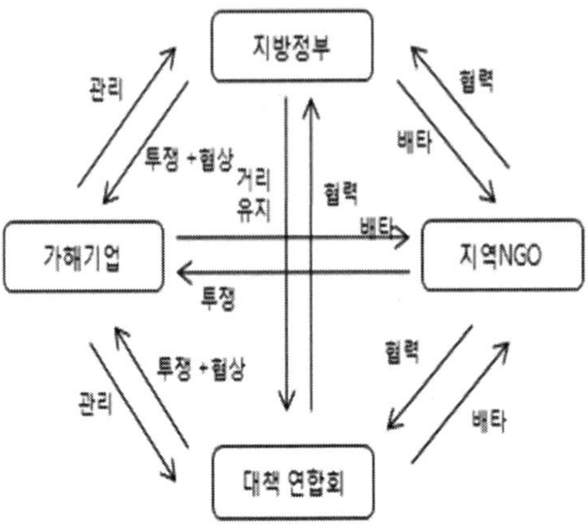

재난관리 거버넌스는 일종의 통합적 리더쉽을 형성하여 재난이후 관련 행위자들 사이의 갈등을 조정하고 협력을 촉진시킬 뿐 아니라 정부부문이 동원할 수 없는 민간부문의 지원을 폭 넓게 끌어 들릴 수 있도록 해준다. 재난관리 거버넌스는 재난이후 협소한 자기 이익 추구적인 재난행동을 통제하고 행위자들이 사회적 책임과 의무를 실천할 수 있도록 유도하는 일종의 사회자본이다. 하지만 태안 기름유출사고의 경우 행위자들 간의 갈등적 상호관계로 인해 통합적 리더십으로 거버넌스 체계가 구축되지 못했으며, 그로 인해 다음과 같은 문제점이 심화하고 확대되었다.

첫 번째 문제점은 재난복구 의제가 피해주민들의 경제적 복원, 갈등해소 그리고 지역공동체의 자생력을 강화하는 삶의 복원이 아닌, 토호세력들에 의해 지역개발사업을 중심으로 체계적으로 왜곡되고 있다는 것이다. 즉 재난복구를 위한 정책결정 혹은 의사전달 과정에서 지역의 다양한 구성원들의 의견이 제대로 반영되지 못하고 있다. 사고

이후 태안군이 이명박 대통령 당선자에게 제안한 「지역활성화를 위한 10대 특별사업 지원 건의」를 보면, 토지거래 허가지역 해제를 포함한 도로 및 항만 정비와 같은 각종 개발 사업이 중심을 이루고 있다는 것이 그 단적인 사례다(태안군, 2008: 395-398).[9] 이러한 건의는 환경문제연구소인 생태지평에서 2009년 2월 태안주민 500명을 상대로 조사한 설문 결과와도 크게 다르다. 설문조사 결과를 보면, 태안주민들은 피해극복을 위해 우선적으로 필요한 사업으로 "생태계 복원을 위한 주민 모니터링 등에 지속적인 참여"(29.4%), "마을회의 등 정보교환이나 협력강화"(23.0%), "오염지역에 대한 방제활동 강화"(16.0%) 등을 꼽았다. 그리고 훼손된 마을공동체 회복을 위한 필요한 지원으로는 "정부나 지자체 등의 특별행정지원의 강화"(47.6%), "마을 프로그램 개발을 위한 전문가들의 자문과 지원"(18.0%), "주민들의 자발적 활동을 위한 교육 및 연수"(14.0%), "시민단체나 자원봉사자들의 직접적인 참여"(7.2%) 등을 지적했다(생태지평, 2010: 200-202; 박순열 · 홍덕화, 2010에서 재인용). 이러한 피해주민들의 다양한 요구들은 토호세력에 의해 독점된 지방자치권력 및 대책연합회를 통해 원활하게 수렴되지 못한 것으로 보인다.[10]

두 번째는 가해 기업인 삼성에 대해 효과적인 투쟁을 조직하지 못하

---

9 당시 태안군은 주민생계와 항구적 복구 및 지역경기 부양을 위한 대책으로 10대 특별사업 지원을 이명박 당선자에게 건의했었다. 그 내용을 보면 피해구제에 관한 특별조치법 제정, 토지거래 허가지역 조기해제, 해양 정화사업비 특별지원, 어촌정주어항 개발사업비 지원, 해수욕장 주변 연안정비사업비 지원, 만리포 해수욕장 관광지 개발사업비 지원, 신두리 생태공원 조성, 첨단 산업단지 조성을 위한 공장용지 조성, 천안~당진간 고소도록 태안 연장, 국도 32호선 확장사업 조기착공 등으로 특별법 제정을 제외하면 피해주민들의 삶의 복원과는 직접적인 연관성이 크게 떨어진다.

10 국토해양부가 2011년 하반기에 충남, 전남북 피해주민들을 상대로 설문조사에 따르면 우선해결 과제로 신속 · 정당한 피해배 · 보상(29%), 보상받지 못한 자에 대한 지원(20%), 서해연안 생태계 복원(15%), 조업제한 미인정기간에 대한 보상(11%), 삼성중공업 출연 지역발전기금 해결(10%), 지역경제활성화사업 지원(7%), 피해배 · 보상가 관련된 지역간 · 주민간 갈등해소 5%, 건강조사 · 관리 지원(3%) 순으로 지역개발사업과 유사한 지역경제활성화사업 지원은 후 순위에 위치했다(국토해양부, 2012년 1월, 〈서해안 유류피해보상소식〉(제31호).

고 있다는 것이다. 삼성의 대응과정을 볼 때 현실적으로 삼성은 거버넌스 파트너라기보다는 피해주민들의 투쟁 대상이다. 사회적 약자인 피해주민이 강자인 기업과 맞서기 위해서는 NGO와의 연대를 통해 보다 많은 사회집단들을 갈등상황 속에 끌어들이는 사회화 전략을 취해야 했다. 하지만 태안군 지방자치권력 및 피해주민단체의 NGO에 대한 배타적인 자세는 갈등전선이 사회적으로 확장되는 것을 제약하였다.[11] 그 결과 삼성의 책임은 삼성과 피해주민간의 법률적 문제로 사사화 되었고 비판적인 주민여론을 관리하려는 삼성의 전략이 주민들 사이로 쉽게 파고들 수 있었다.

> "개별적으로 만나 보면 기름재앙과 관련해서 여전히 분노하고 있고, 그 책임을 다하지 않는 정부나 삼성에 대해서 여전히 규탄하고 있고, 근데 이상하게. …집단 속에서 그 의견들이 표출이 안돼요. …삼성이 자매결연 맺어서 뭘 갖다 주면 그걸 받으면서도 아주 복잡한 심산일거라고 봐요. 어거 받아야 하나라는 것부터 내가 이거 안 받고 패대기치면… 완전히 동네에서 이상한 사람 될 것 같고… 아마 그런 분위기들이 지배적으로 흐르고 있는 것이 아니냐. 옆 동네 하니까 왠지 나만 손해 보는 것 같고, 우리만 손해 보는 것 같고"

세 번째로 재난관리 거버넌스의 부재는 재난피해를 IOPC기금과 피해주민간의 경제적 배・보상 문제로 축소, 재난복구에 대한 피해주민들의 능동적인 참여의지를 약화시켜 버렸다. 피해주민들의 의견이 체계적으로 전달될 수 있는 통로가 없는 관계로 재난피해가 환경・경

11 가해자인 삼성중공업이 사라진 이유는 언론보도에도 문제가 있다. 사고초기 언론보도를 보면 가해자인 삼성중공업이 사라진 보도 프레임이 나타났다. 그리고 그 자리에 자원봉사자들이 '민족의 저력', '세계기록' 등으로 추앙받으면 대신했다. 삼성은 사고초기부터 적극적으로 비판적인 언론을 관리했을 뿐만 아니라 언론 광고시장에서 삼성의 높은 영향력이 언론보도에 암묵적인 압력으로 작용한 것으로 보인다.

제 · 사회문화 · 건강 등의 종합적인 문제로 다루어지지 않고 IOPC기금과 피해주민간의 피해입증 문제로 축소되어 버렸다. 따라서 손해배 · 보상 문제가 IOPC기금의 제도화된 형식적 틀에 갇혀 별 다른 진척이 없자, 재난복구 과정에서 태안군 및 피해주민 차원에서 "할 수 있는 것이 없다"라는식의 좌절감을 심화시켰다.

> "실제로 배 · 보상률을 높이거나 진척속도를 높이거나 이런 데에서 지방정부(태안군)가 할 수 있는 일은 저는 거의 없다고 생각하는 거죠. 배 · 보상범위나 시기, 이런 걸 조정하는 거는 IOPC기금 연례회의 석상에서 (정부와 IOPC기금)서로 밀고 당기는 과정에서 일정하게 있겠지만… 지방정부가 할 수 있는 일은 저는 없다고 보는 거죠… 그렇기 때문에 (지역의)정치지형이 바뀌었다고 해서 이후 이 사고의 어떤 처리과정에서 긍정적이든 부정적이든 영향을 미칠 요소가 거의 없다고 보는 거죠. 군수 개인의 의지 문제로 해결될 수 있는 것도 아니고, 그렇잖아요. …유류피해대책연합회 회장을 했던 김ㅇㅇ씨가 군의회에 입성해서 첫 번째 얘기가 기름피해 배 · 보상 문제가 다 해결이 되면, 삼성과 현대를 상대로 가서 주는 시늉을 하든 뭘 하든 강도 높게 태안군 발전을 위한 투자계획들을 좀 끌어 오겠다. 이런 얘기밖에 못하는 거예요. 그것은 피해 배 · 보상의 정상적인 범주 안에 있는 문제가 아니잖아요. 참 답답해요. 할 수 있는 일이 뭐가 있겠어요. 현실적으로 따져 보자고요, 없어요. 할 수 있는 게, 아무리 따져 봐도"

하지만 경제적 피해부문은 특별법 개정을 통해 일부 해결 할 수 있는 방법이 있을 뿐만 아니라, 재난피해는 경제적 영역으로만 환원할 수 없는 환경 · 사회문화 · 건강 등의 중요한 영역이 존재한다. 따라서 태안군, 피해주민, 지역NGO들이 참여하는 광범위한 피해자운동을 통해 중앙정부, 국회, 가해자인 삼성을 움직여야 한다. 재난 복원력이 재난이 초래한 부정적인 영향으로부터 신속하게 회복하는 공동체의 능력이라는 점을 고려한다면, 참여와 상호의존, 협력의 네트워크인 재난관리 거버넌스가 구축되지 못한 것이 태안지역의 재난복구 과정을 지연시키고 있다고 말할 수 있을 것이다.

7. 나가며

그동안 재난은 물리적 환경과 인간사회에 부정적인 영향을 미치는 비일상적인 사건으로 정의되어 왔다. 하지만 현대사회를 지탱하는 산업 및 과학기술체계 그 자체가 위험을 체계적으로 생산해내고 있다는 점에서 재난은 우리의 생각보다 일상적인 사건이다. 따라서 재난이 우리에게 특별하게 다가오는 이유는 재난이 드물게 발생하기 때문이 아니라 인간 삶의 적응 능력을 넘어서기 때문에 특별한 것이다. 이번 기름유출사고 또한 바다생태계에 기반을 둔 주민들의 삶을 밑바닥부터 파괴했다. 사고초기 전 국민적 관심 속에서 복구 작업이 진행되었지만 주민들의 삶은 여전히 불확실한 상황 속에 놓여 있다. 본 연구에서는 이처럼 재난피해의 장기화 또는 재난복구의 지연을 가져온 주된 요인으로 관련 이해당사자들이 서로 의견을 조정하고 협력할 수 있는 참여형 재난관리 거버넌스의 부재에 있음을 지적하고자 했다.

참여형 재난관리 거버넌스는 재난 이후 관련 행위자간의 갈등을 조정하고 협력을 증진시키는 통합적 리더십이다. 따라서 재난의 부정적인 영향으로부터 신속하게 벗어 날 수 있는 능력인 재난 복원력을 구성하는 핵심적인 사회적 시스템이라고 할 수 있다. 하지만 이번 사고와 관련된 핵심 행위자인 지방정부(태안군), 가해 기업, 피해주민단체,

지역NGO 사이에서 갈등적 상호관계가 나타나면서 거버넌스 체계가 구축 · 운영되지 못했다. 보수적 성향이 강한 지역토호세력들에게 장악된 지방자치권력과 피해주민단체는 전국적 규모의 자원을 동원할 수 있는 NGO와의 연대 형성에 배타적인 자세를 취했다. 지역NGO 또한 취약한 역량으로 인해 지방권력을 효과적으로 견제할 수 없었다. 그리고 가해 기업인 삼성은 법적 책임을 최소화하고 비판적인 지역여론을 관리하려는 자매결연 사업 등은 피해주민간의 크고 작은 갈등과 분노감을 유발했다. 재난을 복구하기 위한 관련 행위자들인 태안군, 피해주민단체, 지역NGO, 가해 기업 사이의 협력관계가 나타나지 않고, 강한 배타성을 보였다.

그리고 그로 인해 재난복구의 의제가 피해주민들의 삶의 복원이 중심에 놓이지 못하고 토호세력들의 계급적 이익이 반영된 지역개발사업 중심으로 체계적으로 왜곡되었을 뿐만 아니라, 가해 기업인 삼성에 대한 투쟁을 효과적으로 조직하지도 못했다. 삼성에 비해 상대적으로 사회적 약자인 지방정부와 피해주민단체가 한국 대표기업인 삼성과 맞서 싸우기 위해서는 다양한 사회집단을 갈등상황 속에 끌어 들리는 사회화 전략을 취했어야 했다. 하지만 전국적인 민간부문의 자원을 끌어들일 수 있는 NGO에 대한 배타적인 자세로 인해 스스로 그 가능성을 차단하고 말았다. 재난관리 거버넌스의 부재는 또한 재난복구를 IOPC기금과 피해주민간의 피해입증의 문제로 축소시켜 버림으로써 피해주민들의 능동적 참여의지를 약화시켜 버렸다. 재난복구는 환경 · 경제 · 사회문화 · 건강 등의 종합적인 문제임도 불구하고 손해배 · 보상 문제가 IOPC기금의 제도적인 틀에 갇혀 별다른 진전이 없게 되자, 피해주민들 사이에 좌절감이 크게 확산되어 버린 것이다.

복합적이고 불확실성이 높은 사회재난은 민간부문의 적극적인 참여를 강조하는 참여형 거버넌스를 필요로 한다. 즉 자원봉사 중심의 구호적 개입(자원봉사 중심의 재난관리 거버넌스)이 아닌 피해자들의 삶의 복원이 중심에 놓인 피해자 중심의 재난관리 거버넌스를 필요로 한다. 이를 통해 공동의 비전 설정하고 신뢰와 협력에 기반을 둔 집합적 문제해결 능력을 강화해야 한다. 공동의 비전은 구성원들의 헌신성과 소속감을 높이며 혁신을 이끌어 내며 새로운 변화에 대한 적응을 높인다. 그리고 집합적 문제해결 능력의 강화는 개인적 차원을 넘어서 공동체 전체에 대한 구성원들의 책임감을 높인다(정규호, 2007). 그리고 재난관리 거버넌스는 정부부문이 동원할 수 없는 광범위한 민간부문의 정보와 자원을 동원하여 재난 복원력을 증진시킬 수 있는 사회적 시스템이다. 하지만 대규모 기름유출사고가 발생했음에도 불구하고 관련 행위자들 간의 이해관계의 대립으로 인해 거버넌스 체제가 구축되지 못했다. 특히 보수적인 태안군 지방자치권력과 피해주민단체가 지역NGO에 배타적인 자세를 취함으로 재난복구가 사회적 의제로 확장되는 것을 제약하고 말았다. 이번 사고가 환경재난이라는 측면에서 거버넌스 체계 외부에 존재하는 바다생태계의 복원 또한 주민들의 삶의 복원에 중요한 변수다. 하지만 앞서 살펴보았듯이 사고이후의 부정적인 재난피해의 장기화 및 재난 복원력 약화의 한 원인으로 재난관리 거버넌스의 부재를 지적하지 않을 수 없다.

환경재난 이후의 어촌공동체

제6장

사고발생 7년 후 어촌마을

1. 들어가며
2. 조사마을 개관
3. 장기적 사회영향의 양상
4. 사회관계의 변화
5. 나가며

환경재난 이후의 어촌공동체

제6장

사고발생 7년 후 어촌마을

1. 들어가며

충청남도 태안군 앞 바다에서 대규모 기름유출사고가 발생(2007년 12월 7일)한지 7년의 시간이 지났다. 이 환경오염 사고는 오염의 범위와 사회적 충격에 있어 국내에서 일어났던 다른 환경오염 사고와는 비교할 수 없는 스펙터클한 광경을 연출했다. 이 환경재난은 해양생태계 파괴를 넘어 연안지역 주민들의 경제, 사회, 심리, 건강 등의 광범위한 영역에 걸쳐 사회재난을 불러왔다. 사고 직후부터 정부와 시민사회 차원에서 다양한 재난복구활동이 진행되어왔다. 하지만 독성물질에 의한 환경오염 사고는 눈에 보이는 오염원을 제거했다고 해서 자연환경과 인간사회에 미치는 부정적 영향이 사라지는 것은 아니다. 원유는 여러 독성물질을 함유하고 있기 때문에 해양생태계에 장기적인 영향을 미치며 개인 및 공동체가 갖는 취약성 혹은 복원력의 수준에 따라 그 영향 또한 차별적이다. 즉 특정 개인이나 집단이 더 심각한 재난피해에 노출될 수도 있다.

또한 이번 사고가 인간 및 기술실패로 발생한 기술재난이라는 측면에서 복구과정에서 손해 배·보상을 둘러싼 법적 소송이 핵심적인 쟁점으로 등장한다. 피해주민들은 법적 판결을 통해 정당한 보상을 받고자 하지만 가해기업 및 유류오염 국제보상주체인 국제유류오염보상기금(IOPC기금)은 법적 판결을 통해 책임을 최소화하고자 한다. 사고발생 7년이 지났음에도 여전히 손해 배·보상을 둘러싼 법적 소송이 진행중에 있으며, 법적 소송이 장기화되는 만큼 재난복구과정을 장기화한다. 즉 눈에 보이는 기름띠가 제거되고 시간이 흘렀다고 해서 피해주민들의 사회경제적 삶이 자동적으로 복원되지는 않는다.

따라서 본 연구에서는 위와 같은 맥락에서, 기름유출사고 발생 7년의 시점에서 기름유출사고의 장기적인 사회영향 혹은 재난복구 정도를 지역사회의 기초단위인 마을공동체 수준에서 밝혀보고자 했다. 마을수준에서 접근하는 주된 이유는 어촌사회에서 마을공동체는 피해주민의 삶의 복원정도를 파악할 수 있는 핵심적인 공간이기 때문이다. 즉 어촌주민들의 주요한 경제활동과 사회관계를 이루고 있는 마을을 분석해야만 기름유출사고의 장기적인 재난피해 혹은 재난이후 주민들의 적응 및 대응과정을 이해할 수 있다. 조사마을로는 태안군 소원면에 위치한 하전2리를 선정했다. 이 마을을 선택한 이유는 2007년 유류유출사고의 대표적인 피해지역으로 사고초기부터 언론과 관련 연구자들의 집중적인 관심을 받아, 사고의 경제적, 사회적 피해 양상이 체계적으로 조사·연구되어 있기 때문이다. 즉 이 마을의 과거와 현재의 시점을 비교한다면, 기름유출사고의 장기적 사회영향 혹은 복원정도를 확인해 볼 수 있을 것으로 판단된다.

2. 조사마을 개관

하전2리는 태안반도의 서북쪽 끝단에 위치하고 있다. 마을의 서쪽해안은 암석절벽과 모래해변이 발달되어 있지만, 동쪽해안은 정반대로 넓은 갯벌이 펼쳐져 있다. 따라서 하전2리는 일찍이 동쪽해안의 갯벌을 이용한 굴 양식어업이 발달했다. 마을은 건넌말(1반), 큰말(2반), 재너머(3반), 말막금(4반) 등 4개의 자연마을로 이루어져 있으며 자연마을은 반조직과도 일치한다. 현재 마을의 주요 성씨인 김(金海 金)씨와 전주이(全州 李)씨는 17세기 후반, 남평 문(南平 文)씨는 19세기 중엽에 입향(入鄕) 한 것으로 보인다(충남대학교 마을연구단, 2006: 40-6). 성별에 따른 세대 규모를 보면 김해 김씨(41세대), 전주 이씨(21세대), 남평 윤씨(12세대) 순이며, 김해 김씨는 건넌말에 전주 이씨는 주로 큰말에 모여살고 있다(소원면 면지 편찬위원회, 2002: 195).

확인 가능한 1989년 자료부터 최근까지의 인구 및 가구 변동을 보면, 인구는 지속적으로 감소한 반면에 2011년까지 가구 수는 소폭으로 증가해왔다([그림6-1] 참조). 가구 수의 증가는 해조류 및 조개류 양식어업을 중심으로 하는 어촌마을에서 입어단위인 가구(호)가 상대적으로 완만하게 감소한다는 특징이 반영된 것도 있지만(김준, 2004: 29), 서해안고속도로 개통 이후 외지인들의 토지 매입이 증가한 것도 일부 영향을 미친 것으로 보인다. 그러나 사고이후 가구 수뿐만 아니라 인구 또한 사고이전과 비교하여 더 감소한 것을 확인할 수 있다. 소폭이지만 계속 해서 증가하던 가구 수가 2013년 처음으로 감소했으며 인구는 더 큰 폭으로 줄어들었다. 마을의 인구 규모는 2004년에 2008년까지 단 4명만이 줄어들었는데, 2008년부터 2011년까지 18명, 2011년에서 2013년까지는 22명으로 사고이후 총 40명이 빠져나갔다. 이미 유출 가능한 노동력이 빠져나간 상태였던 작은 어촌마을임을 고려할 때 작은 규모의 인구 유출은 아니다. 따라서 평균 가구원 수도 2008년, 2.29명에서 2013년, 2.06명으로 낮아졌다.

[그림6-1] 마을의 인구 및 가구 수의 변화

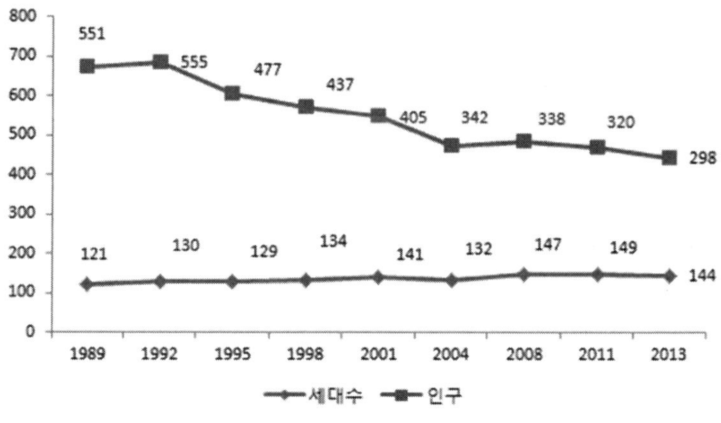

출처: 태안군 『통계연보』 각 년도

사고당시와 현재의 주민들의 연령분포를 보면 지속적으로 고령화 현상이 진행되고 있음을 확인할 수 있다(〈표6-1〉 참조). 60세 이상의 주민이 39.7%(2008년)에서 45.2%(2013년)로 5.5%p 증가한 반면에 20세에서 59세 주민은 48.9%에서 43.9%로 5.0%p감소했다. 따라서 새로운 젊은 층의 인구유입이 없다면 시간이 지남에 따라 고령화 현상이 더욱 심화될 것으로 보인다.

<표6-1> 마을의 연령별 분포

(단위: 명)

구분	0-9	10-19	20-29	30-39	40-49	50-59	60-69	70세 이상	합계
2008	15 (4.3)	24 (7.1)	33 (9.8)	27 (8.0)	49 (14.5)	56 (16.6)	71 (21.0)	62 (18.7)	338 (100.0)
2013	15 (5.0)	17 (5.9)	21 (7.0)	22 (7.4)	31 (10.4)	57 (19.1)	66 (22.1)	69 (23.1)	298 (100.0)

자료: 태안군 내부자료(2014년 2월)

3. 장기적 사회영향의 양상

1) 경제 영역

○경제활동의 변화 및 복원정도

A마을은 어업과 농업이 공존하는 혼합형 마을로 교통여건의 개선과 마을에 해수욕장이 위치하고 있어 사고이전에는 관광업이 빠르게 성장하고 있었다. 따라서 사고이전 마을주민들은 어업, 농업, 관광업 중에서 하나 이상의 경제활동에 종사하는 겸업비율(83.6%)이 높았으며, 현재에도 높은 겸업비율(80.9%)을 보이고 있었다(〈표6-2〉 참조). 하지만 세부 내용을 보면 경제활동의 변화를 뚜렷하게 확인할 수 있다. 우선 주목할 만한 변화는 사고이전과 비교해서 1순위 경제활동으로 어업을 선택한 비율이 24%p나 낮아졌다는 것이다. 반면에 농업을 1순위로 선택한 주민이 사고이전에는 한 사례도 없었지만, 현재 기준으로 14.9%p

증가했으며 관광업을 선택한 비율도 12.4%p 높아졌다. 사고이전 A마을은 어업중심 어촌마을로 농업에는 큰 비중을 두지 않아 던 것과 비교하면 작지 않은 변화다. 즉 사고이후 시간이 지나면서 어업이 회복되는 것이 아니라 오히려 비중이 줄어들고 있다고 볼 수 있다. 그렇다고 주민들이 농지의 규모를 확장하거나 관광업에 대한 투자를 증가했다는 것은 아니다. 단지 어업의 비중이 줄어들면서 그간 상대적으로 부차적인 경제활동으로 취급했던 농업과 관광업의 중요성이 부각된 것으로 보인다.

어업의 변화를 보다 구체적으로 살펴보면 근본적인 변화를 확인할 수 있다. 사고이전 마을 주민들의 1순위 경제활동은 굴 양식어업(71.7%)이었으며, 상대적으로 어선어업(13.3%)의 비중이 낮았다. A마을은 마을 앞 넓은 갯벌을 이용하여 일찍이 굴 양식어업이 발달해왔던 전형적인 굴 양식어업지대였다. 그런데 유출된 기름에 의해 마을 앞 갯벌이 오염되면서 굴 양식장 시설을 전부 철거해 버렸다. 따라서 사고이전 상대적으로 낮게 평가되었던 어선어업(34.0%)의 중요성이 높아졌다. 그리고 굴 양식장으로 이용되었던 갯벌은 현재 바지락 양식장으로 이용되고 있으며, 현재로서 굴 양식장이 복원될 가능성은 없어 보인다. 굴 양식은 개별가구를 중심으로 하는 경작 성격이 강한 양식어업인 반면에 바지락 양식은 채취(맨손)어업의 성격이 강한 양식어업이다. 현재 주민들은 바지락 양식에 적응해 가는 과정으로 사고이전의 굴 양식과 비교해서 경제적으로 더 적은 의미를 두고 있다(29.8%).

유류유출사고이후 어업의 경제적 비중이 줄어들고 있으며 주민들의 주요한 경제활동이 굴 양식어업에서 채취어업의 성격이 강한 바지락 양식어업으로 변화했다. 반면에 사고이전에 중요성이 덜 했던 어선어업, 농업, 관광업의 중요성이 부각되고 있다. 하지만 이는 상대적인 인식의 변화일 뿐 이 분야의 경제활동이 객관적으로 성장했다는 것을 의미하는 것은 아니다. 이후 자세히 논의하겠지만 어선어업과 관광업은 여전히 사고이전의 수준을 회복하지 못하고 있다. 따라서 일부 주민들은 외부의 일용노동에 종사하는 경우가 있는 것으로 보인다. 설문조사를 통해서는 명확하게 포착할 수 없었지만, 주민들의 구술을 통해 일정부분 확인할 수 있었다. 일례로 사고이전 굴 양식업과 관광객을 상대로 낚시 배와 민박을 운영했던 마을의 40대 초반의 한 남성주민은 현재 현금소득을 올리기 위해서 일용노동을 겸하고 있었다. 도시 생활을 하다가 가족과 함께 귀향했던 이 남성주민은 사고이전 굴 양식업 및 관광업을 통해서 경제적 기반을 다져나가고 있었다. 하지만 사고이후 굴 양식업과 관광업이 쇠퇴하면서 마을 밖에서 새로운 일자리를 찾을 수밖에 없게 됐다.

<표6-2> 경제활동의 변화

(단위: 가구, %)

구분	사고이전			2015년 4월		
	1순위	2순위	1+2순위	1순위	2순위	1+2순위
어업	54(90.0)	31(60.8)	85(76.5)	31(66.0)	15(39.5)	46(54.1)
어선어업	8(13.3)	17(33.4)	25(22.5)	16(34.0)	3(7.9)	19(22.4)
양식어업	43(71.7)	7(13.7)	50(45.0)	14(29.8)	12(31.6)	26(30.5)
맨손(채취)어업	3(5.0)	7(13.7)	10(9.0)	1(2.1)	-	1(1.2)
농업	0.0	11(21.6)	11(9.9)	7(14.9)	16(42.10	23(27.1)
관광	4(6.7)	6(11.8)	10(9.0)	9(19.1)	6(15.8)	14(16.5)
식당	2(3.3)	1(2.0)	3(2.7)	-	1(2.1)	1(1.2)

숙박	1(1.7)	5(9.8)	6(5.4)	6(12.8)	4(10.5)	10(11.6)
슈퍼	1(1.7)	-	1(0.9)	2(4.3)	1(2.6)	3(3.6)
일용노동	1(1.7)	3(5.9)	4(3.6)	1(2.1)	1(2.6)	2(2.4)
무직	1(1.7)	-	1(0.9)	-	-	-
합계	60(100.0)	51(100.0)	112(100.0)	47(100.0)	38(100.0)	85(100.0)
겸업비율		83.6%			80.9	

주: 한국의 어촌은 겸업비율이 높기 때문에 우선순위 경제활동을 두 개 고르도록 함

기름유출사고이전과 비교해서 본인의 경제활동이 어느 정도 회복되었는가라는 질문에 대해 주민들은 '거의 회복되지 않았다'(38.3%)와 '회복되었지만 많이 부족하다'(40.4%)에 높은 응답(78.7%)을 보였다. 다시 말하면 사고발생 만 7년이 지났음에도 불구하고 주민들이 느끼는 경제활동의 복원 정도는 매우 낮다고 볼 수 있다(〈표6-3〉 참조).

<표6-3> 경제활동의 회복정도(2015년 4월 설문조사)

(단위: 명)

문)기름유출사고이전과 비교해서 귀하의 경제활동은 어느 정도 회복되었습니까?	빈도	%
1)거의 회복되지 않았다	18	38.3
2)회복되었지만 많이 부족하다	19	40.4
3)부족하지만 많이 회복되었다	8	17.0
4)사고이전과 비슷한 수준으로 회복되었다	2	4.3
합계	47	100.0

경제활동의 회복 수준에 대한 낮은 평가는 바다환경의 복원 수준에 대한 낮은 평가로 연결되었다. 국립공원관리공단 측은 유류오염 농도가 약해지면서 해양생태계가 사고이전의 수준으로 회복되어가고 있다고 설명하지만, 주민들은 이러한 판단에 회의적인 입장을 보였다. 주민들은 바다환경이 회복되었다고 말하기에는 여전히 많이 부족(56.2%)하다고 보았다(〈표6-4〉 참조). 전문가와 주민 사이의 이러한 입장 차이는 환경오염의 바라보는 관점의 차이를 반영한 것이다. 즉 과학자에게 환경복원은 오염물질의 수치 문제인 반면에 주민에게 환경복원은 사고이전 수준으로 어업이 회복되었는가라는 삶의 문제다. 주민들은 부족한 어획량과 사고이전에는 볼 수 없었던 기형물고기의 출모를 들어 환경복원 수준을 낮게 평가하고 있었다.[1]

<표6-4> 바다환경의 회복 정도(2015년 4월 설문조사)

문)사고이전의 상태로 바다환경이 회복되었다고 생각하십니까?	빈도	%
1) 거의 회복되지 않았다	4	8.3
2) 회복되었지만 많이 부족하다	23	47.9
3) 기름 흔적이 남아있지만 많이 회복되었다	13	27.1
4) 사고이전 수준으로 회복되었다	8	16.7
합계	48	100.0

1 어선어업에 종사하는 주민들에게서 사고이전에 본적이 없었던 등이 굽거나 반점이 있는 기형물고기가 많이 잡히고 있다는 구술을 여러 차례를 들을 수 있었다.

○경제활동별 변화

어업의 변화

현재 하전2리는 더 이상 굴 양식마을이 아니다. 사고이후 갯벌의 오염문제가 개선되면서 주민들은 굴 양식장을 재건하기보다는 바지락 양식장으로의 전환을 선택했다. 이러한 선택에서는 몇 가지 중요한 사회경제적 이유가 자리잡고 있다. 굴 양식은 규모에 따라 다르긴 하지만 양식장 시설을 갖추기 위해서는 최소 2~5천만 원 수준의 자본투자를 필요로 한다. 하지만 사고이후 뚜렷한 소득이 없는 상황 속에서 투자할 자본을 마련하기 위해서는 농지를 매매하거나 대출을 받아야 하는 부담이 있다. 또다른 이유는 주민들의 노령화에 있다. 양식 굴의 생산과정은 채묘, 단련, 수하, 양성, 수확 등 5단계로 구분되면서 각 단계마다 일정 수준의 노동력과 노동 강도를 필요로 한다. 반면에 바지락 양식은 종패를 뿌린 후 자연적으로 성장하면 채취하여 판매하는 단순한 과정이다. 따라서 개인이 지불해야하는 할 별도의 투자비용도 없고 굴 양식에 비하면 상대적으로 노동 강도 또한 약하다. 여기에 많은 자본을 들여 굴 양식장을 재건했는데 오염문제가 다시 불거진다면 그 피해에 따른 경제적 부담은 고스란히 개인 어민에게 돌아갈 가능성 높다.[2] 즉 고령의 주민들의 입장에서는 위험성이 높은 투자보다 소득이 낮더라도 투자비용과 노동 강도가 약한 바지락 양식이 선택할 수 있는 대안이었던 것이다.

2 다른 지역에서 유류유출사고가 발생해도 이 지역에 풍평피해를 입는 것으로 보인다. 하전2리에서 식당을 운영하는 한 주민은 2014년 1월 31일 여수 앞 바다에서 일어난 기름유출사고 이후에도 손님이 눈에 띄게 줄었다고 구술하였다. 즉 태안 앞 바다에서 일어났던 유사한 사건이 발생하면 이는 풍평피해로 이어질 가능성이 높다는 것이다.

> "바지락 같은 걸로 조금했는데 올해 생전 처음 돈 한 6-7백씩 했지… 그거나마 있어서 큰 도움이 됐고. 조개, 그렇게 벌어가지고는 천만 원, 오백만원 벌어가지고는 못 살아. (굴양식은)나이 먹어서 못해, 굴 양식은 우리가 투자를 하려면 최대 3천에서 5천만 원 투자해야 돼. 그런데 돈이 없어, 논 팔고, 밭 팔고, 집 팔아서 할 수 없어, 그래서 그냥 있는 데로 먹고살아야지. 그래서 다 포기한 거여"

양식어업이 발달한 하전2리의 어선어업 규모는 주변 어촌마을에 비해 상대적으로 작은 편이었다. 왜냐하면 개별 가구가 동원할 수 있는 자본과 노동력의 한계로 인해 양쪽 모두에 투자할 수는 없기 때문이다. 특히 영세 어민들의 입장에서 보면 양식어업은 어선어업보다 적은 투자로 안정적인 소득을 올릴 수 있는 경제활동이다. 아래 〈표6-5〉를 보면 하전 마을은 3톤 미만의 선박들이 사고당시(80.0%)에나 현재(66.6%)나 높은 비중을 차지하고 있을 정도로 어선어업 규모는 작은 편이다. 어민들의 구술에 따르면, 3톤 미만의 어선들은 주로 2km 이내의 마을 연안바다에서 조업을 하는 반면에 3톤 이상의 배들은 상대적으로 먼 바다로 나가서 조업을 할 수 있다고 한다.

마을 사정을 잘 알고 있는 한 주민은 먼 바다를 나갈 수 있는 3톤 이상의 배들은 최근 몇 년간 꽃게 어획량이 좋아 유류유출사고의 후유증에서 일정부분 벗어나고 있는 반면에 마을 앞 바다에서 주로 잡히는 도다리, 우럭, 주꾸미 등의 어획량이 사고이전 수준에 한참 미치지 못한다고 구술했다. 마을에서 태어나 오랜 시간 어민으로 살아온 한 주민은 마을포구에 정박해 있는 배들을 가리키면서 "오늘날 같이 날씨가 좋을 날이면, 다 고기 잡으러 나가야 하는데, 바다로 나가도 잡을 고기가 없기 때문에 다 놀고 있는 배"라고 여전히 회복하지 못한 어선어업을 설명했다. 사고당시 마을 항구에 몇 척의 배가 등록되어있었는지

공식적인 자료를 확인할 수 없었지만, 2004년 62척의 배가 있었다(충남대학교 마을연구단, 2006: 54). 사고이후 축소되기 시작하여 현재는 그 반 수준인 30척만 등록된 상태다. 그리고 마을 인근 바다에 조업하는 3톤 이하의 배를 중심으로 축소되었음을 확인할 수 있다(〈표6-5〉 참조).

<표6-5> 마을항구에 등록된 어선(단위: 척)[3]

	1톤 미만	2~3톤 미만	3~5톤 미만	5~7톤 미만	7톤 이상	합계
사고당시	23(65.7)	5(14.3)	4(11.4)	2(5.7)	1(2.9)	35(100.0)
2014년 2월	30(57.7)	10(19.2)	7(13.5)	1(1.9)	4(7.7)	52(100.0)
2015년 4월	11(36.6)	9(30.0)	6(20.0)	1(3.3)	3(10.0)	30(100.0)

출처: 사고당시 자료는 김도균(2011: 110)
주: 2014년 자료는 해양경찰청 A리 출장소 내부자료(2014년 2월)

어민들은 마을 앞 바다의 어획량이 회복되지 못한 이유로 방재작업 당시 뿌려진 유화제를 원인으로 의심하고 있었다. 과학적으로 검증된 것은 아니지만, 마을 앞 연안바다의 자원 고갈과 유화제 사이의 연관관계는 물속에서 맨 몸으로 작업하는 해녀들의 구술에서도 확인되었던 부분이다(김도균, 2012). 한 주민은 사고당시 마을을 방문했던 여수 시프린스호 피해자들이 시간이 지날수록 마을 앞 바다에서 고기가 잡히지 않을 거라고 했는데, 그 말이 현실이 되어 가고 있다고 구술했다. 즉 어선어업 규모가 작은 A마을의 어선어업은 여전히 유류유출사고의 피해에서 벗어나지 못하고 있었다. 그렇다고 A마을 주민들이 어선규모

3 사고당시 어선규모는 설문조사를 통해 파악한 것으로 공식자료와 어선 수는 다를 수 있지만 어선 톤수 별 비율은 일치했다. 2004년 해양경찰청 A리 출장소 공식자료에 따르면 총 62척 중 2톤 미만이 41(66.1%), 3~5톤 미만이 13척(21.0%), 5~7톤 미만이 5척(8.1%), 7톤 이상이 3척(4.8%)이었다(충남대학교 마을연구단, 2006: 54).

를 키우는 방식으로 이 문제를 해결할 수도 없다. 왜냐하면 먼 바다로 나아 갈 수 있는 톤수의 어선은 더 많은 자본과 더 높은 양질의 노동력이 필요하기 때문이다. 앞서 굴 양식장 재건하지 못하고 바지락 양식으로 전환한 이유가 자본 및 노동력 부족이었던 것을 고려한다면 어선 톤수가 늘어날 가능성은 현실적으로 낮다고 볼 수 있다.

관광업과 농업의 변화

사고당시 하전2리 마을은 관광업이 빠르게 성장하고 있었다. 서해안 고속도로의 개통으로 접근성이 향상되었고, 마을의 대표 관광자원인 ㅇㅇ포 및 ㅇㅇ해수욕장이 알려지기 시작하면서, 여름철이면 많은 관광객들이 찾아왔다. 관광객의 증가는 자연스럽게 숙박시설의 증가로 이어졌으며 주요한 농가부업으로 성장하고 있었다. 마을의 주요한 관광자원인 두 개의 해수욕장은 사고이후 1년간 휴식기를 갖고 2009년 7월 새롭게 개장했음에도 불구하고 여전히 사고이전의 관광객 수준을 회복하지 못하고 있다. 2013년에는 뚜렷한 회복세를 보이면서 사고이전의 70% 수준으로까지 회복하여 어업보다는 빠른 복원력을 보여주고 있다([그림6-2] 참조). 관광객 방문 통계자료는 2013년부터 뚜렷한 회복세를 보이고 있다는 관광업 종사 주민들의 구술과도 일치했다.

[그림6-2] 해수욕장의 연간 방문객 수의 변화

(단위: 명)

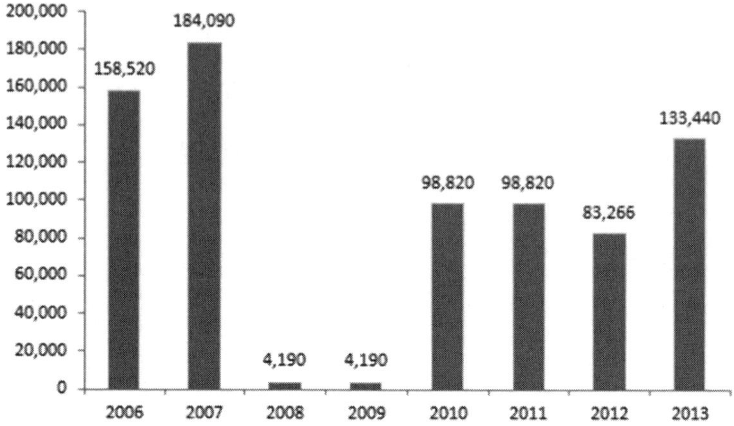

출처: 태안군「통계연보」각 년도
설명: 2008, 2009, 2010, 2011년도는 방문객 수가 일치하는데 이는 오기인 것으로 보임. 하지만 전체적인 추세를 확인하는 데에는 지장이 없기때문에 그대로 표기하였음

하전마을의 농업은 삼면이 바다로 둘러싸인 자연적 조건과 매립한 간척농지가 협소하여 영세한 수준이다. 사고당시 2,500평(0.83헥타르) 미만을 경작하는 가구가 전체의 85.6%를 차지했으며, 평균적인 경작규모도 1,875.19평(0.62헥타르) 수준에 머물렀다. 마을 내에 하우스 시설이나 특수작물을 재배하는 가구는 없었으며 쌀농사를 중심으로 약간의 밭작물을 재배하는 수준이었다. 경작규모 및 시설, 재배작물 등을 고려할 때 A마을의 농업은 판매를 위한 상업적 목적보다는 자급적 목적이 더 강했다. 하전마을의 영세한 경작규모와 자급적 성격은 A마을 놓인 자연적 조건 때문이다. 따라서 현재 사고이전보다 주민들이 농업의 경제적 비중을 높게 평가하고 있더라도 객관적으로 농지규모 확장할 수 있는 조건은 아니다. 사고당시와 현재를 비교해도 경작규모 및 재

배작물이 크게 변화하지 않았다. 즉 어업부분의 손실을 농업의 확장을 통해 보충할 수 있는 조건이 아니다.

소득수준의 변화

사고이전과 비교해서 현재 소득의 회복 정도를 묻는 질문에 '사고이전보다 많이 줄었다'(78.7%)는 부정적인 응답 비율이 그렇지 않다는 응답보다 월등하게 높았다(〈표6-6〉 참조). 즉 경제활동이 회복되지 못한 만큼 소득 또한 회복되지 못했다고 볼 수 있다.

<표6-6> 해수욕장의 연간 방문객 수의 변화(2015년 4월 설문조사)

(단위: 명)

문)사고이전과 비교해서 현재 귀의의 소득은 어느 정도 입니까? (손해보상금 제외)	빈도	%
1) 사고이전보다 많이 줄었다	37	78.7
2) 사고이전보다 약간 줄었다	9	19.1
3) 사고이전 수준으로 회복되었다	1	2.1
4) 사고이전보다 약간 늘었다	0	0.0
5) 사고이전보다 많이 늘었다	0	0.0
합계	47	100.0

사고이전 A마을주민들의 소득 분포를 보면 천만 원에서 2천만 원(31.0%), 2천만 원에서 3천만 원(22.4%) 수준에 가장 많이 분포하고 있었다(〈표6-7〉 참조). 어선어업이 발달한 인근 마을과 비교해서 주민들의 소득수준이 상대적으로 평준화되어있었는데, 이러한 이유는 마을주민들의 주요한 수입원인 굴 양식업의 규모가 비슷하고, 상대적으로 고소득

을 올릴 수 있는 어선어업과 관광업의 규모가 영세했기 때문이다. 설문에 대한 주민들의 응답만을 놓고 볼 때, 사고이전과 비교해서 500만원 미만(32.2%)과 천만 원미만(21.3%)의 비율이 높아지면서 전체적으로 하향 평준화하였다.

이러한 이유는 우선 굴 양식과 비교해서 바지락 채취가 투자비용과 노동력이 적게 들지만 그만큼 현금소득이 낮기 때문이다. 물론 개인의 상황에 따라 사고이전 굴양식 규모가 작았던 주민들은 투자비용 및 노동력을 고려한다면 바지락 채취가 더 많은 수익을 보장해 줄 수도 있다. 하지만 바지락 양식을 시작한지 얼마 안 돼 하전마을의 갯벌은 바지락이 잘 자랄 수 있는 서식환경이 완전하게 조성되지 못했다. 바지락 종패 정착과 성장을 위해서는 쏙 제거와 모래살포 등을 통해 꾸준하게 어장을 만들어 나가야한다. 따라서 어촌계 담당자의 구술에 의하면, 오랜 시간 동안 바지락 양식을 해온 태안의 다른 마을과 비교하면 생산성이 많이 떨어진다고 한다. 즉 현재의 상황에서 바지락 양식이 굴 양식의 소득을 대체할 수 있는 수준으로까지 성장하지는 못한 것으로 보인다.

<표6-7> 하전2리 마을 주민소득

(단위: 가구, %)

구분	사고이전	2015년 4월
500만원 미만	3(5.2)	17(32.2)
500~1000만원 미만	8(13.8)	10(21.3)
1000~2000만원 미만	18(31.0)	5(10.6)
2000~3000만원 미만	13(22.4)	6(12.8)

3000~4000만원 미만	11(19.0)	1(2.1)
4000만원 이상	5(8.6)	8(17.0)
합계	58(100.0)	47(100.0)

출처: 사고이전 자료는 김도균(2011: 116)

4. 사회관계의 변화

○주민협력과 주민갈등의 양상

유류유출사고 이후 가장 주목할 만한 사회관계의 변화는 주민들 사이에 크고 작은 갈등이 증가했다는 사실이다. 하지만 재난이 재난피해자들 사이에 갈등과 균열만을 가져오는 것은 아니다. 재난에 대응하는 과정에서 공동체의 연대가 강화되고, 이는 재난을 극복하는 복원력의 변수로 작동하기도 한다. 따라서 갈등과 균열만을 강조할 경우 재난피해자들이 극히 이기적인 존재로 묘사되거나 공동체의 해체가 과장되어 설명될 수 있다. 따라서 갈등과 협력 양 측면을 모두 고려한 균형 잡힌 시각이 필요하다. 즉 재난피해자들은 서로 간에 갈등의 대상인 동시에 협력의 대상으로 복합적인 사회관계를 맺는다.

사고발생 14개월이 지난 2009년 2월 조사에서 하전마을 주민들은 주민협력을 묻은 질문에서 협력이 '이루어지고 있다'는 응답이 40.0%가 나왔지만, 오히려 7년이 지난 2015년 4월 조사에서는 27.1%로 12.9%p 떨어졌다(〈표6-8〉 참조). 따라서 주민갈등에 있어서도 더 부정적인 응답이 증가했다. 2009년 2월 조사에서 주민갈등이 '심각한 수준이다'라는 이상의 응답이 53.5% 수준이었는데, 2015년 4월 조사에서는 64.3%

로 10.8%p 더 높게 나왔다. 특히 '매우 심각한 수준이다'라는 응답은 2009년 5.2% 정도였던 것이 2015년에는 33.3%로 28.1%p로 상승했다. 즉 설문조사 결과만 놓고 보면 하전마을의 주민협력과 갈등수준은 오히려 7년이 지난 현재의 시점이 더 악화된 상태라고 볼 수 있다.

<표6-8> 기름유출사고 이후 주민협력과 갈등

(단위: 명, %)

주민협력 수준	2009년 2월	2015년 4월	주민갈등 수준	2009년 2월	2015년 4월
전혀 이루어지고 있지 않다	14(28.0)	8(16.7)	매우 심각한 수준이다	3(5.2)	16(33.3)
이루어지지 않고 있다	16(32.0)	27(56.3)	심각한 수준이다	28(48.3)	15(31.3)
이루어지고 있다	19(38.0)	12(25.0)	갈등이 있지만 심각하지는 않다	20(34.5)	14(29.2)
매우 잘 이루어지고 있다	1(2.0)	1(2.1)	갈등이 없다	7(12.1)	3(6.3)
합계	50(100.0)	48(100.0)	합계	58(100.0)	48(100.0)

출처: 2009년 2월 자료는 김도균(2011: 157)

사고초기 하전마을은 1차 생계안정자금의 균등 분배와 주민들 사이의 높은 사회자본(social capital)에 의해 그렇지 않은 이웃마을과 비교하여 주민협력 수준이 높고 갈등수준이 낮았던 점을 감안한다면(김도균, 2011: 201), 2015년 4월 조사결과는 이전과 매우 상반된다. 그렇다고 이러한 조사결과가 사고초기부터 현재까지 지속해서 갈등이 점증적으로 증가해왔다거나, 협력관계가 붕괴되었다는 것을 뜻하지는 않는다. 주민갈등도 첨예하게 나타나고 있지만, 다른 한쪽에서는 재난을 극복해보고자 하는 협력 또한 이루어지고 있다. 가시적으로 나타나는 주민협력의 사례를 들자면 어촌계 회원이 아닌 여타의 마을주민에게도 마을어장에서 바지락을 채취할 수 있는 권한을 주고 있다는 것이다.

마을어장의 생산성이 높았던 마을어촌계는 계원을 98명으로 고정시켜 놓고, 어촌계원인 주민들을 중심으로 마을어장에 대한 배타적 이용권이 주어졌다. 실제로 사고이전에는 철저하게 어촌계원만이 마을어장을 경제적인 목적으로 이용해왔다. 하지만 사고이후 갯벌을 바지락 양식장으로 전환하면서 어촌계원이 아닌 마을주민에게도 어촌계원 만큼은 아니지만 바지락을 채취할 수 있도록 배려해 하고 있다. 현재 어촌계원에게는 1일 60kg, 어촌계원이 아닌 마을주민에게는 30kg의 바지락을 채취할 수 있다. 이는 어촌계원이 아닌 마을주민들에 대한 마을어촌계 차원의 경제적 협력이라고 할 수 있다. 그리고 어촌계의 이러한 경제적 협력은 어촌계원과 마을주민 간의 인적 통합 수준이 높아, 어촌계원이 아니면서 어업에 종사해왔던 마을주민의 수가 적었던 것도 일정한 영향을 미친 것으로 보인다.

그런데 사고초기부터 수습과정에 앞장서던 이장과 어촌계장 등 핵심적인 마을지도자들이 교체되었다. 이장의 교체는 전임 이장이 암으로 사망하면서 후임 이장이 선출된 자연스러운 교체였지만, 어촌계장의 교체는 치열한 선거를 통해 이루어졌다. 전임 어촌계장은 유류유출 사고이후 어려운 여건 속에서 마을의 조정자 역할을 효과적으로 수행하여 마을을 안정시키는데 기여했을 뿐만 아니라 주민들의 신뢰를 받아 어촌계장 연임에 성공했었다. 하지만 2013년 1월 선거에서 36표를 얻어 58표(총 94명)를 얻은 도전자에게 자리를 내주었다. 이 과정에서 후보자간에 경쟁이 있었지만 특정 사안을 중심으로 갈등이 첨예하게 드러나지는 않았다. 왜냐하면 어촌마을의 어촌계장 선거에는 복수후보자가 경쟁하는 것이 일반적이기 때문이다.

○굴 양식어업 피해보상금 분배를 둘러싼 갈등의 심화

주민갈등은 오히려 사고발생 5년 만에 국내법원의 사정재판(2013년 1월 6일)을 통해 손해액이 발표되면서 점화되었다. 국내법원이 결정한 피해금액은 IOPC기금의 결정에 비하면 다소 전향적이었지만, 주민들은 받은 실질적인 피해정도와 비교할 때 보상액이 너무 적다는 불만과 함께 주민들 사이에서 공정성 문제가 부각되었다. 손해보상액에 대한 만족도를 묻는 설문문항을 보면, '만족하지 않는다'(75.0%)는 응답이 매우 높게 나왔으며, '부족하지만 어쩔 수 없다'(25.0%)는 체념한 응답이 다음을 차지했다. 즉 만족하는 편이라는 응답자는 단 한 사례도 찾을 수 없었다(〈표6-9〉 참조).

<표6-9> 기름유출사고 보상금액에 대한 만족 수준(2015년 4월 설문조사)

(단위: 명, %)

문)기름유출사고 보상금액에 만족 하십니까	빈도	%
1)만족하지 않는 편이다	36	75.0
2)부족하지만 어쩔 수 없다	12	25.0
3)만족하는 편이다	0	0.0
합계	48	100.0

국내법원 사정재판이 IOPC기금과 비교해서 더 높은 인정율을 보였지만 피해주민들의 입장에서 보면 적절한 수준의 피해보상이라고 볼 수 없다. 피해주민들이 3년 이상의 장기적인 경제적 피해를 주장했으며, 어획량이나 매출액에 대한 증빙자료가 없을 경우 손해금액으로 인정받지 못했다. 기름유출사고 직후 사고의 충격으로 자살한 하전마을

의 한 주민(굴 양식)은 5,100여 만 원을 피해금액으로 청구했었다. 국내 법원의 사정재판 결과 1,374여 만원(26.9%)을 인정받았다. 이는 IOPC기금이 인정한 159만 4천원(3.1%)의 8배에 해당하지만 피해주민들의 입장에서 보면 피해에 대한 합리적 보상이라고 할 수 없다.[4] 그러나 부족한 보상금액이 첨예한 주민갈등을 유발하는 배경 요인으로 작용했지만, 직접적인 원인은 보상금액의 공정성 여부에 대한 주민들의 인식을 둘러싸고 발생했다.

이는 사고초기 태안지역 주민갈등의 핵심적인 원인이었던 생계안정자금 분배의 공정성 여부에 대한 주민들의 인식과도 유사하다. 즉 생계안정자금의 분배가 공정했다는 주민이 많은 마을일수록 주민갈등의 강도가 더 약하게 나타났다. 하전마을은 모든 주민들이 바다를 기반으로 유사한 경제활동을 해왔는데, 어떤 주민에게는 더 많은 보상액이 어떤 주민에게는 더 적은 보상액이 결정되었다. 물론 더 많은 보상액은 받은 사람도 낮게 보상액이 책정된 사람보다 상대적으로 많은 것이지, 충분한 수준으로 보상을 받은 것은 아니다. 그리고 피해 보상액의 차이는 사고로 인한 경제적 피해의 규모 차이를 반영한 것이기도 해서 주민들이 합리적으로 수용 가능한 부분도 있었다.

따라서 갈등은 어선어업이나 관광업에 대한 개인적 피해보상이 아니라 공동체적 성격이 강한 마을어업으로 이루어져왔던 굴 양식에 대한 피해보상금과 관련해서 발생했다. 사고이전 하전마을 주민들은 굴 양식에 대한 경제적 의존도가 매우 높았다. 사고이전 A마을 주민들의 굴 양식은 어촌계가 수산어법에 따라 면허어업을 획득한 '마을어업'

4 김동이. 〈고인 된 태안 기름유출 피해자, 인정금액 0원〉 오마이뉴스(2013년 1월 17일).

(마을어장)으로 이루어진 동시에 오랫동안 관행적으로 마을어업 밖에서 '무면허'로 양식이 이루어져왔다.[5] 그런데 문제는 무면허 양식규모가 마을어업의 양식규모보다 클 뿐만 아니라 무면허 양식까지 모두 마을어업으로 해서 피해보상이 나온 것이다. 즉 개별적으로 피해조사가 이루어졌지만, 마을어장 밖의 무면허 양식까지 모두를 마을어업권으로 피해보상이 나왔다.

<그림6-3> 굴양식 피해보상

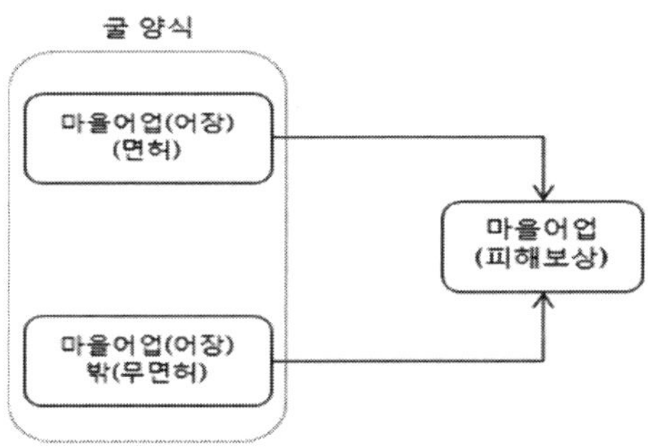

따라서 주민들 사이에 굴 양식 피해보상금의 분배 방식을 둘러싸고 날카로운 의견대립이 발생하였다. 즉 한쪽에서는 마을어업으로 나온 것이니 어촌계원 모두에게 공평하게 분배하는 것이 공정하다고 주장한 반면에, 다른 한쪽에서는 개인의 피해 정도에 따라 보상금액이 나온 것이기 때문에 사정재판의 결과대로 개인의 몫을 가져가는 것이 공

5 수산업법 8조(면허어업) 6항에 따르면, 마을어업은 "일정한 지역에 거주하는 어업인이 해안에 연접한 수심 이내의 수면을 구획하여 패류 · 해조류 또는 정착성 수산동물을 관리 · 조성하여 포획 · 채취하는 어업"이다. 그리고 9조(마을어업 등의 면허)에 따르면, 마을어업은 "일정한 지역에 거주하는 어업인의 공동이익을 증진하기 위하여 어촌계나 지구별수산협동조합에만 면허"하는 것으로 되어 있다.

정하다고 주장하였다. 그리고 이러한 의견대립은 사고이전 굴 양식장 규모에 따라 분파적으로 나타났다. 사고이전 상대적으로 굴 양식장의 규모가 작았던 주민들은 마을어업권을 내세워 공평한 분배를 주장한 반면에 무면허로 양식장 규모를 키워왔던 주민들은 개인의 피해를 내세워 사정금액대로 분배할 것을 요구하였다.

> "첫 단추를 잘 못 끼워 놓으니까 마지막 푸는 방법도 되게 어려운 점이 많이 있습니다. 주민들 간의 갈등이 결국은 법정으로 가서 판결을 받아야 하는 상황까지 와있어요. …참 설명드리기가 애매한데, 조사 자체부터 잘 못 되어 있고요. …허가 면적은 요 만큼(마을어장)인데, 허가를 받지 않는 면적(무면허)이 이것의 10배, 20배가 되는 거예요. 그런데 이것(허가)은 마을어장이니까 어촌계 거잖아요. 이(마을어장) 밖에 있는 사람들은 전부다 무면허예요. 그런데 피해조사를 할 때는 이 섹터(마을어업) 안에다 무면허까지 다 넣고 조사를 한 거여. …어촌계 것은 어촌계대로 조사를 하고, 개인 것은 개인 것대로 조사를 하면 문제가 안 생기기죠. 그런데 이것을 전부 이 섹터(마을어업) 안에다 넣고 조사를 한 거죠. ….그래서 이것은 마을어업허가권(면허권)으로 해서 나온 것이니 같이 나누자, 한쪽에서는 무슨 소리냐 내가 (굴 양식)했으니까 나온 거다. …조사는 개인별로 했는데, (마을)어업권으로 돈이 떨어진 거죠. 조사부터 잘못된 거죠. 어촌계 스스로 못하니까…법에 호소…잘못하면, 그 거 자체가 위법(무면허를 마을어업권으로 한 것)일수도 있다. 법에서 판결 받아서 해주는 것이 가장 원만하죠"

조사과정에서 만난 주민들과 마을지도자들은 사고이후 안정을 찾아가던 마을공동체가 이 문제로 인해 큰 갈등이 있었음을 여러 차례 구술했다. 이 문제가 첨예한 주민갈등으로 확장되면서 이를 중재하려는 주민들의 자율적인 움직임도 있었다. 중재에 나섰던 한 주민은 세대를 걸쳐 오랜 시간 같은 마을에서 살아온 주민들인 만큼 서로가 양보해서 타협점을 찾아야 한다고 보았다. 또한 이를 법정으로 끌고 갈 경우, 무면허 양식을 마을어업으로 사정한 것 자체가 위법 사항이 될 수 있으며, 또한 마을어업권을 내세워 개인적 피해에 지급한 보상금의 분배를 요구하는 것도 법리적 설득력이 없을 수 있다는 것이다. 적극적인 중재에 나섰던 한 주민은 굴 양식 피해보상액이 6천만 원 이상인 주민은 13%, 4천만 원에서 6천만 원은 10%, 3천만 원 이상은 7%를 양보하는 방안을 제시하기도 했지만, 처음에는 피해보상액을 높게 받은 주민들의 반대로 이후에는 마을어업권을 내세워 공평한 분배를 요구했던 주민들의 반대로 합의점을 찾을 수 없었다고 구술했다. 사고초기 하전마을은 주민들 간의 높은 경제적 동질성과 사회자본은 생계안정자금을 균등 분배하도록 자극하면서 주민갈등을 완화하고 재난극복을 위한 협력을 촉진시킨 측면이 이었다. 그런데 굴 양식어업 피해보상금을 둘러싸고는 오히려 높은 경제적 동질성과 집단의 규범을 강요하는 사회자본의 부정적 기능이 갈등을 불러왔다.

분배방식을 둘러싼 논의과정에서 마을주민들 간의 첨예한 갈등만 유발되었으며 자율적인 해결책을 찾지 못했다. 한 주민은 만일 "어촌계 굴 양식 피해보상은 어촌계대로 개인이 받은 피해보상은 개인별로 나왔다면", 굴 양식 보상금의 분배를 둘러싼 갈등이 벌어지지 않았을 것이라면서, 무면허 개인 피해까지 마을어업으로 사정한 사정체계에 대해 불만을 들어냈다. 결국 현재 이 문제는 법원의 판결로 넘어간 상태다. 그리고 이러한 주민갈등은 사고발생 7년이 지났음에도 회복되지 못한 주민들 간의 심리적 거리감을 통해서도 확인할 수 있었다(〈표 6-10〉 참조). 기름유출사고이후 사람들이 자신만을 생각하는 편이가라는 문항에서 2009년 2월 조사(79.7%)보다 2015년 4월 조사(83.8%)에 14.1%p나 높아졌다. 주민갈등이 상대방을 제거하려는 극단적인 형태의 갈등은 아니지만 주민들 사이에 불신과 냉소적 감정이 광범위하게 확산되어 있음을 확인할 수 있었다.

<표6-10> 유류유출사고 이후 이웃 간의 심리적 거리감

(단위: 명, %)

구분		2009년 2월	2015년 4월
문)기름유출사고 이후 사람들은 자신만을 생각하는 편이다	그렇다	47(79.7)	45(93.8)
	아니다	12(20.3)	3(6.3)
	합계	59(100.0)	48(100.0)
문)마을사람들하고 이야기할 때 신경이 쓰이거나 조심스럽다	그렇다	49(87.5)	39(81.3)
	아니다	7(12.5)	9(18.8)
	합계	56(100.0)	48(100.0)

5. 나가며

시간을 경과하면서 유류유출사고의 사회영향이 더 심층적이고 광범위하게 나타났다. 우선 경제적 차원에서 어업활동이 축소되가고 있었으며 어업의 성격 또한 변화해 가고 있었다. 마을주민들의 주요한 경제활동이었던 굴 양식은 바지락 양식으로 대치되었으며 어선어업 또한 크게 축소되었다. 기존의 해수욕장과 정부의 투자로 개발된 마을 주변의 올레 길과 해양 전망대가 새로운 관광자원으로 결합하면서, 관광업은 사고초기와 비교하면 회복되어가고 있는 추세다. 하지만 경제활동의 활력 및 소득수준에 있어 여전히 사고이전의 수준을 회복하지 못하고 있으며, 전망 또한 어두운 실정이다. 특히 부자마을이라는 평판을 유지할 수 있게 했던 굴 양식어업의 몰락은 심층적인 경제적 변화라고 할 수 있다.

사고초기 마을주민들 사이에 갈등도 있었지만 재난을 극복하고자 하는 협력의 수준이 더 높았다. 그리고 협력은 굴 양식을 중심으로 한 주민들 간의 높은 경제적 동질성과 오랜 시간 어촌계의 협력적 운영을 통해 축적해 온 사회자본에 의해 촉진된 측면이 있었다. 그런데 현재의 시점과 사고초기만을 놓고 비교한다면 오히려 주민갈등과 냉소적 감정은 더욱 악화되었다고 볼 수 있다. 물론 현재 협력이 전혀 이루어지지 않고 있는 것은 아니다. 어촌계원이 아닌 마을주민에게도 마을어장에서 바지락을 채취할 수 있는 경제적 협력을 하고 있다. 첨예한 주민갈등은 굴 양식에 대한 피해보상금의 분배를 둘러싸고 발생했다. 피해조사는 개별적으로 이루어졌지만, 마을어업(마을어장) 밖의 무면허 굴 양식까지 마을어업으로 해서 피해보상이 나온 것이다. 따라서 마을어장 내에서 작은 규모로 굴 양식을 했던 주민들은 마을어업으로 나온 피해보상이니 어촌계원 간에 공평하게 분배하는 것이 공정하다고 주장한 반면에 무면허로 굴 양식장을 키워온 주민들은 개인의 피해를 기준으로 나온 보상금액이니 사정재판 결과대로 각자의 몫을 가져가는 것이 공정하다는 것이다. 이 문제를 중재하려는 일부 주민들의 자율적인 노력이 있었으나 타협점을 찾아내지 못했고 현재는 법원의 판결을 기다리고 있다. 사고초기 주민들 사이의 높은 경제적 동질성과 사회자본이 갈등을 완화하고 협력을 촉진한 변수로 작동한 반면에 굴 양식어업 피해보상금을 둘러싼 갈등은 높은 경제적 동질성과 집단의 규범을 강조하는 사회자본의 부정적 기능이 갈등을 불러오고 있었다.

사고발생 7년이 지났음에도 불구하고 회복하지 못한 경제활동과 소득수준, 그리고 IOPC기금의 제도적 장벽에 막힌 불충분한 피해보상으로 인해 갈등이 '마을공동체 혹은 주민들 사이로 내부화'(홍덕화 · 구도완, 2009)되는 경향이 뚜렷하게 나타나고 있었다. 주민갈등과 냉소적 감정의 확산은 그 자체로도 재난피해지만, 재난에 대응하는 공동의 협력과 함께 새로운 리더십의 출현을 가로막는다. 물론 하전마을에서도 몇몇 마을리더들을 중심으로 마을의 갯벌과 관광자원을 활용한 지역재생에 관한 청사진은 갖고 있었다. 하지만 현재의 시점에서 이를 실현시킬만한 적극적인 주민동의 및 협력을 끌어낼 수 있는지는 미지수였다. 즉 주민들 사이에 갈등과 냉소적 감정의 확산은 하전마을의 재난복원력의 약화로 이어지고 있었다.

제7장

사고발생 11년 후 어촌마을

제7장

사고발생 11년 후 어촌마을

1. 들어가며

태안 앞 바다에서 대규모 기름유출사고가 발생한지 만 11년의 시간이 흘렀다. 사고 당시와 비교하면 현재 바다는 외관상 깨끗해졌고, 주민들은 일상으로 돌아갔으며, 동시에 언론의 관심 역시 멀어졌다. 만리포 해안에는 유류피해 극복을 기념하기 위한 유류피해극복 기념관이 준공(2017년 9월 14일)되어 123만 명의 자원봉사자에 대한 찬사와 지역주민의 삶도 회복되었음을 알리는 각종 전시물이 설치되어 있다. 본 연구는 유류유출사고와 관련하여 단순하지만 핵심적인 물음에 대한 답을 얻고자 하는데서 출발한다. 즉 허베이 스피리트(Hebei Spirit)호 유류유출사고가 발생한 지 11년이 지난 이 시점에서 '피해주민들의 삶은 복원되었는가?'다. 주민들의 삶의 복원정도를 확인할 수 있는 연구대상으로 태안군 소원면에 위치한 하전2리와 월산1리 마을을 선정했다.

이 두 마을을 연구대상으로 선정한 주요 이유는 마을 앞 갯벌 및 갯바위까지 기름이 밀고 들어오는 심각한 오염피해를 입었다는 공통점과 사고이후 주민들의 변화를 확인할 수 있는 자료가 소상하게 정리되어 있어 현재와 비교가 용이하기 때문이다. 즉 사고 오염피해의 심각성과 현재의 시점과 비교 가능한 연구 자료의 축적을 고려한 선택이다.

하전마을과 월산마을의 생태환경과 경제구조를 살펴보면 다음과 같다. 하전마을은 태안반도의 서북쪽 끝단에 위치한다. 마을의 서쪽해안은 암석해변과 모래해변이 발달해 있고 동쪽해안은 넓은 갯벌이 펼쳐져 있다. 사고 이전 마을주민들은 갯벌을 이용한 굴 양식어업을 통해 생계를 유지해 왔다. 이 마을은 태안군내에서 굴 양식마을이라고 불릴 정도로 굴에 대한 경제적 의존도가 높았다. 반면에 하전마을과는 자동차로 약 25분 거리에 위치한 월산마을은 하전마을과는 전혀 다른 자연환경과 경제구조를 보유하고 있다. 월산마을은 태안반도 서쪽 끝에 위치한다. 과거 동쪽해안에는 넓은 갯벌이 있었지만 간척사업으로 매립되어 현재는 논으로 이용되고 있다. 따라서 하전마을처럼 양식어업을 할 만한 자연조건에 있지 않다. 하지만 태풍에 안전한 항구가 있어 일찍이 어선어업이 발달했다. 여기에 태안을 대표하는 만리포 해수욕장이 인근에 위치하고 있어 마을 내 식당 및 숙박 등 관광업이 활발한 편이다. 즉 어업을 기준으로 하면 하전마을은 양식어업지대, 월산마을은 어선어업지대로 구분해 볼 수 있으며, 관광업은 월산마을이 하전마을보다 규모도 크고 더 전문적이다. 농업은 간척농지가 있는 월산마을의 농지규모도 더 크며 농업을 주요 생계활동으로 하는 인구비율도 높은 편이다. 본 연구는 이처럼 서로 다른 사회경제구조를 갖는 두 마을간 종단적 · 횡단적 비교를 통해 기름유출사고 이후 주민 삶의 변화와 복구과정의 양상을 추적해 보고자 한다.

2. 오염공동체의 사회영향과 복원력

환경오염은 오염노출 혹은 피해의 정체성을 공유한 오염공동체(contaminated community)를 구성해 낸다(Edelstein, 1988: 6). 여기서 오염공동체는 어떤 오염에 노출되었다는 것을 인식하고 있는 경계 내에 위치한 거주지로 정의할 수 있다(Edelstein, 1988: 6). 오염공동체는 독성위협에 기초하여 새로운 정체성을 형성한다(Edelstein, 1988: 6). 오염공동체는 기존의 생태환경, 행정, 경제 및 사회문화, 생활의 경계와 일치할 수 있지만, 이러한 경계를 넘어 오염피해를 중심으로 새롭게 구성될 수도 있다.

오염공동체가 경험하는 오염피해는 단기간의 일회적 사건이 아니라 장기간 피해가 누적되고 지속되는 특징을 보인다. 화학폐기물 매립에 의한 미국의 러브커넬 사건처럼 오염의 정도와 피해를 인지하지 못하고 살아가는 긴 잠복기를 갖기도 하며, (구)소련의 체르노빌 원자력 발전소 사고처럼 사고이후 오염피해가 단기간에 회복되지 못하고 장기화할 수도 있다. 환경오염의 오염원을 제거하고 완화하는데 상당한 시간이 소요될 뿐 아니라 심각한 수준의 경제사회적 피해와 건강문제가 명료하게 드러난 이후에서야 오염피해의 실체가 확인된다. 따라서 오염피해자들의 목소리는 외면당하기 쉽고 사회정치적 쟁점으로 부상하기 어려운 측면이 있다.

오염공동체가 경험하는 피해의 양상은 다양하다. 첫째, 오염공동체는 경제적 피해 또는 변화를 경험한다. 경제적 피해는 경제활동의 축소와 변화뿐 아니라 재산상의 손실까지를 포함한다. 둘째, 오염은 공동체의 혼란과 갈등을 유발시켜 공동체의 연대를 훼손할 수 있다. 즉 자원분배와 손해 배·보상을 둘러싸고 갈등이 발생할 수 있으며 불신 및 두려움, 유언비어 등의 확산은 원활한 의사소통을 방해하여 갈등을 부추긴다. 셋째, 오염으로 인한 경제적 피해와 심리적·육체적 피로, 사회갈등은 공동체 성원들 간의 일상적인 교류와 친밀성을 감소시킨다. 특히 대면 상호작용이 활발한 소규모 공동체일수록 일상적인 주민교류의 감소를 피해로 인식하는 경향이 뚜렷하다. 넷째, 오염공동체는 신체적·심리적 건강피해를 불러온다. 독성물질에 의한 오염은 회복할 수 없는 신체적 손상을 가져올 수 있으며 우울, 불안, 적대감, 자살충동, 외상 후 스트레스 장애 등과 같은 심리적 고통 또한 불러온다. 다섯째, 환경오염 피해는 인간 및 기술실패로 인한 기술재난이라는 측면에서 복구과정에서 손해 배·보상을 둘러싼 법적 소송이 핵심적인 쟁점으로 등장한다. 즉 피해자는 법적 판결을 통해 정당한 배·보상을 받고자 하지만 가해자는 책임을 최소화하기를 원하기 때문에 법적 소송이 장기화되는 경향이 있다.

이처럼 오염공동체 혹은 오염피해자는 다양한 오염피해에 노출되지만 그렇다고 하여 단순한 수동적 피해자로만 존재하지 않는다. 다시 말하면 공동체의 내외부적 조건이 갖는 복원력과 취약성의 정도에 따라 피해양상과 복구과정이 차별적이다. 취약성과 복원력 개념은 각종 재난에 대한 인간 및 사회시스템의 대처역량을 언급할 때 광범위하게 사용되고 있다. 복원력이 재난의 부정적 영향으로부터 인간과 사회시스템이 신속하게 회복하는 대처역량이라고 한다면, 취약성은 재난의 부정적 영향에 대한 인간과 사회시스템의 민감도라고 할 수 있다.

따라서 일반적으로 복원력과 취약성은 반비례 관계를 갖는다. 하지만 복원력과 취약성은 단순히 긍정과 부정의 반대 개념만은 아니다. 취약성이 낮은 상태의 적응력과 현상 진단에 초점이 맞추어져 있다면, 복원력은 불리한 상황을 완화하고 극복하는 보호기제(protective factor)에 더 많은 관심을 둔다(이재열 · 정지범, 2009: 28). 또한 복원력은 교란이전의 상태로 돌아가는 시스템의 역량만을 의미하는 것이 아니라 지속적인 학습과 적응을 통해 재난이전의 상태보다 사회생태시스템을 한 단계 더 발전시키는 피드백 과정을 까지를 포함한다(Cutter et al, 2008). 즉 복원력은 공동체가 스스로를 위해 무엇을 할 수 있는지를 묻고, 현재의 교훈을 통해 향후 재난에 강한 사회생태시스템을 구축하려 한다는 점에서 재난취약성과 구분된다(브라이언와 데이비드, 2015: 68). 따라서 재난복원력 수준이 높은 공동체는 더 짧은 시간 내에 더 높은 복구수준에 이를 수 있다면 복원력의 수준이 낮은 공동체는 복구수준도 낮을 뿐 아니라 복구과정 또한 지체된다(〈그림7-1〉 참조).

[그림7-1] 재난복원력 수준에 따른 재난복구 경로

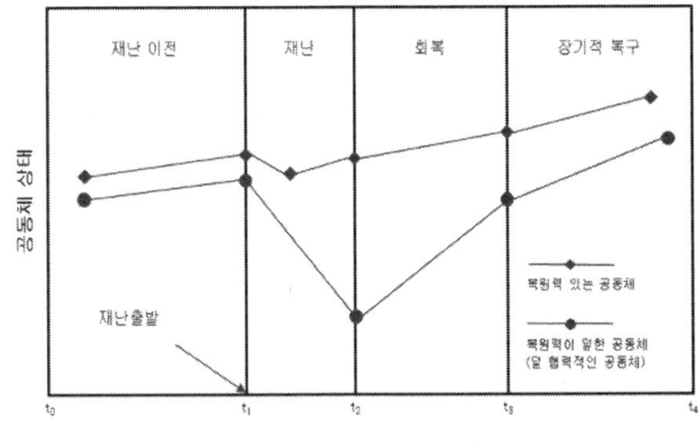

출처: Mayunga, 2007

그렇다면 오염공동체의 복원력을 구성하는 요소는 무엇인가. 자본에 기초한 접근을 참고하면 사회자본, 경제자본, 인적자본 등을 강조할 수 있다(Mayunga, 2007). 여기서 자본은 원하는 것을 얻을 수 있는 유무형의 능력을 의미하는 것으로 위의 세 가지 형태의 자본은 취약성을 약화시키고 공동체의 복원력을 강화시키는 변수로 작용한다. 첫째, 사회자본은 신뢰, 규범, 네트워크 등으로 구성되며 공동체의 재난복원력 관점에서 보면 사회적 협력 및 집합행동을 촉진한다. 즉 사회자본을 풍부하게 축적하고 있는 공동체는 재난피해자들이 피해극복을 위한 자원동원을 용이하게 하며 공동체의 공동목표를 위한 시민들의 협력을 촉진한다(Mayunga, 2007: 김도균, 2010). 둘째, 경제자본은 사람들이 자신의 생계를 유지하는데 사용하는 재정자원을 의미하는 것으로 수입, 자산 가치, 고용 및 투자 등으로 측정할 수 있다. 경제자본은 보험, 경제적 재기 등 직접적인 방식으로 개인과 집단, 공동체가 오염피해를 흡수하고 신속하게 재난상황에서 벗어날 수 있도록 돕는다(Mayunga, 2007). 셋째, 인적자본은 교육, 훈련 및 경험 등을 통해 축적된 지식 및 기술 그리고 연령, 건강상태까지를 포함한다. 개인의 풍부한 지식과 기술은 공동체의 복원력을 만들어 내는 핵심적 자본으로 주로 학력, 건강, 인구밀도, 인구증가, 인종 및 민족 등 인구학적 특징, 가구의 특징, 주택의 질 등으로 확인할 수 있다. 즉 환경오염의 사회영향과 복구과정은 오염에 처한 공동체의 내외부적 조건에 따라 차별적으로 나타날 수 있음을 고려할 필요가 있다.

3. 사회영향의 복구과정

1) 인구영역

[그림7-2]는 공식통계(주민등록기준)기준으로 하여 1989년부터 최근까지 하전마을와 월산마을의 인구 및 가구의 장기적 변화를 보여준다. 지난 시기 두 마을 모두, 인구는 큰 폭으로 줄었지만 가구 수는 소폭으로 꾸준하게 증가해왔다. 기름유출사고가 일어난 다음 해인 2008년을 기준으로 하여, 하전마을의 인구는 이전 10년(1998년)동안 99명 줄어들었지만 이후 10년(2018년)동안 38명 감소했다. 반면에 월산마을은 이전 10년 동안 81명, 이후 10년 동안 115명 줄어들었다.

[그림7-2] 하전마을(A)와 월산마을(B)의 인구와 가구변화

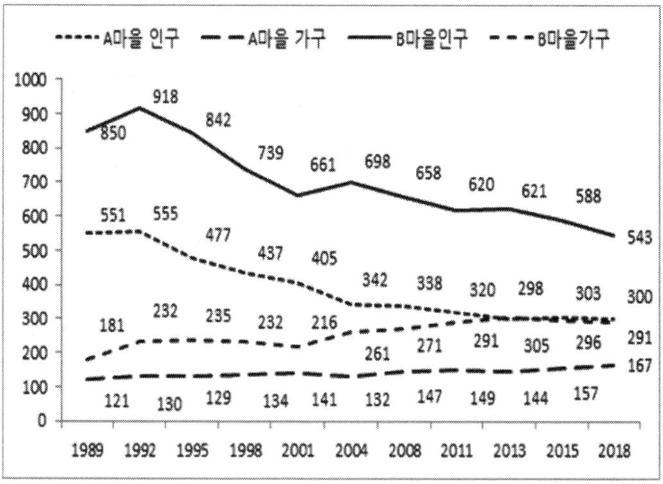

자료: 태안군 내부자료(2019년)
단위: 명, 가구

공식통계를 기준으로 볼 때, 하전마을은 사고이후 오히려 인구 감속 폭이 둔화된 것으로 나타나는데, 이는 기름유출사고가 하전마을 인구 감소에 장기적으로는 직접적 영향을 미치지 않았다는 것으로 해석할 수 있다. 반면에 월산마을은 사고이전에 비해 사고이후의 인구감소 폭이 더 컸다. 이는 인구규모가 큰 월산마을이 빠져나갈 수 있는 인구여력이 높았거나, 관광업 비중이 높았던 마을의 경제구조의 특성으로 관광업을 위해 유입되었던 인구가 유류유출사고이후에 빠져 나간 것이 아니가 추측해 볼 수 있다. 하지만 인구가 줄어든 것과 반대로 두 마을 모두, 소폭이지만 가구는 증가하였다. 이러한 일차적 이유는 은퇴자들의 귀촌 및 도시민들의 주택구매 때문인 것으로 보인다. 하전마을은 이주민을 위한 신규주택지가 조성되어 있으며 월산마을 또한 마을에서 귀촌한 주민을 어렵지 않게 만날 수 있었다. 귀촌으로 인한 새로운 인구유입은 이 지역의 오염 이미지가 그 만큼 약화되었다는 것을 보여주는 증거라고 할 수 있다.

다음으로 마을별 연령 및 성별 분포 변화를 보면 노령화 현상의 심화를 확인할 수 있다(〈표7-1〉 참조). 두 마을 모두 사고발생 10년 전보다 60세 이상 인구비율이 하전마을은 15.5%p, 월산마을은 19.4%p 증가했다. 특히 70세 이상의 인구증가율이 A마을은 12.1%p, B마을은 12.3%p 증가했다. 10대, 20대, 30대는 학업 및 취업 관계로 마을에 실제 거주하지 않고, 주소지만 마을에 두고 있는 경우가 많다는 점을 감안한다면 실제 체감하는 고령화 수준은 더 높다고 할 수 있다.

<표7-1> 연령 및 성별 인구분포의 변화

(단위: 명, %)

구분			10대 미만	10대	20대	30대	40대	50대	60대	70세 이상	합계
하전마을	2008	남	9 (5.2)	12 (7.0)	25 (14.5)	19 (11.0)	26 (15.1)	23 (13.4)	32 (19.6)	25 (14.5)	172 (50.9)
		여	9 (5.4)	12 (7.2)	8 (15.1)	8 (4.8)	23 (13.9)	33 (19.9)	39 (23.5)	36 (21.7)	166 (49.1)
		합계	15 (4.3)	24 (7.1)	33 (9.8)	27 (8.0)	49 (14.5)	56 (16.6)	71 (21.0)	62 (18.7)	338 (100.0)
	2019	남	4 (2.5)	8 (5.1)	9 (5.7)	14 (8.9)	15 (9.6)	29 (18.5)	35 (22.3)	43 (27.4)	157 (51.0)
		여	2 (1.3)	6 (4.0)	4 (2.6)	5 (3.3)	9 (6.0)	33 (21.9)	40 (26.5)	52 (34.4)	151 (49.0)
		합계	6 (1.9)	14 (4.5)	13 (4.2)	19 (6.2)	24 (7.8)	62 (20.1)	75 (24.4)	95 (30.8)	308 (100.0)
월산마을	2008	남	14 (4.3)	20 (6.2)	49 (15.1)	40 (12.3)	51 (15.7)	57 (17.5)	57 (17.5)	37 (11.4)	325 (51.3)
		여	12 (3.9)	20 (6.5)	30 (9.7)	24 (7.8)	42 (13.6)	74 (23.9)	50 (16.2)	57 (18.4)	309 (48.7)
		합계	26 (3.9)	40 (6.3)	79 (12.5)	64 (10.1)	93 (14.7)	131 (20.7)	107 (16.9)	94 (14.9)	634 (100.0)
	2019	남	11 (4.0)	12 (4.3)	19 (6.9)	19 (6.9)	37 (13.4)	54 (19.6)	59 (21.4)	65 (23.6)	276 (51.4)
		여	3 (1.1)	15 (5.7)	14 (5.4)	12 (4.6)	27 (10.3)	39 (14.9)	70 (26.8)	91 (31.0)	261 (48.6)
		합계	14 (2.6)	27 (5.0)	33 (6.1)	31 (5.8)	64 (11.9)	93 (17.3)	129 (24.0)	146 (27.2)	537 (100.0)

자료 : 2008년 자료는 김도균(2011:97(가운데점)99), 2019년 자료는 태안군 내부자료(2019년 3월 기준)

2) 경제영역

○어업

양식어업 중심인 하전마을과 어선어업 중심인 월산마을의 어업의 변화를 살펴보면, 근본적인 변화는 하전마을에서만 뚜렷하게 확인되었다. 하전마을의 변화를 한마디로 요약한다면 양식품종의 변화와 양식어업에 대한 경제적 의존도의 약화라고 할 수 있다. 사고이전 하전마을은 태안군 관내에서 유명한 굴 양식마을이었다. 하지만 2014, 15년부터 주민들은 마을 앞 갯벌을 굴 양식장으로 복원하기보다는 바지락 양식장으로의 전환을 시도했고 현재는 이러한 경향이 완전하게 정착했다. 굴 양식 복원을 포기하고 바지락 양식으로 전환한 것은 사회경제적 요인과 생태환경적 요인이 복합적으로 작용한 것으로 보인다. 바지락 양식에 대한 선호는 높은 자본투자를 필요로 하는 경제자본과 고령화로 인한 인적자본의 약화라는 사회경제적 요인이 중요한 영향을 미쳤다. 유류오염으로 철거된 굴 양식 시설을 재건하기 위해서는 초기 높은 자본투자를 필요로 하며, 농업처럼 경작 성격이 강한 굴 양식과정에는 고용노동과 높은 노동 강도가 요구된다. 즉 고령화된 주민들의 입장에서 보면 이전의 굴 양식에 비해 소득이 낮더라도 별도의 투자비용이 없고 상대적으로 노동 강도가 약한 바지락 양식이 더 합리적인 선택이다.

이러한 사회경제적 요인 이외에도 생태환경적 요인 또한 굴 양식 복원을 가로막는 원인으로 작용하고 있었다. 과거 굴 양식장으로 이용하던 마을 앞 갯벌이 환경적으로 완전하게 복원되었는지에 대해 주민들은 불안감을 갖고 있었다. 현지조사 과정에서 갯벌 깊숙한 곳에서 기름이 나온다는 주민들의 증언을 어렵지 않게 들을 수 있었다. 즉 오염 문제가 다시 불거질 경우 투자비용에 대한 손실을 전적으로 개별 어민들이 떠안을 수밖에 없게 된다. 여기에 일부 주민들은 현재 굴 양식장으로 복원되고 있는 마을 앞바다가 주민들이 보기엔 굴 양식장으로 적합한 생태환경인지 의문을 드러냈다. 즉 사고이전보다 입지 조건이 열악한 곳에서 적정한 수준의 굴을 지속적으로 생산할 수 있는지가 불투명하다는 것이다. 이러한 이유로 어촌계의 독려에도 불구하고 현재 20가구만이 굴 양식장 복원에 참여하고 있었다.

현재 상황에서 바지락 양식은 갯벌이라는 공유자원을 안정적으로 활용할 수 있는 효과적인 방법이다. 하지만 바지락 양식은 주민들에게 굴 양식을 대체할만한 현금소득을 제공하고 있지 못하다. 어촌계 관계자의 구술에 따르면 개인 간 편차는 있으나 바지락 채취로 벌어드릴수 있는 소득은 연평균 6~7백만 원 수준이라고 한다. 현재 바지락 채취의 소득이 낮은 이유는 충분하지 못한 바지락 생산량과 판매의 어려움 때문이다. 바지락 양식을 시작한지 얼마 되지 않았기 때문에 하전마을의 갯벌은 바지락 양식장으로는 최적의 생태적 조건을 갖추고 있지 못하다. 즉 오랫동안 바지락 양식장으로 관리해온 주변의 다른 갯벌(마을)에 비해 생산성이 떨어질 수밖에 없다. 또한 인지도 또한 부족하여 판매에 있어서도 문제를 안고 있다. 과거 굴의 경우에는 외부에 굴 마을로 알려질 정도로 하전마을 굴의 인지도가 높았다. 따라서 굴 수확시기에는 도 · 소매 판매뿐 아니라 개인 판매도 활발하게 이루어졌다. 하지만 바지락은 주변 마을에 비해 인지도가 낮은 관계로 자본력이 높은 판매상을 구하는 것이 쉽지 않는 실정이다.

지난 10년간 하전마을은 어선어업 또한 축소된 것으로 나타나, 어선어업을 주요 어업으로 하는 월산마을과 대조를 보였다(〈표7-2〉 참조). 2014년 52척이던 A마을의 어선은 2019년 23척으로 크게 줄어든 반면에 월산마을은 지난 10년간 큰 변화가 없었다. 이러한 이유는 어선 규모(톤)의 차이에서 기인했다고 볼 수 있다. 하전마을은 3톤 미만의 작은 배들이 전체의 60.9%를 차지한 반면에 B마을은 5톤 이상의 배들이 전체의 68.6%를 차지한다. 월산마을은 서해와 직접 맞닿아 있어 바람의 영향을 많이 받아 작은 배로는 조업을 할 수 없다는 환경적 조건, 그리고 하전마을처럼 양식어업을 할 수 있는 생태환경을 갖추고 있지 못했기 때문에 일찍이 규모 있는 어선어업이 발달할 수밖에 없었다. 반면에 하전마을은 갯벌을 이용한 양식어업에 대한 의존도가 높았기 때문에 어선 규모를 키우는 것에 대한 동기가 상대적으로 낮았다. 즉 동원할 수 있는 자본과 노동의 한계 속에서 양식어업에 투자하는 것이 더 안정적인 소득을 확보할 수 있었다. 사고이후 유류오염에 영향을 많이 받은 마을 인근에서 조업하던 작은 배들이 일찍이 조업을 포기한 반면에 영향을 덜 받는 먼 바다에서 조업할 수 있는 큰 배들은 지속적으로 유지해왔다고 볼 수 있다.

<표7-2> 마을 항구의 어선규모의 변화

(단위: 척, %)

구분		3톤 미만	3~5톤미만	5톤 이상	합계
하전마을	사고당시	28 (80.0)	4 (11.4)	3 (8.6)	35 (100.0)
	2014.2	40 (76.9)	7 (13.5)	5 (9.6)	52 (100.0)
	2015.4	21 (66.6)	6 (20.0)	4 (3.3)	30 (100.0)
	2019.2	14 (60.9)	5 (21.7)	4 (17.4)	23 (100.0)
월산마을	2008.12	7 (10.6)	9 (13.6)	50 (75.8)	66 (100.0)
	2019.2	11 (15.7)	11 (15.7)	48 (68.6)	70 (100.0)

자료: 1. 사고당시 자료는 김도균(2011: 110)
2. 나머지 자료는 태안군 해양경찰청 내부자료(2019년 2월)

하지만 월산마을의 어선어업이 그대로 유지되었다고 해서 월산마을의 어업의 변화가 없는 것은 아니다. 사고이전 월산마을 주민들은 농업과 맨손어업을 겸하는 방식으로 생계를 유지하는 경우가 많았다. 하지만 사고의 직접적인 영향이라고 말할 수 없지만 맨손어업에 대한 의존도가 급격하게 축소되었다. 이러한 이유는 고령화와 마을의 지형적 조건이 중첩된 결과로 보인다. 하전마을은 상대적으로 몸의 움직임이 편한 갯벌에서 맨손어업이 이루어지는 반면에 월산마을은 경사가 급해 움직임이 자유롭지 않은 갯바위에서 주로 맨손어업이 이루어진다. 즉 신체적 불편함을 안고 있는 고령의 주민들이 참여하기에는 매우 위험한 노동이다. 따라서 월산마을은 주민들이 고령화되면서 자연스럽게 맨손어업에 대한 의존도가 축소되었다.

○관광업

기후온난화, 남획, 해양오염, 무분별한 연안개발 등으로 어획량이 감소하면서 관광업이 어촌마을의 새로운 경제 활성화 수단으로 주목받고 있다. 이러한 어촌개발정책의 흐름과 맞물려 사고 직후 어업의 쇠퇴를 관광 활성화를 통해 보완해 보려는 주민의 요구와 정부의 이해가 맞아 떨어지면서 정부 차원의 다양한 지원이 있었다.

하전마을의 경우에는 둘레길 및 해양낚시공원 조성, 신두리 해안사구와 마을 항구를 연결하는 다리 건설 등이 진행되거나 논의 중이다. 하전마을은 삼면이 둘러싸인 반도지형과 마을의 서쪽에 위치한 산과 암석해안의 수려한 자연경관을 이용하여 트레킹 코스를 개발했다. 또한 배를 타고 나아가지 않고도 숙박과 함께 바다낚시를 즐길 수 있는 해양낚시공원을 새롭게 조성했다. 현재 태안군으로부터 마을어촌계가 위탁을 받아 운영하고 있는데, 높은 임대료와 홍보부족 등으로 인해 운영 첫해인 2018년에는 적자가 발생했다. 따라서 관계 주민은 흑자로 돌아서기 위해서는 임대료 인하와 홍보 활성화가 필요하다고 강조했다.

사고초기 복구과정에서 하전마을 주민들이 마을경제 활성화를 위해 건의했던 주요 사업 중 하나는 우리나라 최대 해안사구로 관광객이 많이 찾는 신두리 해안사구와 마을 항구 사이의 바다를 가로질러 다리로 연결하는 것이었다. 당시 하전마을 주민들은 신두리 사구 쪽은 경관은 좋지만 항구가 없어 수산물이 풍부하지 않다는 점을 거론하면서 다리가 놓이면 사구를 방문한 관광객들을 유치할 수 있을 거라 주장했다. 현재 지방정부에서는 차량통행은 불가능한 보행자 전용 다리를 추진하고 있는 반면에 주민들이 차량 통행이 가능한 다리를 건설해 줄 것을 요구하고 있었다.

주민들이 차량통행이 가능한 다리를 주장하는 이유는 우선 마을의 둘레길 사례를 놓고 볼 때 걷기 중심의 관광객 방문이 마을의 경제 활성화에 별다른 기여하지 못하고 있다는 판단 이 자리 잡고 있다. 또한 하전마을에서 구매한 수산물을 들고 도보로 신두리 사구의 펜션단지로 돌아가는 것이 현실적으로 힘들다는 점을 강조한다. 따라서 차량통행이 가능해야만 신선한 수산물 판매라는 자신들의 비교우위를 유지할 수 있다는 것이다. 물론 차량 통행 증가가 오히려 시골마을의 어메니티를 훼손할 수 있음을 우려하는 소수의 의견도 있다. 하지만 일반적으로 하전마을 주민들은 다리 건설을 통해 도로확장, 주차장 확대 등 마을의 기반시설이 확충되기를 바라고 있다.

사고이후 관광업 활성화를 위해 추진된 월산마을의 주요 사업은 해삼축제와 수산물직판장 설치이다. 월산마을이 위치한 일대의 바다는 해녀들에 의한 해삼 채취가 유명한 지역이다. 이러한 지역적 특색을 살려 2012년부터 해삼축제를 개최했다. 2014년에는 대한민국축체콘테스트(해양수산부) 대상을 수상하기도 했지만 2019년에는 축제를 열지 못했다. 이러한 이유는 그간 예산을 지원했던 해양수산부의 지원이 끝나면서 축제를 지속하기 위해서는 해양수산부가 지원한 금액만큼을 마을에서 부담해야 하기 때문이다. 즉 해양수산부와 태안군의 예산지원 중 해양수산부의 몫만큼을 마을에서 스스로 부담해야 한다. 이는 그간 마을에서 축제위원회를 꾸려 7년간 축제를 진행해왔지만 자부담할 만큼의 내부기금을 축적하지 못했다는 것이다.

월산마을의 관광업 활성화를 위한 또 다른 주요 지원 정책은 관광객들에게 각종 수산물 및 생선회를 떠서 직접 팔 수 있는 수산물 직판장 설치다. 수산물 직판장 설치는 사고 직후부터 어촌계를 중심으로 요구했던 대표적인 지역경제 활성화 사업이다. 현재 24칸(매장) 규모로 14칸을 월산마을 어촌계에서 나머지 10칸을 옆 마을 어촌계에서 운영하고 있다. 초기 직판장이 건설 당시에만 해도 주민들의 기대가 높았다고 한다. 왜냐하면 인근에 태안군 북부지역에서 가장 유명한 해수욕장이 있어 많은 관광객 방문을 예상하였기 때문이다 하지만 초기의 기대와는 다르게 판매가 활발하지 않은 편이다. 현재 전세 2,800만 원, 1년 월세로는 200만원 수준으로 임대료가 높지 않은 편임에도 불구하고 4~5칸 정도의 매장이 비어 있는 실정이다.

이와같이 사고이후 지역경제 활성화로 추진된 관광 관련 사업들이 뚜렷한 성과를 내지 못하고 있다. 주민들의 말처럼 경기침체도 영향을 주고 있지만 시설의 노후화 및 마을 내부 관광자원이 태안의 다른 지역과 대비해서 뚜렷한 비교우위를 갖고 있지 못한 것도 영향을 미치고 있는 것으로 보인다. 특히 숙박 시설인 펜션은 지속적인 개선과 관리가 필요한데 사고로 인해 수익이 줄어 재투자를 하지 못하면서 시설의 노후화가 심화되었다. 또한 사고이후 관광업 활성화를 위한 정부의 투자는 우수한 자연경관을 갖고 있던 지역과 위의 두 마을 사이의 관광매력의 차이를 더욱 뚜렷하게 만들었다.

여기에 실제로 관광객이 유입된다 하더라도 관광업이 주로 식당 및 펜션 등 사적 재산에 기초하기 때문에 주민 전체로 혜택이 돌아가는 것은 아니다. 관광업 활성화 정책이 마을을 외부에 알리는 것에는 도움이 되었지만 주민들이 체감할 수 있는 경제적 이익은 상대적으로 낮을 수밖에 없다. 결국 하전마을 주민들의 차량통행이 가능한 다리 건설 요구는 마을의 관광업 활성화 보다는 인근 유명 관광지와의 연계성을 높여 부동산 가치 상승을 기대하는 심리를 내포하고 있다고 볼 수 있다.

○경제적 회복수준

교차분석을 통해 하전마을과 월산마을간 경제활동 및 소득수준의 회복 정도를 비교해 해보면, 하전마을의 경제활동과 소득의 회복 수준이 양쪽 모두에서 다소 앞선 것으로 나타난다(〈표7-3〉 참조). 경제활동의 회복정도에서는 14.0%p, 소득수준의 회복정도에서는 12.2%p 하전마을이 더 높게 나타났으며 이러한 차이는 통계적으로도 유의미했다.

<표7-3> 마을간 경제적 회복정도(2019년 2월 설문조사)

(단위: 명, %)

구분	경제활동의 회복정도			소득수준의 회복정도		
	하전마을	월산마을	합계	하전마을	월산마을	합계
회복이 안 된 편	36 (67.9)	48 (68.6)	84 (68.3)	40 (75.5)	49 (70.0)	89 (72.4)
회복 된 편	15 (28.3)	10 (14.3)	25 (20.3)	11 (20.8)	6 (8.6)	17 (13.8)
관계 없음	2 (3.8)	12 (17.1)	14 (11.4)	2 (3.8)	15 (21.4)	17 (13.8)
합계	53 (43.1)	70 (56.9)	123 (100.0)	53 (43.1)	70 (56.9)	123 (100.0)
	x^2=7.654, df=2, p<0.05			x^2=10.166, df=2, p<0.01		

그렇다면 월산마을에 비해 어업에 대한 의존도가 높은 하전마을이 유류유출사고 11년 후 회복 정도가 더 높게 나타난 이유는 무엇인가? 기름오염에 취약한 양식어업지대인 하전마을의 회복 정도가 높게 나

타난 것이 상식에 반하는 것처럼 보인다. 하지만 이는 마을 앞 갯벌생태계가 회복되면서, 품종변화는 있었지만 갯벌에 의존하던 양식어업이 역시 지속적으로 회복되고 있기 때문으로 설명할 수 있다. 반면에 식당, 펜션 및 민박, 판매 등 어업 이외의 종사자들의 많이 거주하는 월산마을의 경제적 회복 정도가 오히려 더 더디게 진행되고 있었다.

어업 종사자 주민과 어업 이외의 종사자 주민을 구분하여 비교분석하며 이러한 경향을 보다 분명하게 확인된다(〈표7-4〉 참조). 경제활동과 소득수준 회복정도에서 '회복된 편이다'라는 응답률은 어업 종사자 주민이 어업이외 종사자 주민보다 각각 5.8%p, 13.0%p 더 높게 나타났다. 어업 이외의 주민들은 식당 및 펜션, 수산물판매 등 관광업에 종사하거나 농업에만 종사하는 주민들이다. 지속적인 경기약화, 관광시설의 노후화, 주변 관광지와의 경쟁 등으로 인해 사고 직후 침체된 관광업(혹은 상업)이 현재에도 회복되지 못하고 있는 것이 어업 이외의 주민들의 응답에 영향을 미친 것으로 보인다. 즉 장기적으로 보면 외부의 경제상황에 의존하는 관광업 및 상업 등의 경제활동보다는 내부의 자연자원에 토대를 둔 경제활동이 복원력이 높을 뿐만 아니라 안정적이며 지속가능한 어촌사회의 경제활동임을 확인할 수 있다.

<표7-4> 어업 및 어업이외 종사 주민간 경제적 회복정도(2019년 2월 설문조사)

(단위: 명, %)

구분	경제활동의 회복 정도				소득수준의 회복 정도			
	어업	어업 이외	무직	합계	어업	어업 이외	무직	합계
회복이 안 된 편	37 (64.9)	32 (78.0)	15 (60.0)	84 (68.3)	40 (70.2)	32 (78.0)	17 (68.0)	89 (72.4)
회복 된 편	17 (29.8)	6 (24.0)	2 (8.0)	25 (20.3)	13 (22.8)	4 (9.8)	0 (0.0)	17 (13.8)
관계 없음	3 (5.3)	3 (7.3)	8 (32.0)	14 (11.4)	4 (7.0)	5 (12.2)	8 (32.0)	17 (13.8)
합계	57 (46.3)	41 (33.3)	25 (20.3)	123 (100.0)	57 (46.3)	41 (33.3)	25 (20.3)	123 (100.0)
	x^2=17.118, df=4, p<0.01				x^2=15.527, df=4, p<0.01			

주: 1순위와 2순위 중에 하나라도 어업을 선택 응답자는 어업종사자로 분류

3) 사회관계 영역

○주민갈등과 협력의 양상

하전마을은 시간이 지나면서 갈등이 완화되는 것이 아니라 오히려 갈등이 격화되는 경향이 뚜렷하게 나타났다.. 사고발생 1년 후인 2009년 2월 조사 자료를 보면, '협력이 이루어지고 있다'(이루어지고 있는 편이다+매우 잘 이루어지고 있다)는 응답 비율은 2009년 2월(40.0%) 2015년 4월(27.1%), 2019년 2월(26.4%)로 갈수록 더 낮게 나타났다. 반면에 갈등의 강도가 강한 '매우 심각한 수준이다'에 대한 응답비율이 2009년 2월(5.2%), 2015년 4월(33.3%), 2019년 2월(35.8%)로 올수록 큰 폭으로 상승했다(〈표7-5〉 참조).

<표7-5> 하전마을의 주민협력과 갈등

(단위: 명, %)

주민협력	2009년 2월	2015년 4월	2019년 2월	주민갈등	2009년 2월	2015년 4월	2019년 2월
전혀 이루어지고 있지 않다	14 (28.0)	8 (16.7)	22 (41.5)	매우 심각한 수준이다	3 (5.2)	16 (33.3)	19 (35.8)
이루어지고 있지 않다	16 (32.0)	27 (56.3)	17 (32.1)	심각한 수준이다	28 (48.3)	15 (31.3)	13 (24.5)
이루어지고 있는 편이다	19 (38.0)	12 (25.0)	9 (17.0)	갈등이 있지만 심각하지 않다	20 (34.5)	14 (29.2)	15 (28.3)
매우 잘 이루어지고 있다	1 (2.0)	1 (2.1)	5 (9.4)	갈등이 없다	7 (12.1)	3 (6.3)	6 (11.3)
합계	50 (100.0)	48 (100.0)	53 (100.0)	합계	58 (100.0)	48 (100.0)	53 (100.0)

지난 11년 동안 하전마을에서는 무슨 일이 있었기에 이처럼 갈등이 크게 증가한 것인가? 사고초기 마을단위에서의 갈등은 재난이후 정부에 의해 지급된 생계안정 자금의 분배를 두고 벌어졌는데 상대적으로 차등분배보다 균등분배를 한 마을의 내부 갈등이 적었다. 하전마을은 주민들 사이의 높은 직업적 동질성(어업)으로 생계안정자금을 균등분배하고 어촌계를 공동으로 운영해 오면서 축적한 높은 사회자본 등으로 사고초기 갈등을 잘 조정했었다. 하지만 2015년 어촌계의 어업권으로 나온 피해배상금을 둘러싸고 주민간 민사소송이 발생하면서 갈등이 크게 격화되었다. 재난이후 손해 배 · 보상 문제를 둘러싸고 가해자와 피해자 사이에 법적 소송이 발생할 가능성이 높은데, 하전마을에서는 주민들 간에 소송으로까지 확장된 것이다. 반면에 사고초기 월산마

을은 하전마을에 비하면 갈등의 수준이 높게 조사되었다(〈표7-6〉 참조). 이러한 주된 이유는 높은 직업적 이질성으로 인해 생계안정자금의 차등분배가 이루어지고 직업별로 일종의 분파적 결합관계가 나타나면서 갈등이 격하게 표출되었기 때문이다.

<표7-6> 월산마을의 주민협력과 갈등

(단위: 명, %)

주민협력	2009년 2월	2019년 2월	주민갈등	2009년 2월	2019년 2월
전혀 이루어지고 있지 않다	25(30.1)	14(22.2)	매우 심각한 수준이다	19(21.6)	6(9.2)
이루어지고 있지 않다	38(45.8)	15(23.8)	심각한 수준이다	24(27.3)	9(13.8)
이루어지고 있는 편이다	18(21.7)	24(38.1)	갈등이 있지만 심각하지 않다	31(35.2)	21(32.3)
매우 잘 잘 이루어지고 있다	2(2.4)	10(15.9)	갈등이 없다	14(15.9)	29(44.6)
합계	83(100.0)	63(100.0)	합계	88(100.0)	65(100.0)

하지만 2009년 2월 조사와 2019년 2월 조사를 비교해보면, '협력이 이루어지고 있다'(이루어지고 있는 편이다+매우 잘 이루어지고 있다)는 응답이 29.9%p 늘어난 반면에 '갈등이 있다'(매우 심각한 수준이다+심각한 수준이다)는 응답은 25.9%p 크게 줄었다. 마을 사정을 잘 알고 있는 한 주민은 시간이 지나면서 갈등이 자연스럽게 해소된 측면이 있음을 강조했는데, 이는 다르게 표현하면 지난 11년간 갈등을 유발할 만한 특별한 사건이 발생하지 않았음을 의미한다. 2019년 2월 조사 자료를 교차 분석해 보면, 주민협력에 있어 월산마을(54.0%)이 하전마을(26.4%)보다 협력수준이 27.6%p 더 높았으며, 갈등수준은 하전마을(60.4%)이 월산마을(23.1%) 보

다 37.3%p 더 높은 것이 통계적으로 유의미한 것으로 나타났다(〈표7-7〉 참조).

<표7-7> 마을간 주민협력과 갈등 비교(2019년 2월 설문조사)

(단위: 명, %)

구분	주민협력			구분	주민갈등		
	하전마을	월산마을	합계		하전마을	월산마을	합계
협력이 안 됨	39 (73.6)	29 (46.0)	68 (58.6)	갈등이 심각함	32 (60.4)	15 (23.1)	47 (39.8)
협력이 됨	14 (26.4)	34 (54.0)	48 (41.4)	갈등이 심각 하지 않음	21 (39.6)	50 (76.9)	71 (60.2)
합계	53 (45.7)	63 (54.3)	116 (100.0)	합계	53 (44.9)	65 (55.1)	118 (100.0)
	x^2=9.009, df=1, p<0.01				x^2=16949, df=1, p<0.01		

이러한 갈등의 양상은 이웃들 사이의 심리적 거리감을 확인하는 문항에서도 재확인되었다(〈표7-8〉 참조). '기름유출사고 이후 자신만을 생각하는 편인가'라는 질문에 대해, '그렇다'는 응답 비율이 하전마을(94.0%)이 월산마을(65.1%)보다 28.9%p 높았다. 또한 '마을사람들과 이야기할 때 신경이 쓰이거나 조심스러운가'라는 질문에 대한 질문에 대해서도, 하전마을(73.6%)이 월산마을(54.3%) 보다 19.3%p 더 높게 응답하였다. 이러한 심리적 거리감은 뚜렷한 갈등으로 표면화되지 않을 지라도 이웃간 일상적 교류를 가로막는 심리적 장벽으로 작용한다.

<표7-8> 이웃간 심리적 거리감(2019년 2월 조사)

(단위: 명, %)

구분		하전마을	월산마을
기름유출사고 이후 자신만을 생각하는 편이다	그렇다	47(94.0)	41(65.1)
	아니다	3(6.0)	22(34.9)
	합계	50(100.0)	63(100.0)
마을사람들과 이야기 할 때 신경이 쓰이거나 조심스럽다	그렇다	39(73.6)	38(54.3)
	아니다	14(26.4)	32(45.7)
	합계	53(100.0)	70(100.0)

x^2=13.533, df=1, p<0.01

○갈등과 협력 사례

하전마을의 갈등 원인은 어촌계의 어업권 피해배상금을 둘러싸고 벌어진 주민 간 민사소송에 있다. 즉 굴 양식장으로 이용하던 '공동어장'에 대한 피해배상금 분배가 마을 내 갈등을 심화시켰다. 사적 재산에 기반을 둔 어선어업 및 관광업 관련 피해보상인 아닌 공동체적 총유(總有)에 기반을 둔 어촌계의 공동어장(혹은 어촌계 어업권)에 대한 피해보상금 분배를 둘러싸고 벌어졌다는 점이 흥미롭다. 총유라는 소유형태는 어느 집단이 소유대상물(토지 · 어장)을 집단적으로 점취(占取) · 관리하여 그 집단의 구성원들이 균등하게 이용하지만 개별구성원의 지분권을 인정하지 않는다. 따라서 개인은 그 이용권을 양도하거나 처분할 수 없으며 성원의 자격을 상실하면 이용권이 집단으로 귀속된다(박광순, 1998: 93). 즉 총유에 기반을 둔 어촌계의 공동어장은 사적 소유를 인정하지 않으며 매매도 불가능하다. 하지만 현실에서는 다양한 변질 형태가 존재하며 이러한 관행들이 어촌주민(마을)의 생산 및 소유 관계에 영향을 미친다(박광순, 1998: 102 김준, 2004: 53; 김도균, 2011: 31).

사고이전, 하전마을은 굴 양식지대로 주로 시설 설치가 필요한 지주식과 부유식으로 굴 양식을 했다. 지주식은 공동어장(갯벌)에 지주목을 박고, 패각에 포자를 붙여 양식하는 방법이라면 부유식은 스티로폼을 부표로 이용하여 양식한다(충남대학교 마을연구단, 2006: 66). 즉 이러한 굴 양식방법은 고정된 장소에 자본과 노동을 투자한 시설 설치를 필요로 하기때문에 시설 설치와 관리, 채취가 모두 개별 가구를 중심으로 이루어질 수밖에 없다. 따라서 하전마을에서는 총유어장이 일정 면적을 개별(어촌계회원)적으로 분할하는 공동어장지분화(公同漁場 持分化)라는 개별점유(또는 사적점유) 현상이 뚜렷하게 나타났다.[1] 물론 공동어장을 분할할 때 호당 균일한 기준을 적용하기 때문에 공동체적 평등원리가 사라지는 것은 아니다. 하지만 이는 형식적 평등일 뿐 실제로는 개별 가구가 동원할 수 있는 자본과 노동력이 부족할 경우 타인에게 시설 및 권리금을 받고 유사 매매를 할 수 있다(김준, 2004: 53; 김도균, 2011: 31). 따라서 계층분화가 발생하고 공동체적 규제 또한 약화된다. 특히 이러한 변질형태는 하전마을처럼 시설을 이용한 굴 양식지대에서 명확하게 나타난다.

유류사고로 인한 피해배상금은 개별가구의 굴 양식장 규모에 따라 개별적으로 나왔다. 하지만 큰 틀에서 보면 피해배상금은 어촌계의 공동어장에 기반을 두고 있다. 따라서 한 쪽에서는 개인의 피해 정도에 따라 사정재판의 결과대로 개인에게 나온 배상금을 가져가는 것이 공

1 이와 반대로 갯벌에 돌을 집어넣어 돌에 붙을 굴을 채취하는 투석식이나 바지락 양식의 경우에는 어촌계에서 공동시설하고 공동관리하기 때문에 공동어장지분화가 이루어지지 않고, 총유 개념이 잘 유지된다.

정하다고 주장하는 한편, 또 다른 한 쪽에서는 공동어장(어촌계의 공동어업권)으로 나온 것이니 어촌계원 모두가 공평하게 분배하는 것이 옳다는 주장이 날카롭게 대립하였다. 그리고 이러한 대립은 어장 규모와 연령에 따라 분파적 나타났다. 즉 사고 이전 상대적으로 어장규모가 컸던 젊은 연령층 주민들은 피해규모를 내세워 사정금액대로 분배할 것을 주장한 반면에 어장규모가 작고 노동능력이 약한 노년층에서는 공동분배를 주장했다.

주민들 사이에 이를 중재하려는 노력은 있었지만 해결하지 못했으며 어촌계로 일괄 지급된 피해배상금 40억 원을 두고 주민간 민사소송으로까지 확장되었다. 원고 측은 '배상금 채권의 귀속자는 사고 당시 기름의 유입으로 인해 양식하던 굴 및 시설물 등의 손해를 입은 각 양식장 행사자, 즉 '개인'임을 들어, 어촌계(피고)에 피해배상금을 각자에게 배분해 줄 것으로 요구하는 민사소송을 제기했다. 반면에 피고 측인 어촌계는 '배상금의 법적 성격이 어촌계에서 허가 · 관리하고 있는 어업권에 대한 배상금'임을 주장했다. 즉 배상금의 채권은 어촌계의 총유물에 해당하기 때문에 분배방식의 결정 또한 어촌계에서 결정할 수 있다는 것이다. 따라서 어촌계는 피해배상금의 50%는 각 양식장 행사자인 개인들에게 피해비율에 따라 지급하고, 나머지 50%는 어촌계원 98명에게 균등하게 배분할 것을 제안했다.

<표7-9> A마을 민사소송에 대한 주민이견 및 법원의 판결

구분	원고와 피고의 주장		법원의 판단
	원고들(49명)	피고(A마을 어촌계) 및 독립당사자들	
배상금의 법적성질	개인별 피해에 따른 손해배상금	어촌계 (공동)어업권에 대한 손실 보상금	개인별 피해에 따른 손해배상금
배상금 채권 귀속자	사고 당시 기름 유입으로 인해 양식하던 굴 및 시설물 등의 손해를 입은 각 양식장 행사자, 즉 개인	피고(어촌계)의 총유물	각 양식장 행사자들, 즉 개인
배상금 분배방식	개인별 최종손해액 지급	배상금의 50%는 각 양식장 행사자(개인)에게 지급하고, 나머지 50%는 어촌계원 98명에게 균등분배	사정재판 개별검증 보고서 행사자별 금액 비율로 개별 분배

민사소송이 발생한 이면에는 실질적인 경제적 이해관계의 충돌과 함께 어촌계의 공동어장을 총유개념으로 인식하는 주민과 현실적으로 사적점유의 대상으로 보고 있는 주민들 간의 가치 충돌이 복합적으로 작용한 결과로 보인다. 혹은 그간 잊고 있었던 총유개념을 피해배상금 분배를 앞에 두고 호명된 것일 수도 있다. 즉 이러한 가치 충돌은 어장의 시설과 관리, 개발생산, 개발판매가 이루어지는 경작 성격이 강한 굴 양식으로 마을의 공동어장을 이용했기 때문에 나타난 것이다. 오히려 현재처럼 공동생산과 공동노동 형태의 바지락 양식을 중심으로 했다면, 총유의 본질적 형태가 강하게 유지되었기 때문에 이러한 충돌은 발생하지 않았을 것이다. 하전마을의 갈등은 양식어업의 특성과 그에 따른 공동어장의 운영방식과 밀접하게 맞물려 있다.

관할법원(대전지방법원 서산지원)은 배상금의 법적 성격이 각 양식장 행사자, 개인에 대한 손해배상금이므로 어촌계는 사정재판 결과에 따라 개인에 지급할 것을 판결하였다(2016년 3월 24일). 즉 원고 측의 손을 들어 주었다. 현재는 분배가 다 이루어진 상태임에도 불구하고 어촌계 입장을 옹호했던 주민들의 불만은 여전히 사라지지 않고 있다. 마을의 한 주민의 구술에 따르면 판결을 불만을 보인 노인들중에서는 가까운 마을경로당이 아니라 주민들을 피해 태안읍 경로당을 다니는 경우도 있다고 한다.

월산마을은 어촌계 공동어장의 경제적 가치가 낮을 뿐 아니라 해삼 및 전복 채취를 중심으로 하기 때문에 하전마을처럼 변질된 형태의 사적(개별) 점유가 존재하지 않는다. 또한 어선어업 및 관광업에 대한 배상은 사적 피해에 기초하여 사정하고 그에 따라 개인에게 배상금이 직접 지불되었기 때문에 갈등의 소지 자체가 낮다. 즉 월산마을은 새로운 갈등의 사안이 없었기 때문에 시간이 지나면서 자연스럽게 갈등이 완화된 측면이 있다.

여기에 앞서 언급한 마을축제라는 공동사업을 통해 주민협력이 증진된 측면 또한 있다. 축제를 거듭할수록 마을 내부에서 축제에 대해 비판적 입장도 있었지만 마을축제가 지난 7년간 계속될 수 있었던 것은 마을주민의 적극적인 협조가 있었기 때문에 가능한 것이었다. 마을 사정을 잘 알고 있는 한 주민은 초기에는 주민들의 협조가 잘 이루어졌다고 구술했다. 마을주민들이 축제 후원금도 내고 어업과 직접 관계없는 농사짓는 주민뿐 아니라 여성들도 필요한 자원봉사 활동에 적극적으로 참여했다고 한다. 그런데 지난 7년간 지속되어 온 축제가 2019년에는 무산되었다. 정부지원이 끊기면서 축제에 필요한 비용을 마을에서 부담해야 하는 것이 가장 큰 이유지만 그간 진행된 축제가 그만큼 내실 있게 운영되지 못한 이유도 있다. 그럼에도 불구하고 마을축제는 월산마을주민을 하나로 묶고 짧은 기간이지만 마을의 활력을 불어넣는데 긍정적인 역할을 했다고 볼 수 있다.

○주민건강 영역

건강문제는 어촌주민들의 경제적 · 사회적 활동을 축소시키고 현금지출을 증가시켜 가계경제를 위축시키는 주요 요인이다. 이번 기름유출사고의 장기적 건강영향을 조사하고 있는 태안환경보건센터의 발표에 따르면, 피해지역의 남성 전립선암 발병률이 사고이전과 비교해서 사고이후 3배 가까이 급증한 것으로 조사되었다. 또한 같은 기간 여성의 백혈병 발생률도 2배로 증가했다. 그리고 경제적 피해가 많은 어업 종사자 주민들의 정신적 불안과 우울 증세 등에 있어 여전히 회복이 더딘 것으로 조사되었다.[2] 현재 수준에서 암 발생율과 기름유출사고 사이의 직접적인 인과관계를 확정짓기 어렵지만 개연성은 충분히 의심된다.

두 마을을 조사하면서 신체적 건강악화에 대한 주민들의 호소를 빈번하게 접할 수 있었을 뿐 아니라 유류유출사고의 피해를 이야기하면서 눈물을 흘리거나 격한 감정을 드러내는 심리적 반응을 어렵지 않게 목격할 수 있었다. 주민들은 방제작업에 참여하면서 특별한 안전장비 없이 장시간 독성물질에 노출되었으며, 이후 지속된 경제적 피해와 법적 소송, 주민갈등 등이 강한 심리적 스트레스를 유발했을 것으로 합

2 서해안 기름유출사고 11년…암 환자 늘고 우울증 여전(충남방송 2018.12.6.)

리적으로 추론해 볼 수 있다. 현재의 건강상태를 묻는 질문에 '건강하지 못해 걱정스럽다'에 대한 긍정응답이 하전마을(51.9%)과 월산마을(51.4%) 모두에서 50%이상의 높은 수준을 보였으며, '대체로 건강한 편이다'는 긍정응답은 하전마을(23.1%)과 월산마을(21.4%), 모두에서 20% 정도로 낮은 수준을 보였다. 하지만 현재의 건강상태에서 있어 마을간 차이는 통계적으로 유의미하지 않았다.

<표7-10> 현재의 건강상태와 기름유출사고가 건강에 미친 영향(2019년 2월 설문조사)

(단위: 명, %)

구분	현재 건강상태		구분	기름유출사고가 건강에 미친 영향	
	하전마을	월산마을		하전마을	월산마을
건강하지 못해 걱정	27 (51.9)	36 (51.4)	매우 부정적 영향을 미침	25 (48.1)	14 (20.9)
문제는 있지만 걱정할 수준은 아님	13 (25.0)	19 (27.1)	부정적 영향이 있지만 심각한 수준은 아님	15 (28.8)	28 (41.8)
대체로 건강	12 (23.1)	15 (21.4)	특별한 영향을 미치지 않음	12 (23.1)	25 (37.3)
합계	52 (100.0)	70 (100.0)	합계	52 (100.0)	67 (100.0)
x^2=.090, df=2, p=.956			x^2=9.866, df=2, p<0.01		

반면에 '기름유출사고가 현재의 귀하의 건강상태에 미친 영향'을 묻는 질문에 대한 마을간 차이는 통계적으로 유의미한 결과를 나타냈다. '매우 부정적 영향을 미쳤다'에 대한 응답은 하전마을(48.1%)이 월산마을(20.9%)보다 27.2%p 더 높았으며, '특별한 영향을 미치지 않았다'에 대한 응답은 월산마을(37.3%)이 하전마을(23.1%)보다 14.2%p 더 높았

다. 즉 하전마을 주민들이 월산마을 주민들보다 기름유출사고와 현재 건강사이의 영향 관계에 대해 더 부정적인 인식을 드러냈다. 이는 민사소송으로 까지 확장된 하전마을의 주민갈등이 주민들의 건강에 대한 인식에 부정적 영향을 미쳤을 것으로 예상해 볼 수 있다. 유류유출사고의 다양한 사회적 피해에 장기간 노출된 주민들이 건강과 유류유출사고 간의 인과관계에 대해 더 높은 주관적 인식을 드러낸 것으로도 해석할 수도 있다.

4. 나가며

연구결과 유류유출사고가 발생한지 11년이 경과했음에도 불구하고 해당 어촌공동체는 오염공동체에서 벗어나지 못하고 있는 실정이다. 이 연구는 사고피해의 사회영향 및 복원력과 관련하여 다음과 같은 시사점을 제공한다. 첫째, 공동체 구성원들 간의 신뢰, 협력, 연대 등을 통해서 파악할 수 있는 사회자본의 경우에 사고이전 하전마을은 월산마을과 비교해서 상대적으로 높은 사회자본을 형성하고 있었다. 이러한 이유는 하전마을의 주민 다수가 마을어장을 중심으로 한 양식어업에 종사하는 동일한 생업구조 안에 있었고 또한 이를 협력적으로 운영할 수 있는 어촌계의 리더십이 존재했기 때문이다. 따라서 기름사고 이후에 기존의 높은 사회자본을 바탕으로 오염원 제거 및 균등한 생계안정자금 분배 등을 통해서 빠른 회복력을 보였다. 하지만 2015년 공유자원인 어촌계의 어업권으로 나온 피해배상금 분배문제가 주민간 민사소송으로까지 확대되면서 주민갈등이 증폭되었다. 즉 장기적으로 불안정한 경제적 상황에서는 사회자본이 훼손될 뿐만 아니라 규모가 큰 경제적 자원을 둘러싼 조정자로서의 사회자본의 역할이 한계를 드러냈다고 볼 수 있다.

하전마을의 이러한 현상과는 다르게 월산마을의 경우에는 사고이후 심각한 갈등상황 없이 주민관계가 복원되어 갔다. 월산마을의 피해배상은 개인의 사적재산에 기초한 어선어업과 관광업 중심이었기 때문에 논쟁의 여지가 없었다. 따라서 하전마을처럼 공유자원에 대한 피해배상금을 둘러싼 격렬한 갈등이 없이 시간이 지나면서 자연스럽게 주민관계가 회복된 측면이 있다. 여기에 사고 이후에 주민들은 관광업 활성화를 위해 해삼축제를 협력적으로 7년여 동안 추진해왔고, 수산물 직판장을 설치해서 마을의 활력을 도모했다. 하전마을과 같은 주민간 법적 갈등 없이 공동사업을 통해서 주민협력을 축적시켜왔다.

둘째, 경제자본은 사고이전 어선어업과 관광업의 규모가 큰 월산마을이 하전마을과 비교해서 상대적으로 더 높은 편이었다. 하전마을 또한 굴양식어업을 통해서 안정적인 경제자본을 확보하고 있었다. 그러나 기름유출사고 이후 두 마을 모두 경제자본이 위축되었다. 특히 하전마을의 경우에는 지난 11년 동안 어선 수가 1/3수준으로 축소되고, 마을 앞 갯벌을 이용한 굴 양식어업은 경제성이 낮은 바지락양식어업으로 생업활동이 전환된다. 월산마을은 5톤 이상의 어선어업과 관광업이 주된 생업활동으로 사고이후에도 먼 거리 조업활동을 할 수 있는 어선어업은 큰 영향을 받지 않았지만, 관광업의 경우에는 사고이전 수준으로 회복되지 못한 채 열악한 상황에 처해 있다. 이러한 이유는 관광업의 특성상 외부의 경제적 상황에 의존해야 하고, 다른 관광지와 경쟁해야 하는 조건에 있다. 또한 펜션 및 민박 등 시설의 노후화는 관광의 매력을 떨어뜨리기 때문에 지속적인 자본투자가 요구된다. 하지만 사고이후 월산마을의 관광업은 경제자본의 축소로 시설에 재투자할 수 없었고 이는 곧 관광업의 위축으로 악순환 됐다.

셋째, 인적자본은 개인이 보유한 경험과 능력으로 재난피해에 대응할 수 있는 역량이다. 하지만 하전마을과 월산마을 모두 주민의 고령화와 건강문제가 발생하면서 어려움을 겪고 있다. 고령화는 사고피해에 대한 적극적인 대응력을 감소시키는 요인으로 작용한다. 즉 피해대응에 대한 체념과 무력감을 보인다. 건강문제 역시 인적자본을 약화시켰다. 사고 이후 다수의 주민들은 모두 신체적 건강악화를 경험했고 심리적으로 불안과 우울증세 등을 보이고 있다. 이러한 문제는 주민들의 사회적 활동을 축소시키고 병원비 등으로 가계경제에 부담을 준다. 즉 사고이후의 계속되는 신체적, 정신적 어려움은 사고이전의 일상으로의 회복을 더디게 하고 마을의 활력과 변화를 도모하지 못하게 하는 부정적 요인이다.

이처럼 환경오염의 사회영향과 복구과정은 오염에 처한 공동체의 내외부적 조건에 따라 차별적으로 나타날 수 있다. 이를 오염공동체의 취약성과 복원력의 관점에서 살펴보면 사회자본은 주민들의 집단적 대응과 협력을 통해서 복원력을 높일 수 있는 중요한 요인이다. 하지만 이러한 사회자본은 생계의 안정적인 물적토대가 마련되지 않는다면 지속되기 어렵다는 것을 확인할 수 있었다. 다시 말하면 경제자본은 개인과 집단, 공동체가 오염피해를 흡수하고 직접적으로 재난상황에서 벗어날 수 있게 돕는다는 측면에서 복원력의 핵심 요인이다. 따라서 경제자본의 위축과 축소는 재난피해의 장기화에 큰 영향을 미친다. 또한 구성원들의 인적자본인 건강 및 고령화의 문제는 대응력과 변화를 도모할 수 없게 하는 주된 장애요인이 되고 있다. 재난에 대한 복원력은 교란이전의 상태로 돌아가는 시스템의 역량만을 의미하는 것이 아니라 지속적인 학습과 적응을 통해 재난이전의 상태보다 사회생태시스템을 한 단계 더 발전시키는 피드백 과정까지를 포함한다. 다시 말하면 복원력은 재난이후의 학습을 통해서 재난에 강한 사회시스템을 구축하는 것을 의미한다. 따라서 허베이 스피리트호 기름유출 사고발생 11년이 지난 시점에서의 피해공동체는 아직 복원되지 않았다.

참고문헌

참고문헌

강연실 · 김대현 · 최장훈. 2010. "태안 유류오염사고 피해사정 및 보상사례 분석연구: 허베이스피리트호 사고를 중심으로." 『한국도서연구』,23(2), 57-68.

강영훈. 2008. "재난관리를 위한 로컬 위기관리 거버넌스 구축방안: 태풍 '나리'로 본 민간부문의 위기관리 관련조직 유형분석." 『한국행정논집』, 20, 1085-1103.

국립민속박물관. 1996, 『어촌민속지』, 국립민속박물관.

____________. 1996. 『충청남도 어촌민속』, 국립민속박물관.

국제해양문제연구소. 2010.『허베이 스피리트호 유류오염사고 피해보상 백서』, 국토해양부.

권미숙. 2008. "근현대 제주도 출가해녀의 입어관행 분쟁", 제주대학교 석사학위논문.

권병욱. 2008. "한일 농촌지역의 사회적 자본 검토." 『일본문화학보』, 41, 161-179.

근흥면지 편찬위원회. 2002. 『근흥면지』, 태안문화원.

김 준. 2004. 『어촌사회의 변동과 해양생태』, 민속원.

_____. 2006. "어업기술의 변화와 어촌공동체: 충남 개목리 굴양식 어촌의 사례." 『농촌사회』, 16(1), 175-207.

_____. 2007. "대형 간척사업이 지역주민의 삶에 미치는 영향." 『환경사회학연구 ECO』, 11(2), 285-316.

김교헌 · 권선중. 2008, "허베이 스피리트호 기름유출사고가 태안 주민들의 심리적 건강에 미친 영향."『환경사회학연구 ECO』, 12(1), 83-107.

________. 2009. "태안 주민들의 재난 후 스트레스 반응: 사고 후 2개월과 8개월 시점의 지역별 비교를 중심으로." 『환경사회연구 ECO』, 13(1), 89-125.

김교헌 · 김세진 · 권선중. 2009. "태안 주민들의 재난 후 스트레스 반응: 사고 후 2개월과 8개월 시점의 지역별 비교를 중심으로." 『환경사회학연구 ECO』, 13(1), 89-125.

김기홍. 2006. "한국농촌마을 사회자본의 특성에 관한 연구." 고려대학교 박사학위논문.

김도균 · 이정림. 2008. "허베이 스피리트호 기름유출사고에 의한 섬 주민들의 삶의 변화: 태안군 가의도를 중심으로." 『환경사회학연구 ECO』, 12(2), 119-152.

_____. 2010. " 환경재난에 의한 어촌마을의 주민갈등과 사회자본: 허베이 스피리트호 기름유출사고를 중심으로."『환경사회학연구 ECO』, 14(1), 125-165.

_____. 2011. 『환경재난과 지역사회의 변화: 허베이 스피리트호 기름유출사고의 사회재난』. 한울아카데미.

_____ · 박재묵. 2012. "허베이스프리트호 기름유출사고 이후 재난관리 거버넌스 구축 실패와 재난복원력의 약화: 관련 행위자들 간의 이해와 대응을 중심으로." 『환경사회학연구 ECO』,16(1), 7-43.

_____. 2012. "기름유출사고가 해녀공동체 미친 사회영향: 태안 구포리 해녀공동체를 중심으로." 『도서문화』, 30, 191-230.

_____. 2014. "환경오염 사고의 이차적 피해와 복구과정: 장항제련소 주변 A마을을 중심으로." 『사회과학연구』,25(3), 267-295.

_____. 2015. "환경재난의 장기적 사회영향 : 허베이 스피리트호 기름유출사고이후 7년의 시점에서 본 어촌마을." 『환경사회학연구 ECO』, 19(1), 97-130.

_____ · 이정림 · 서은주. 2018. "환경재난의 장기적 사회영향 : 기름유출사고 발생 11년의 시점에서 본 두 개의 어촌마을."『사회과학연구』, 30(4), 213-235.

김상준. 2004. "부르디외, 콜만, 퍼트남의 사회적 자본 개념비판." 『한국사회학』, 38(6), 63-95.

김순진 · 김환. 2000. 『충격적 경험의 후유증: 외상후 스트레스 장애』. 학지사.

김승태 · 김병로 · 홍경수 · 정유숙 · 유범희 · 김도관. 1997. "삼풍사고 생존자들에서의 급성 외상후 스트레스 장애: 발생빈도, 예측인자, 증상 변화에 대한 예비적 연구"

『신경정신의학』, 36(3), 475-487.
김영돈. 1999. 『한국의 해녀』. 민속원.
김용학. 2004.『사회연결망이론』. 전영사.
김용환. 2006. 『인간과 환경의 커뮤니케이션: 문화와 지속 가능한 개발』. 커뮤니케이션북스.
김종남 · 이민수 · 신동균. 1997. "삼풍 사고 생존자들의 임상양상 및 성격요인에 관한 연구". 『한국심리학회지: 임상』, 16(2), 183-195.
김춘동. 1995.『농촌사회의 변동과 정치적 과정』. 경북대학교 출판부.
김형곤 · 고성태. 2008. "농촌관광을 통한 사회자본 형성 연구: 마을지도자들 인식조사."『관광 · 레저 연구』, 20(2), 29-49.
노진철. 2010. "대규모 해양재난에 대한 국가의 개입과 불확실성." 『환경사회학연구 ECO』, 14(1), 99-124.
랠프, 에드워드(Relph, Edward). 2005. 『장소와 장소상실』 .김덕현 · 김현주 · 심승희 역. 논형.
류현숙 · 정재기 · 정지범. 2009. "복원력과 사회적 자본". 정지범 · 이재열 편 『재난에 강한 사회시스템 구축: 복원력과 사회적 자본』. 법문사
린 나(Lin, Nan). 2008.『사회자본』. 김동윤 · 오소현 역. 커뮤니케이션북스.
박경숙. 2004. "생애구술을 통해 본 노년의 자아."『한국사회학』, 38(4), 101-132.
박광순. 1998.『바다와 어촌의 사회경제론: 한 · 일 비교분석』. 전남대학교 출판부.
박병덕 · 윤유식 · 이민수. 2007. "농촌관광마을 지역주민의 사회자본 결정요인: 다중로직스틱회귀분석." 『관광 · 레저 연구』, 19(4), 28-46.
박순열 · 홍덕화. 2010. "허베이 스피리트호 기름유출사고로 인한 태안지역의 사회경제적 변동: 사회적 재난의 파편화와 사사화."『공간과 사회』, 34, 142-180.
박재규 · 이정림. 2011. "한국 성인남녀의 우울증 변화에 영향을 미치는 요인 분석." 『보건과 사회과학』, 29, 99-238.
박재묵. 2002. "새만금 간척사업과 지역사회의 변동." 『환경사회학연구 ECO』, 2(상), 202-230.
______. 2008. "환경재난으로부터 사회재난으로: 허베이 스피리트호 기름유출사고에 대한 사회적 대응 분석." 『환경사회학연구 ECO』, 12(1), 7-42.
박정석. 2001. "어촌 마을의 공유재산과 어촌계." 『농촌사회』, 11(2), 159-190
박찬식. 2006. "제주해녀의 역사적 고찰", 『제주해녀와 일본의 아마』, 좌혜경 편, 민속

원,
부르디외, 피에르(Bourdieu, Pierre Bourdieu). 2003. “자본의 형성.” 『사회자본의 이론과 쟁점』. 유석춘 편역. 그린
브라이언 워커 · 데이비드 솔트. 2015. 『리질리언스 사고』. 고려대학교 오정에코리질리언스연구원 편역. 지오북.
생태지평. 2010.『삼성중공업 해상크레인-허베이스피리트호 유조선 충돌 유류유출사고에 따른 환경영향 조사보고서』. 생태지평
서정호. 2002. “어업공동체의 결속력 변화요인.” 『농촌사회』, 12(1), 161-187
소원면지 편찬위원회. 2002. 『소원면지』. 소원면지 편찬위원회.
스튜어트, 줄리안. 2007. 『문화변동론: 문화생태학과 다선진화방법론』. 조승연 역. 민속원.
안미정. 2006 “마을어장 자원의 채취방식과 공존” 『제주해녀와 일본의 아마』, 좌혜경 편, 민속원
안미정. 2006. “바다밭(海田)을 둘러싼 사회적 갈등과 전통의 정치: 제주도 잠수마을의 나잠과 의례” 『한국문화인류학』, 39(2).
안미정. 2007. “제주잠수의 어로와 의례에 관한 문화인류학적 연구: 생태적 지속가능성을 위한 문화전략을 중심으로” 한양대학교 박사학위논문.
오선화. 1998. “죽변 지역의 이주 잠녀의 사회 · 경제적 연망과 연대양상” 『한국민속학보』, 9.
오승환 · 윤동성. 2006. “노인의 삶의 질 특성에 관한 연구:도시 · 농촌 · 어촌지역의 비교를 중심으로.” 『노인복지연구』, 32(여름), 119-147.
유보경. 2005. “어촌마을의 경제구조와 성별노동의 변화.”『지방사와 지방문화』, 8(2), 259-297.
이금옥. 2001. “탈 농촌화 지역주민의 공동체의식과 사회자본.”『한국농촌지도학회지』, 8(2), 223-234.
이선미 · 은헌정. 1999. “한국판 사건 충격 척도의 신뢰도 및 타당도에 관한 연구.” 『신경정신의학』, 38, 501-513.
이선자 · 채은희 · 장동원 · 장숙랑. 2006.『재난이 지역주민의 정신건강에 미친 장 · 단기적 영향 및 재난관리와 정신보건관리체계의 연계방안에 관한 연구』. 보건복지부.
이수애. 1999. “도서지역의 경제활동과 가족”. 『한국가족론』, 여성한국사회연구회 편.

까치.

이재열 · 윤순진. 2008. “허베이 스피리트호 유류오염사고의 사회 · 경제적 영향연구: 태안군 석포리 사례연구를 중심으로.” 서울대학교 사회과학대학 · 환경대학원.

이재은 · 양기근. 2004. “재난관리의 효과성 제고방안: 시민참여와 거버넌스”『현대사회와 행정』, 14, 53-81.

이정림 · 김도균. 2011. “허베이 스피리트호 기름유출사고에 의한 피해주민의 외상 후 스트레스 장애와 취약성 변수: 사고 후 2008년 9월과 2010년 10월 시점의 패널자료 분석.”『환경사회학연구 ECO』, 15(1), 53-84.

이종보. 2011.『민주주의 체제하 자본의 국가 지배에 관한 연구 : 삼성그룹을 중심으로』. 한울아카데미.

전경수. 1997.『환경친화의 인류학』. 일조각.

전승수 · 임현식 · 박진섭 · 장지영 · 이승화 · 박미숙. 2010.『유류유출사고에 따른 환경영향 조사보고서 : 삼성중공업 해상크레인-허베이 스피리트호 유조선 충돌』. 현장과 이론이 만나는 연구소 생태지평.

정규호. 2007. “풀뿌리 거버넌스와 주민참여적 지역만들기”『환경사회학연구 ECO』,11(1), 99-131.

정기환. 2003.『농촌지역 사회자본의 존재 양태분석』. 한국농촌경제연구원.

정지범 · 이재열. 2009.『재난에 강한 사회시스템 구축 : 복원력과 사회적 자본』. 법문사.

정지범 · 최상옥. 2009. “위기관리와 협력적 거버넌스”. 정지범 · 김근세 편『위기관리의 협력적 거버넌스 구축』. 법문사.

조명래. 2011. “시민주의 자치분권의 자치의 혁식”.『글로칼 시대의 시민주의 자치분권』. 한국NGO학회 추계학술포럼 발표논문집.

조승연. 2007, “옮긴이 해제 및 후기”,『문화변동론: 문화생태학과 다선진화 방법론』, 민속원

좌혜경. 2006.『제주 해녀와 일본의 아마 해녀』. 민속원

주디스 루이스 허먼. 2009.『트라우마: 가정폭력에서 정치적 테러까지』. 최현정 역. 플래닛.

줄리안 스튜어드. 2007.『문화변동론: 문화생태학과 다선진화방법론』. 조승연 역. 민속원.

최남희 · 변주훈 · 한동일 · 임숙빈. 2007. “자연재난 집중호후 피해자의 심리적 충격과

우울"『정신간호학회지』, 16(2), 139-149.

최윤경 · 이민수 · 이준상 · 신동균. 1997. "삼풍사고 생존자들에서 스트레스 대처방식과 심리적 고통의 관계"『신경정신의학』, 36(4), 612-619.

최종렬 · 황보명화 · 정병은. 2006. " '일반화된 너무나 일반화된' 호혜성(?): 울산 주전동 어촌계의 사회자본." 『한국사회학』, 40(4), 48-97.

충남대학교 마을연구단. 2006. 『태안 개미목 마을: 어촌생활의 파노라마』. 대원사.

콜만, 제임스(Coleman, James). 2003. "인적자본 형성에 있어 사회자본".『사회자본의 이론과 쟁점』. 유석춘 편역. 그린

클라크(Clark, R. B). 2003. 『해양오염』. 윤이용 역. 동화출판사.

태안군. 『통계연보』. 각 년도. 태안군.

태안군. 2008.『태안의 기적: 1년의 발자취』.태안군.

퍼트넘(Putnam) · 로버트(Robert). 2009.『나 홀로 볼링 : 사회적 커뮤니티의 붕괴와 소생』. 정승현 역. 페이퍼로드.

퍼트넘, 로버트(Putnam, Robert). 2001.『사회적 자본과 민주주의: 이탈리아의 지방자치와 시민적 전통』. 안시청 역. 전영사.

포르테스, 알렉산도르(Portes, Alexandro). 2003. "사회자본 개념의 기원과 현대 사회학의 적용",『사회자본의 이론과 쟁점』. 유석춘 편역. 그린.

포사이스, 도넬슨(Forsyth, Donelson R), 1997. 『집단심리』. 서울대학교 사회심리학 연구실 역. 학지사.)

하미나. 2008. "태안사고와 건강영향."『태안지역 공동체회복을 위하여』시민환경연구소 제21회 시민환경포럼 자료집.

한경구 · 박순영 · 주종택 · 홍성흡, 1998.『시화호사람들은 어떻게 되었을까』. 솔.

한상복. 1976. "농촌과 어촌의 생태적 비교." 『한국문화인류학회』, 8, 87-90.

한상복. 1978. "外列飛列島의 인류학적 조사보고"『한국자연보존협회 조사보고서』, 12, 131-155.

한상복 · 전경수. 1978. 『낙도민속지』. 집문당.

함한희. 2004a. "생태계 위기와 여성어민들: 새만금지역의 사례" 『환경사회학연구 ECO』, 7, 150-170.

함한희.2004b. "새만금간척개발사업과 어민문화의 변화."『한국문화인류학』, 37(1), 151-18.

홍덕화 · 구도완. 2009. "허베이스피리트호 기름유출사고로 인한 사회갈등: 갈등의 제

도화와 공동체의 해체."『환경사회학연구 ECO』, 13(1), 7-47.

홍덕화 · 구도완. 2008. "허베이스피리트호 기름유출사고로 인한 사회갈등: 갈등의 제도화와 공동체의 해체" 『환경사회학 연구 ECO』, 13(1),

홍덕화 · 구도완. 2009. "허베이 스피리트호 기름 유출 사고로 인한 사회갈등: 갈등의 제도화와 공동체의 해체." 『환경사회학연구 ECO』, 13(1), 7-47.

홍영란 · 이재열. 2009. "복원력이 강한 사회의 구축방안" 정지범 · 이재열 편 『재난에 강한 사회시스템 구축: 복원력과 사회적 자본』. 법문사.

홍종관 · 김춘경 · 이수연 · 최웅용. 2005. "대구 지하철 화재 사망자 유가족의 외상후 스트레스 장애에 관한 연구"『정서 · 행동장애연구』,21(1), 139-154.

Couch, Stephen R. 1996. "Environmental contamination, community Transformation and the Centra mine fire." James K. Mitchell(ed). The Long Load to Recovery: Community respones to disaster. United Nations University Press.

Dyer, Christopher L, A. Gill Duane and Picou, J. Steven. 1992. "Social Disruption and the Valdez Oil Spill: Alaskan Natives in a Natural Resource Community" Sociological Spectrum, Vol. 12.

Edelstein, M. R. 1988. "Contaminated Communities: The Social and Psychological Impact of Residental Toxic Exposure." Westview Press

Freudenburg, W. R. 1997. "Contamination, corrosion and the cocial order: An overview." Current Sociology. Vol. 45, pp. 19-40.

Manyena, Siambabala Berard. 2006. "The concept of resilience revisited." Disaster. Vol. 30. No. 4. pp. 433-450.

Marshall, Brent K, Picou, J. Steven and Gill, Duane A. 2003. "Terrprism as Disaster: selected commonalities and long-term recovery for 9/11 survivors." Research in Social Problems and Public Policy. Vol. 11. pp. 73-96.

Marshall, Brent K, Picou, J. Steven & Gill, Duane A. 2004. "Terrprism as Disaster: selected commonalities and long-term recovery for 9/11 survivors." Research in Social Problems and Public Policy. Vol. 11. pp. 73-96.

Mayunga, Joseph. 2007. "Understanding and Applying the Concept of Community DisasterResilience: A capital-based approach." The summer academy for social vulnerability and resilience building pp. 22 - 28. July 2007, Munich, Germany, pp. 1-16,

Norris, F. Byrne, C. M. Diaz, E. and Kanisasty. 2001. "The range, magnitude, and duration of effects of natural and human-caused disaster: A review of the empirical literature." National Center for PDST.

Picou, J. Steven, Brent K. Marshall and Duane A. Gill. 2004. "Disaster, litigation and the Corrosive Community." Social Forces. Vol. 82. No.4. pp. 1493-1522.

Picou, J, Steven & Marshall, Brent K. 2007. "Katrina as Paradigm Shift: Reflections on Disaster Reesearch in the Twenty-First Century". Brunsma, David L, Overfelt, David & Picou, J. Steven."The Sociology of Katrina: Perspectives on a Modern Catastrophe", Rowman & Littlefield Publishers Inc.

Picou, J, Steven. 2008. "Disaster Recovery as Translational Applied Sociology: Transforming Chronic Community Distress." Humboldt Journal of Social Relations. Vol.32. No.1. pp. 12-157.